总主编 方剑乔

浙江中医临床名家

俞景茂

李 岚 主编

科学出版社

北京

内 容 简 介

本书是"浙江中医临床名家"丛书之一，介绍了浙江名医俞景茂。俞景茂教授是第四、第六批全国老中医药专家学术经验继承工作指导老师，俞景茂全国名老中医药专家学术传承工作室带头人，浙江省名中医，浙江省首批国医名师。本书共分六章：初涉杏林、成才之路、临证经验、学术建树、专题讲座、薪火相传。重点介绍了俞景茂教授的中医成才之路及治疗小儿疾病的学术思想及临证经验，并就小儿寒温学说、肺论、脾胃论、腹泻、腺样体肥大、小儿膏方等进行了专题论述。

本书凝聚了俞景茂教授的学术精粹，可供中医临床医师、研究生及在校学生阅读使用，也可供中医爱好者参考。

图书在版编目（CIP）数据

浙江中医临床名家.俞景茂／方剑乔总主编；李岚主编.—北京：科学出版社，2019.6

ISBN 978-7-03-061730-9

Ⅰ.①浙… Ⅱ.①方… ②李… Ⅲ.① 俞景茂-生平事迹 ②中医儿科学-中医临床-经验-中国-现代 Ⅳ.①K826.2②R272

中国版本图书馆CIP数据核字（2019）第128548号

责任编辑：刘　亚　王立红／责任校对：王晓茜
责任印制：徐晓晨／封面设计：黄华斌

科 学 出 版 社 出版
北京东黄城根北街 16 号
邮政编码：100717
http://www.sciencep.com

北京捷迅佳彩印刷有限公司 印刷
科学出版社发行　各地新华书店经销

＊

2019 年 6 月第 一 版　开本：720×1000 B5
2020 年 1 月第二次印刷　印张：15 插页：2
字数：244 000

定价：**68.00 元**
（如有印装质量问题，我社负责调换）

浙江中医临床名家

丛书编委会

浙江中医临床名家·俞景茂

编 委 会

总　序

中华医药，博大精深，源远流长。灵兰秘典，阴阳应象，穷万物造化之妙；《金匮》真言，药石施用，极疴疾辨治之方。诚夷夏百姓之瑰宝，中华文明之荣光。

浙派中医，守正出新，名家纷扬。丹溪景岳，《格致》《类经》，释阴阳虚实之论；桐山葛岭，《采药》《肘后》，载吴越岐黄之央。固钟灵毓秀之胜地，至道徽音之华章。

浙中医大，创业惟艰，持志以亢。忆保俶山下，庠序进修，克艰启幔；贴沙河干，省立学府，历难扬帆；钱塘江畔，名更大学，梦圆字响。望滨文南北，富春秋冬，三区鼎足，一校华光；惟天惟时，其命维新，一德以持，六艺互襄；部省共建，重校启航，黾勉奋发，踵武增华。

甲子校庆，名医辈出，几代芳华。值此浙江中医药大学建校六十周年之际，特辑撰"浙江中医临床名家"丛书，以五十二位浙江中医药大学及直属附属医院名医为体，以中医萌芽、名师指引、声名鹊起、高超医术、学术成就、桃李天下为纲，叙名家成长成才之历程，探名家学术经验之幽微，期有益于同仁之鉴法、德艺之精进。

时己亥初夏

前　言

俞景茂教授1981年毕业于中国中医研究院研究生部，是我国首届中医学专业研究生，系浙江中医药大学附属第一医院教授、主任中医师、博士生导师，第四、第六批全国老中医药专家学术经验继承工作指导老师，俞景茂全国名老中医药专家学术传承工作室带头人，浙江省名中医，浙江省首批国医名师。曾任浙江中医学院中医系副主任，中华中医药学会儿科专业委员会常委、副主任委员（副会长）；现任浙江省中医药学会儿科专业委员会顾问，世界中医药学会联合会儿科专业委员会副会长，中华中医药学会儿科专业委员会顾问，中国民族医学会儿科分会名誉会长。

俞师从事医疗、教学、科研工作50余载，十分重视基础理论的研究，治学主张撷取各家，自成一家；临证强调辨证论治、整体观念、先证而治，重视小儿的生理病理特点。对小儿反复呼吸道感染、哮喘、毛细支气管炎、腺样体肥大、慢性咳嗽、多动症、抽动症、遗尿症、过敏性紫癜等疑难杂症均具有丰富而独到的经验。科研成果获多项省部级科技进步奖。发表专业论文130余篇，出版教材、专著10余部，独著总字数逾300万字。

俞师培养后学，倾囊而授，严格要求，精益求精，先后培养博士、硕士研究生20余名，接收进修生、留学生百余名。传承人深受俞师人格魅力、医德医风、精湛医术的熏陶，执着于中医药事业，定将不负导师之厚望，勤求古训，采撷各家，融汇古今，衷中参西，砥砺前行。

值此浙江中医药大学60周年校庆之际，我们特编写了《浙江中医临床名家·俞景茂》一书。将俞师之岐黄之路、临证经验、学术思想与传承工作整理出版，给后学者以启迪，将中医儿科事业发扬光大。

限于编者水平，时间仓促，难免有不足之处，诚恳希望各位专家及广大读者批评指正。

《浙江中医临床名家·俞景茂》编委会

2019年1月19日

目　　录

浙江中医临床名家·俞景茂

第一章

初涉杏林

第一节 鱼米之乡多人杰

1942年腊月，俞师出生在嘉兴平湖城关镇上的一个寻常家庭。嘉兴东临大海，南倚钱塘江，北负太湖，西接天目山水，位于人间天堂的苏杭之间。浩荡的江海在此交融，一路向东，扬帆入海，演绎着钱塘江文明的旷世精彩。这里地处广袤的杭嘉湖平原，是典型的江南水乡，自然带有水乡的那种诗画韵味，白墙黑瓦的古旧民居，石板铺成的小路被来往的行人打磨得铮亮，水网密布，船舶来往。当时的平湖县城很小，大概就五六万人，东西两条街，不到半小时就可以走完，但有着"九里湖光九里城""金平湖"的美誉。

俞师家在县城城关镇西门外花家弄31号的民居内，这是祖传的8楼8底的二层楼房，还有厅堂和竹园，前面临街，后面临河。涓涓的流水，从镇上流到乡下，全家依靠这条小河，饮水洗涤。虽是鱼米之乡，但人们不敢下河游泳，因为这里是血吸虫病流行区域，河边有钉螺，水中有血吸虫的尾蚴，入水游泳很容易感染血吸虫病。幸亏新中国成立后政府带领群众灭钉螺，经过10多年的努力，血吸虫病终于被控制住了。现在家乡父老乡亲喝的是地下自来水，也可以游泳了，从此告别了血吸虫病困扰的年代，使这个江南水乡萌发了"春风杨柳万千条，陆亿神州尽舜尧"的美丽景象。

平湖在俞师的印象中犹如安逸的婴儿，静静地躺在摇篮中，既清净休闲又可爱。离家不到200米过了一座拱形石板桥便是一片绿色的田野。秋天是一望无际的稻田。到了春天，黄色的油菜花和紫色的苜蓿花把乡间的田野打扮得宛如一幅尚未晾干的水彩画。雨后春笋、麦浪滚滚的景象令人神往。年长的平湖人清晨五六点钟便到茶馆喝茶，品品清茗，与老友谈天论地，晨曦慵懒地附在路人的身上，为清闲增添了几分意趣，让时光在从容不迫中缓缓流逝。深夜对一个毫无夜生活的小镇来讲，无非就是与自然融为一体，淡去白日的喧闹，明月慈祥地抚摸着人们的梦。平湖没有上海、杭州那样鳞次栉比的高楼大厦，但有松风台的古银杏、拱形石桥、莫氏庄园的名园建筑及像花家弄这般斑驳的墙壁上刻满了百年沧桑的大街小巷。

东湖是平湖的一颗明珠，湖的东南方有一座塔，名为报本塔，始建于明嘉靖年间，距今已有400多年的历史，如灯塔注视着静静的东湖，见证着知其不可为而为之的超凡境界。远处有一处高坟，为清代一位高姓宰相的墓地。高家生有一个儿子，整日游手好闲，不务正业，从不听父母的一句话。高官临死之前嘱儿子将其埋葬在东湖之滨坐北向南。其子想"我从小到大未听父母一句话，这最后的嘱托就依了吧！"哪知这一依顺却败了高家的风水。高官本想死后坐南向北，一手拿宝塔作笔，蘸着东湖之水写无穷文章，正是风水宝地啊！不想儿子听从了他最后一句话，背朝东湖，无法握笔，风水全败，高家从此没落，其子疯疯癫癫，穿了一件白长衫，衣服上写满了他家赫赫身世，路人皆敬而远之。这算是小城的一则故事吧！

平湖乍浦九龙山的炮台，展示着平湖人抗击外敌入侵、保家卫国的万丈豪情。离炮台不远处有一个八角亭，是纪念200多年前《红楼梦》由此出海，东渡日本长崎的纪念地。

平湖人爱吃平湖饭店的包子，"鲜得来"的馄饨，"老鼎丰"的糟蛋，"曹兑港"的西瓜，这些都是江浙沪闻名遐迩的美食……俞师时常会想起那一段平湖的时光，因为那是生他养他的故乡，正是这块土地使他梦想成真。

平湖虽小，但也是一个人才辈出的地方，著名的李叔同祖籍是平湖。李叔同是"二十文章惊海内"的大师，集诗、词、书画、篆刻、音乐、戏剧、文学于一身，在多个领域开创中华灿烂文化艺术之先河。他把中国古代的书法艺术推向了极致，"朴拙圆满，浑若天成"，鲁迅、郭沫若等现代文化名人以得到大师一幅字为无上荣耀。他是第一个向中国传播西方音乐的先驱者，所创作的《送别歌》历经几十年传唱经久不衰，成为经典名曲。他苦心向佛，过午不食，精研律学，弘扬佛法，普渡众生出苦海，被佛门弟子奉为律宗第十一代世祖。他为世人留下了咀嚼不尽的精神财富，他的一生充满了传奇色彩，他是中国绚丽至极而又归于平淡的典型人物，被后人尊称为"弘一法师"。

大书法家陆维钊（1899～1980年），是中国美术学院的教授，出生在平湖新仓。原名子平，字微昭，晚年自署劭翁。曾在圣约翰大学、浙江大学、浙江师范学院、杭州大学任教。早年毕业于南京高等师范文史地部，1925年曾任清华大学国学研究院王国维先生助教，后任教于上海圣约翰大学、浙江大学和杭州大学，潜心中国文学研究，尤于汉魏六朝文学及清词有专攻。教学之余，于书画艺术始终孜孜以求。1960年应潘天寿院长之邀，调入浙江美术学院中国画系，任古典文学和书法专职教授。晚年以书法卓著，驰名于世，融篆、隶、草于一炉，圆熟而精湛，凝练而流动，独创非篆非隶亦篆亦隶之新体——现代"螺扁"，人称"陆维钊体"，独步古今书坛，是我国现代高等书法教育的先驱者之一。

现在平湖有李叔同纪念馆、陆维钊书画院，以纪念两位已故大师。

还有剧作家胡石言也出生于平湖，他创作的《柳堡的故事》形象鲜明，朗朗上口。电影主题曲《九九艳阳天》在20世纪50年代就传遍了大江南北，蜚声文坛，至今仍为广大群众所喜爱，为平湖这座小城增添了不少人文色彩。

在中医方面，平湖出过一位针灸大家严肃容，他出身于针灸世家，五代相传，自幼从父习中医典籍，苦练针灸医术。1922年挂牌开业，擅冷针，对"化脓灸"颇有研究，专治偻儒、蛊毒、哮喘等症，名享浙北，声闻苏南。1930年，担任县国医公会常务理事。中华人民共和国成立后，1958年转入城关镇中心医院工作。1962年被评为地区级名中医，曾有专家和外国留学生登门观摩学习。他先后被选为浙江省第二届政协委员，县一、二、三届政协常委。所著论文《平湖严氏化脓灸法简介》《针灸强壮疗法之选穴与应用》等多篇，均载于《浙江中医》杂志。在平湖县城大家都知道他，尊称他为"严针灸"。

还有传承200余年的戈氏儿科。戈氏原籍河南，系汴京望族，随宋高宗南渡。初驻足乍浦，至朝荣时定居当湖（今平湖市）。戈朝荣，字瑞斋，清代乾隆时名医，受业于岳家，长于儿科，学成后悬壶于城厢仓弄口，其为人诚笃，医术精湛，临证必殚精竭虑，每多奇效。虽有小誉，但不满足，乃遍阅群书，上溯《黄帝内经》《难经》，下迄明、清，潜心钻研，撷取众家之长，而尤其折服于钱仲阳，然对小儿脾胃病之调治，则宗法李东垣，而用"补气升阳"之法。他认为"仲阳化裁《金匮》'八味'为'六味'，寓温、凉、收、泻、通、补、开、合之义，深合小儿以脾胃为本，实开后世小儿滋阴益气之先河。"故在其验案中,对小儿泄泻的治疗,常选用吉林参须、洋参、扁豆、怀山药、茯苓、葛根等。朝荣之后,有戈恩、戈镜庐等,先后承业。戈氏有《育婴常语》《戈氏儿科医案》等传世。

如今的平湖已成为浙江接轨上海的第一站,杭州湾跨海大桥北岸的桥头堡。通江达海,交通便捷,已成为光机电产业基地、中国出口服装名城、中国旅行箱包之都、童车之乡……

俞师家中兄弟姐妹一共有8个,他排行第七。父母要抚养这么大一家子,定是不易。然时运不济,父亲在其9岁时逝世,家中的重担就落在了母亲和长兄肩上。虽然日子艰苦,但是母亲还是坚持供俞师上学。好在那时的俞师也懂事,知道生活的不易,十分珍惜上学的机会,明白努力学习是将来最好的出路,因此俞师的成绩在班里也一直名列前茅。正是童年艰苦的生活培养了俞师坚毅勤奋的品质。

俞师的初小(一至四年级)是在农村里的一所小学读的,当时的条件十分简陋,从一年级到四年级都是在一个教室上课,十几张板凳和桌子,再加上一个破旧的黑板就构成了教室。那时的学校不像现在有统一的校服,大多数家庭都十分贫穷,学生的衣服基本都是打了补丁的。俞家的孩子又多,衣服都是大的穿小了再给下面的弟妹穿,袖子短了接袖,裤子短了接裤腿。那时的老话是"新三年,旧三年,缝缝补补又三年",唯一统一的就是胸前的红领巾。还有当时一、二年级的小学生为了节省纸张,上学还要背上一块小石板,拿石笔在上面练习写字,写好了才能在作业本上写。

虽然当时条件艰苦,但是生活还是很快乐的,那是来自内心的一种满足,成绩在老师和家长们心目中并不显得十分重要。俞师的启蒙老师名叫周诗白,从一年级到四年级,一个教室,一个老师,一班的学生,在那样的条件下,周老师对大家关爱有加,她在小学里面不仅对知识的传授认真到位,而且也注重对学生学习习惯的培养。虽然现在的回忆已不甚清晰,但是俞师后来做事认真的性格,应与其有莫大的关系。

到五六年级的时候,那时候称高小,俞师就到了镇上的小学,相比之前的初小,那是一所比较正规的小学,当时的班主任,姓蒋名梦昇,这位老师的讲课水平比较高,讲授的内容也较前更加丰富、更有深度。后来俞师很顺利地考上了当时的平湖二中,那时上学毕竟不像现在的义务教育一样能做到人人都能上学,全国各地的教育资源十分紧张,有机会继续上学是十分幸运的。

到了初中,俞师学习愈加勤奋,因为他知道初中之后家里没有能力支付他的学费、生活费，但是由于当时的社会原因，高中和中专招录的名额十分有限，而且招生的条件不仅仅是分数，跟学生家庭出身有很大关系，如果不能继续上学，就需要服从统一安排，上山下乡，好一点可以分配到厂里当技工，就会失去继续学习的机会。

因此，考上中专几乎成了他唯一的出路，一来国家可以包学费和伙食费，这样就可以不给家里增加负担，可以独自生活下去；二来毕业后可以得到一份较为稳定的工作，所以竞争十分激烈。虽然俞师的成绩在班里也是靠前的，但残酷的现实没有给他机会。也许是命运的安排吧，如果俞师考上中专，可能就没有后来的从医之路了。

第二节 药草飘香疗疮疡

说起俞师第一次接触中医的时候，那时候他还很小，没有留下很深的记忆，只有俞师头上的疮疤作为一个重要的痕迹。据俞师回忆，那是他长大后询问起父母瘢痕的由来。原来在俞师大概5岁时，不知什么原因，后脑勺左侧上方长了一个很大的脓包，局部红肿热痛，精神萎靡，情况不是很好。那时候的中国正处于改朝换代的历史时刻，人民还未从苦难中解放出来，缺医少药，没有什么就医条件。加上俞师家里的兄弟姐妹又多，父母亲也管不过来。幸好当时路过的街坊邻居看到他满头肿胀，病情危重，劝俞师的父亲早点带他去看医生。于是父亲将他带到附近的一个中医诊所里。这个诊所很小，虽然简陋，但干净整洁。医生仔细给俞师把了脉，查看了头部肿胀的情况，考虑是个疮疡，需服药待其脓成后切开排脓。

医生给他开了个中药方子，寥寥几味中药，价格也十分便宜。回去按医生的要求煎药，药煎开了，空气中飘着一股中药的特殊气味，奇怪的是小时候的他对喝中药也没有那么地抗拒。俞师喝了几天中药，体温逐渐退了，头上的脓肿自行溃破，脓液排尽。肿消下去了，不久病就痊愈了。唯有头上留下一个长长的瘢痕，这个印记一直伴随着俞师，也作为一个中医的种子留在了俞师的记忆里。

第三节 药医相彰入楚学

1958年7月，俞师初中毕业，由于没能顺利考上中专，接下来的路该去

浙江中医临床名家·俞景茂

何方？上山下乡，还是支边？惆怅之中俞师收到了大哥从武汉寄来的一封信，要俞师在1周之内到汉口，让他在武汉这边谋出路。俞师的大哥15岁时就离家了，新中国成立后在湖北武汉商业厅工作，让俞师来武汉算是有个依靠。

俞师匆匆忙忙收拾了行李，告别了母亲与姐妹，坐着轮船从平湖到上海十六铺码头，然后再坐长江轮船，三天两夜赶到了武汉。在轮船上俞师倚着栏杆，望着涛涛江水，一路向东奔流，虽然有了哥哥的来信，给了定心丸，但未来的路怎么走，人生又将何去何从，成了年少时俞师心头的疑问。

到了武汉，多年未见的大哥给了俞师莫大的帮助。大哥觉得弟弟年纪还小，需要继续学习。正好商业厅下属有一所商业干部子弟学校，刚开学，大哥也知道俞师没考上中专，让他来读他们的子弟学校是一个不错的选择。从此俞师又开始了新的学生生活，当时学习的是五金交电化工专业。俞师也不负期望，勤奋努力，成绩优秀，在班里表现得十分突出，原本需要3年的学习时间，俞师用了2年就完成了。后来商业厅准备开设中药材项目，需要培养专职的商业干部，而这需要中药专业的师资，但是当时的学校还没有这方面的教师，就选拔了优秀的学生作为师资培养。俞师被选中了，这是俞师人生的一个重要转折点。

学校把他送到湖北中医学院培养。俞师到了湖北中医学院后，发现学的并不是中药，而是中医学，并与1960级的中医专业本科学生一起就读。偏偏后来商业厅的中药材项目又取消了，但俞师要继续和1960级的本科一同学习中医学，就这样俞师开启了他的中医之路。当时与现在的中医学教育不同，他们先学习中医学部分，再学习西医学部分，更加突出了中医部分的比重，而不是现在中西医课程穿插在一起学习。

湖北中医学院崇尚学习经典，在全国率先开设了《金匮要略》课程，并在《光明日报》上发表《脏腑经络学说是中医药理论体系的核心》等重要文章。

在湖北中医学院学习中医时，一开始俞师遇到了一些困难，诸如"阴阳""五行"这些中医理论如此陌生，还有《黄帝内经》这样的中医经典对俞师来说也是首次接触，虽深奥难懂，但无疑给俞师打开了一扇新的大门。俞师想起自己头上的瘢痕，中医确有其效，那么该如何学习中医呢？兴趣是最好的老师，那么如何对中医产生兴趣呢？

那时的湖北中医学院还很小，门诊部就在学校里面，因此学生们在课余时间有机会去跟诊，看看中医怎么给人治病是个不错的选择。当时俞师身体较为瘦弱，大便经常干结、带血等。那时他想自己就是一个患者啊，何不让老师给自己开点中药试试。于是俞师就找跟诊的老师开了中药。没多久便秘的症状得到了缓解，便血也好了。有一次回到商业学校，之前的同学看见俞师面色红润，形体也较前强壮不少，感到颇为惊奇，纷纷投来了惊讶的眼光。俞师这时回首才发现中药的神奇效果。俞师高兴之余将自己在湖北中医学院的求学与治病经历写信告诉母亲，母亲也为此颇为欣慰，鼓励俞师继续服用中药改善身体，努力学习中医，将来成为一个名医。看到来门诊的患者吃中药解除了病痛，再到自己的切身体会，这使俞师对中医的兴趣逐渐加深。抱着"书读百遍其义自见"的想法，俞师沉浸在背书当中。

而后又有李今庸、李培生等大家给他们讲《黄帝内经》《金匮要略》《伤寒论》等经典，在这样浓厚的学习氛围熏陶下，再加上俞师勤奋好学，熟读《金匮要略》《伤寒论》《黄帝内经》《温病条辨》，这使得俞师逐渐打下了坚实的中医理论基础。当时虽有教材，但是这些重点课程都是按原书一本本讲下来的。原著给俞师留下了深刻的影响。现在俞师擅用的止嗽散、定喘汤等方剂，跟当时学习的课程不无关系。

从原著到教材，从课本到临床，再到自己的切身体会，使俞师对中医的理解及兴趣逐渐加深，也对未来的人生有了新的目标，学好中医，济世救人。至此俞师开始了他的岐黄之路。

第四节　结缘医道勤临证

俞师在湖北中医学院学习了2年，完成了全部的中医课程，后来到湖北贸易职工医院实习。职工医院中医科有几位老中医，其中水志廉主任在院内外享有盛誉，慕名前来就医的人很多。水志廉主任的中医理论扎实，而且传授方式循循善诱。他每周会带着实习生们查房，先分析患者的情况，再开出方子，让学生们在一旁记录学习，查完房后又安排讲课。他对《金匮要略》《伤寒论》等经典极为推崇，讲起来如数家珍，很好地将理论融入于临床，甚是生动，又有深度，帮助学生更好地理解理论知识。从当时在学校的口头背诵，到现在的融入临床，俞师又一次感受到了经典的魅力。中医书籍浩如烟海，而经典实则就是其中明亮的灯塔，指引中医人前进的方向。水志廉主任带着学生一边临床，一边讲解经典，而俞师则在一旁认真做着笔记，揣摩案例的辨证要点与方药配伍结构。俞师渐渐地开始试着给患者辨证处方，学习着水志廉主任的思路，先在心里想好方子，看看自己的方子和老师的方子有什么区别，自己的不足之处在哪里，摸索着临床用药，理论最终要用于临床，实践是最好的成长方式，现在有了老师的指导，应该把握机会多多临证。

水志廉主任常强调医学理论与实践结合的重要性，没有理论只有实践，很难说服自己、说服别人，只有理论没有实践，只能是如赵括之举，徒有纸上谈兵罢了，难登高堂。学了基础理论，也要身体力行，敢于实践，书生大儒，空谈误国，成事者少。中华民族的复兴，中医事业的振兴，需要有理想、有抱负的人，更需要能够身体力行，为实现理想而放弃虚名浮华，刻苦钻研、开拓创新的人。水志廉主任时常谆谆教诲学生："中医一定要多跟师学习，吸取他们的经验教训，毕竟在学校里主要是学习书本上的知识，而这些知识和临床诊治还是有一定距离的。你们在校生通过跟师学习，积累足够的临床经验，才能具备毕业后独立为患者看病的能力。"俞师在水志廉主任的指导下逐渐体会了临床与理论之间的微妙关系，也知道要想成为一名优秀的中医师，必定要跟从名师，朝夕临诊，口授心传，提高悟性，意会灵感，博采众长，才能学得精、学得好。

这种边实习边读书，耳濡目染的中医教学方法使俞师获益匪浅，进步很大，开始步入中医学的殿堂。在经过2年的课堂教学完成了中医课程，又经历了2年多的临床实践后，俞师具备了中医师的素质。后经武汉市卫生局综合考试，俞师取得了全市第二名的成绩，开始执业行医，成为一名执业中医师。

第五节　回乡行医悟岐黄

俞师在湖北贸易职工医院工作没多久，因家中老母年事已高，有病缠身，身边无得力家人照料，想让俞师调回平湖工作。俞师出来学习了这么多年，自然也想念故乡，而如今母亲身体又不是很好，自己学了医，回家可以更好地照顾母亲，以尽孝道，故决定回乡与家人相聚。后来经组织联系县里，把俞师安排在平湖人民医院中医科，开始在家乡行医助人。俞师把在湖北中医学院学到的基础知识与湖北贸易职工医院水志廉主任的临床技能融合在一起，投入到平湖人民医院繁忙的临床工作当中。

到了平湖人民医院中医科后，俞师以中医内科为主，中医科的病种繁多，有时候还有一些急症。当时医院的高年资医生十分匮乏，在这样的情况下，俞师的压力很大，白天看病，晚上看书，是当时生活的写照。持之以恒，没有多久就独当一面了。在那个缺医少药的年代，很多疾病缺乏有效而价廉的治疗方法。有些科室会请中医科去会诊，以减轻患者的病痛。当时俞师经常去内科、妇科、传染病科、血吸虫病病房、外科等科室会诊。因此临床接触面很广，各个科的疾病都能碰到，这对俞师的成长是很有帮助的，使之临床经验日益丰富。

有一次俞师走进一个十多人的大病房，十多双眼睛朝着他看，窃窃私语："这个小医师来了""就是这个小医师"。一开始还不知道出了什么事，走到会诊患者的床边才知道，该患者上次会诊时吃了他的4剂中药，大量鼻衄终于止住了。那个患者是因高血压、鼻出血住院的，入院2周血压降不下来，鼻血也止不住，每天痰盂里都是绛红的血水，别说病人自己，就是旁人看了也都害怕，生怕这样下去会挺不住，于是想服用中药治疗。当时的平湖人民医院中医医生缺乏，初上临床临证不久的俞师想着只要有一线希望，也要尽力抢救患者的生命。经过望闻问切，发现这个患者脉来浮大而弦，平素火气较大，易发脾气，舌红，苔黄，当属肝阳上亢，血热妄行之证，法当凉血止血。俞师用犀角地黄汤加味。当时中药房里有广犀角（现用代用品水牛角），急予煎药口服，患者服后血压开始下降，鼻衄也逐渐止住了。他心里渐渐领悟到中医的神奇疗效。

又一次，有一位心脏病心力衰竭患者请中医会诊。俞师到病房一看，该患者是一位中年农村妇女，舌头吐在口外，两目紧闭，奄奄一息，切脉结代。当时俞师还没有见过这样的患者，但想到《中医诊断学》书中说"吐舌者心气绝"，法当补心气，通心阳，用功宏力专之剂，单刀直入，挽心阳于垂危之际，急予独参汤频频滴服。说也奇怪，服独参汤后，患者吐出大量积液，舌体渐渐收回，之后渐能言语，3天后居然起床了，调治一段时间后竟好转出院了。后来又到俞师处复诊，继续处以补心气、复心阳的炙甘草汤加减治之，嘱其勿操劳，好生休息养病。俞师从中认识到中医药是一个伟大的宝库，应该好好继承，因此不忘继续研习中医经典。业精于勤荒于嬉，在繁忙的临床工作闲暇之余，俞师也不忘时常复习这些经典。日子久了，无论是理论水平还是临证能力，都有了更多的提升。

一天深夜，急促的敲门声把俞师叫醒了，说是急诊室来了一位昏迷患者，家属说系服了自采自煎的草药后渐渐昏迷的，不知服的是何药，如何解药？要请俞师去看一看，俞师急忙起来，好在家就住在医院旁边，2分钟就走到了。该患者是患有肾盂肾炎，躺在诊察床上，手指撮空，自言自语。家属说有人传给她一个秘方，冬至日剪风茄花一枝，煎汤服之，可以退肿并能除根，服后不久就出现这种情况。这样一说，俞师就知道系曼陀罗中毒，与阿托品中毒相类似，可按阿托品中毒抢救。急诊室医师按此处理，不久患者苏醒过来了。

由于当时的卫生条件较差，蛔虫病十分常见，尤其是儿童容易因饮食不洁而感染。俞师家离医院近，半夜被急诊室叫起来的事是经常有的，叫的最多的是小儿胆道蛔虫症，患儿在急诊室痛得打滚，从床上翻到地上，从地上爬到床上，经西医止痛消炎驱虫处理后仍不见效，有时甚至打哌替啶止痛，不得不叫中医来看看。俞师认为这是中医厥阴病中的蛔厥症，于是试用仲景乌梅丸方，改丸剂为汤剂，少量多次频服，服后蛔安痛止，后择机驱蛔，并调整脏腑的寒热虚实，以此救治了不少患儿。现在卫生条件越来越好了，蛔虫患者几乎看不到了，更不用说胆道蛔虫症了，因此用乌梅丸治疗胆道蛔虫症的机会也少了，但乌梅丸不限于治疗蛔厥，俞师现在也时常用乌梅丸来治疗一些儿科杂病，如久痢等。

在临床上经历多了，也有一些失败的案例，一些患者病情较急较重，西医已经用尽了方法，患者与家属只好找中医再看看，抱着最后的希望。急忙开好方子，煎好药送到患者床边，可是患者已经去世了，正是有这些失败案例的历练，俞师逐渐认识到自己的不足。

县级医院的中医科是一个综合性的科室，内、外、妇、儿、骨伤、传染病等病区，俞师都去过，在这14年余的医疗实践中，俞师的临床能力大大提高了，可谓"博涉知病，多诊识脉，屡用达药"。用中医中药治好了不少患者，在平湖县城里已小有名气。找俞师看病的人越来越多，但也有许多病还是惘然不知所措，只能眼睁睁看着患者在死亡线上挣扎后，被病魔夺去生命。

俞师家乡是一个水网地区。有一次他看到一户人家四个孩子都死掉了，他们那冰冷的躯体被摆放在船头上，这一幕深深地刻在了俞师的心里。原因是他们吃了有毒的蘑菇出现昏迷，在当地急救，后来病情越来越重，就转到平湖人民医院，躺在急诊室里的病床上，抢救已经来不及了。俞师没有看到过这样的病况，在当时的条件已回天乏力，眼睁睁看着年幼的生命就这样逝去了。为什么一个好端端的孩子，吃了毒蘑菇就没救了；

眼看着有些患者在死亡线上挣扎后，最终还是被病魔夺去了生命……俞师意识到自己目前的知识广而不精，要解决一些更疑难的疾病，需要继续学习，不断地提升自己的临床水平才行。"急患者之所急，苦患者之所苦"，不仅鞭策着俞师，还让俞师始终牢记作为医生治病救人的使命，秉承对患者生命健康负责的原则，不断提高对自身的要求，精益求精，俞师萌发了出去进修或是深造的念头。

第六节　赴京深造苦作舟

1978年是中国实现伟大历史转折的一年，也是俞师人生又一重要转折点。那时刚好国家恢复招收研究生制度，给了正在纠结于如何提高医技水平的俞师一个很好的机遇。俞师去县招生办公室翻阅了招生目录，毅然决定报考中国中医研究院的研究生。然而一个在县级医院工作了14年的中医师，对北京的情况一无所知，考什么？导师是谁？导师的专长是什么？心中都没有个底，该怎么复习都是难题。俞师按照招生目录的要求，找来了课本，开始了一边上班一边学习的紧张生活。那时候俞师已经是两个孩子的父亲，夫人又下乡了，照顾孩子的事只能由俞师来了，每天晚上还要哄两个小孩睡觉。当时距离理论统考的时间也就1个月左右，时间如此紧迫，不由得俞师多想，只能努力复习，每日挑灯夜读，焚膏继晷。

到了统考笔试的时候，卷子一打开，俞师当时有点发蒙，发现复习的内容与考试题目对不上号，心中不免有些慌乱，但又迅速冷静下来。俞师想大家都是第一届考生，面对的情况应该都差不多，努力答题即可。俞师审视着题目，临场一一回忆，14年前在湖北中医学院学习的一幕一幕又浮现在他的眼前，靠着对当年学习经典与基础知识的回忆与临床经验的发挥，完成了答卷。果然复试通知书来了，要俞师赴京复试。

俞师怀揣着复试通知书，进京复试心情不免有些激动，但梦想尚未实现，还不敢有丝毫松懈，安心准备复试才是目前应该做的。北京是我国的首都、政治经济文化的中心，是多少人梦中的向往之地。而俞师却无心观赏这座历史文化名城，一心想着如何应对接下来的复试，时间紧迫，书能多看一点是一点。复试分两部分，第一部分是笔试，考的是临场按题写一篇学术论文。俞师平时虽然写了不少短文，但从来没有投过稿，也不知道怎么投稿。只能靠着14年来的临床经验与读书总结，按题目要求思索写成了应试论文，且通过了阅卷老师的审核。第二部分是面试，主考官是赫赫有名的北京中医学院《伤寒论》大家刘渡舟老师。三面阶梯上围着许多老师，还有录音机在转动。那时8月份的北京天气还有些炎热，给这紧张的考场氛围增加了几分热度，场外面试完的学生有面带微笑的，也有面露苦色的。俞师那时没有经历过这样的场面，心里不免有些紧张，但立刻又镇静下来，擦了手心的汗水，做了几次深呼吸，平复了紧张的情绪，勇敢地走进考场。刘老问了俞师几个问题，俞师顺利地回答了，记得当时刘老提问"《金匮要略》中葶苈大枣泻肺汤为什么能治悬饮？"，这题难倒俞师了，虽经刘老多次鼓励与提示，但是俞师还是没能回忆起来，因此答得不够全面。但面试结束后，刘老说："你总体还不错，回去等最后的通知吧。"俞师出了考场，询问了其他考生，得知有的考生得到的答复是"你还需继续努力"。俞师觉得自己考上还是有希望的。回到家后不久，果然收到了来自北京的录取通知书。俞师心中的喜悦难以言表，而个中辛苦只有自己才能体会。后来得知俞师是从1300多名考生中脱颖而出，成为中国中医研究院首届50名中医研究生中的一位，这是何等的不易，现在俞师看到电视剧《历史转折中的邓小平》回忆起当年的考研历程，心里的激动也是溢于言表。1978年是令人难忘的一年、改变人生轨迹的一年。于是他再次告别家乡，告别母亲，告别妻子儿女，赴京深造。

当时的中国中医研究院研究生部设在西苑医院，是全国著名中医学家岳美中教授提议，中央批准创建的，旨在重启高素质人才培养，从而推动中医学术的传承与发展。西苑医院是卫生部中医研究院的直属医院，聚集了一大批全国著名的名老中医，如耿鉴庭、方药中、赵心波、王伯岳、赵锡武等，中医学专家和研究生们就住在一个院子内。

俞师坐在新建的明亮的教室里聆听来自全国各地的大师们讲课，有何任、邓铁涛、程莘农、董建华、任应秋、金寿山等，有讲《黄帝内经》的，有讲《伤寒论》《金匮要略》的，有讲临床应用的，都是大师们终身研究的结晶，这对于已在临床上工作14年，有一定的临床体会，但又碰到无数疑点、难点的俞师来说，如久旱逢霖，俞师如饥似渴地听看、学着、记着。在方药中教授的布置下，全班同学分工编译《黄帝内经素问注释》《黄帝内经灵枢注释》《伤寒论注评》《金匮要略注评》，通过对原著的通读和对某一章节的注释评议，大大提高了俞师对经典的理论认识和对古文的训诂知识，开始遨游在中医学的殿堂里。

在专业选择上，俞师认为自己在外科、骨伤方面缺乏临床经验，而内科可供选择的导师太少，后来得知王伯岳研究员在儿科方面是位大家，且教书育人认真独到，于是还没有进入专业时，俞师就跟着王老出门诊，坐在他身边，一边用心看着王老诊治，一边琢磨着王老的知病、识脉、达药。时间一久，俞师被王老的临床疗效所折服，深知其中必有家传秘诀，于是从不间断地随王老出门诊。

1年后分科研读，俞师终于成为王伯岳研究员的研究生，开始专攻儿科。王老是北京城的"小儿王"，他的父亲王朴诚，是周恩来总理亲自从成都点名调来北京筹建中医研究院的儿科名医，王老来到北京随父侍诊，继承父业。王老的学识相当渊博，国学功底颇深，他父亲为了培养他，请了满清后期的文学家教他学习四书五经。所以他的古文很好，如《史记扁鹊仓公列传》这样的古文，讲解得十分精辟。家中珍藏着许多线装古籍，其中不乏珍本、孤本。当时学生宿舍与导师们的家很近，因此老师经常邀请学生们去家中做客，探讨学术问题，带着大家学习。王老时不时还会邀请大家喝个小酒。对面宿舍的老师开玩笑说你们不会喝酒是得不到王老真传的。师母十分贤良，知道俞师这几个学生常来，因此也没有锁门的习惯，方便学生们进出。不久俞师便成为了恩师家中的一员。学生们与王老交流甚是亲密，但王老对学生可以说是非常严格的，严格到一丝不苟。写错一个字，一个标点出错，他都会严厉指责学生。因为他自己总是落笔成文的，他交给出版社的书稿，可以一字不改。王老落笔的严谨对这些学生影响很深。

王老门诊的时候带学生，叫学生先看，先把病历写好，然后他过目开方，开出的方子再让学生抄一遍，后面还会添加上按语，这样一来可以看到学生的水平，二来可以得到老师指点迷津。

有一次，王老交给俞师一件他想做而未做成的事，那就是注释儿科经典《小儿药证直诀》。俞师以前虽然读过这部书，几次研读又几次放下，不够深入，因而没有太大收获，这一次可要下决心读下去了。于是他收集了中国中医研究院图书馆的《小儿药证直诀》的各种版本及注释本。中国中医研究院的图书馆是收藏中医古籍珍善本最为丰富的单位之一。王老也将家中关于《小儿药证直诀》的藏书拿给俞师，并告诫他这几本书都要好好看。后来俞师开始参考这些不同版本的注释本逐字逐句先注后释，类证编纂。遇到困惑请王老点拨，大多迎刃而解，二易寒暑，三易其稿，终于完成，名《小儿药证直诀类证释义》，由贵州人民出版社出版。学贵于专精，而放眼于宽，有了先前十多年的临床经验，现在专于儿科经典，由博返约，这使得俞师对儿科的认识更上一层楼。见书后，王老十分欣慰，在他的师兄弟面前夸个不停。

王老管教十分严厉，但很有感情，在王老身边，他的育徒之道是严格要求与热情爱护相结合，严师出高徒，艺精靠磨炼。经过将近3年的勤学苦练，俞师学有所成，惜别之际，王老和师母要他们同届的四位学生到照相馆照张相以资留念，还送给俞师一首诗，作为临别赠言。其诗曰："长桑越人两相知，禁方授受学有成，世上何来上池水，全凭磨炼见精神。"

第七节　路漫漫其修远兮

在读研究生期间，浙江中医学院院长何任教授应方药中教授之邀，前来给研究生班讲课，讲的是《金匮要略》，何老是大家公认的研究《金匮要略》的第一家。课余时何老介绍了浙江中医学院的情况。俞师当时已经是两个孩子的父亲，爱人也还在平湖工作，如果以后继续留在北京，遇到的困难必定不少，所以回浙江是个不错的选择，故向何老表示想回浙江工作的意向，何老十分欢迎也希望俞师回浙工作。

研究生毕业后，俞师回到杭州。不巧的是，何院长因病住浙二医院（现浙江大学附属第二医院），刚刚做完手术不久。俞师想这个时候去找何老，打扰他不大好意思吧。犹豫之际，还是鼓起勇气拜见了何老。何老的病情比想象的要重。面部浮肿，说话也有些困难，何老从病房里走到外面的接待室里，非常热情地接待了俞师。他说："你年纪还轻，我们学校也需要人才。你来我们非常欢迎，你不要有什么顾虑，你的家属啊，家庭啊，一步步会给你解决的，放心好了。"当时俞师看见何老手术以后脸上浮肿，说话也不是很清楚，不敢久留，就急忙告辞了。后来学校的人事处处长对俞师说："何院长爱才如命啊，你们这样的人到我们学校来他是求之不得，所以哪怕他病再重也会接待你的。他给人事部门关照了，把你们的一些困难逐步解决，先把你们留下来。"所以刚到杭州的时候学校住宿条件很差，是住在临时搭建的牛毛毡简易房里，屋子里有8张上下铺床，可以住16个人，地面坑坑洼洼，下雨时屋里会有水渗进来，形成水坑，时常小虫咬得浑身作痒难以入睡。条件的艰苦更可以磨炼一个人的意志品质。

的确，何院长的挽留改变了俞师人生的轨迹，从此开始在高等学府继续他的岐黄之路。当时的书记对俞师说："俞老师，我们这里很简陋，不好意思，你要艰苦几年。"一开始日子确实难熬，苦日子终有到头的时候，经过几年的努力，后来学院条件逐步改善了。如果不是何老的话，俞师也不可能来到浙江中医学院，也不可能在学院里面不断地成长。

何老为了锻炼与培养俞师，时常把一些任务交给他。其中一个就是编写《金匮要略函授教材》，是全国的合作教材，由长沙的湖南科学技术出版社出版。这个本应由何老去开的会，何老却让俞师代他去，后来俞师接过了这个任务，回校后将会议内容禀告给何老，编书的任务由何老担任主编。这也让俞师有了更深入的学习经典的机会，并参与到编写的任务中。后来何老又主持研究了《金匮要略校注》这个课题，也要俞师参加，共同把这本经典古籍注解完成。何老选择北京大学图书馆所藏孤本——元代邓珍刊本为校勘的底本，悉心校勘，补缺正误，剖析疑难，历时4年，三易其稿编成《金匮要略校注》一书，1988年9月通过了卫生部、国家中医药管理局组织的专家审定。这本书后来成为大家公认的注解《金匮要略》的最佳版本，并且获得了省部级科技进步二等奖。还有一些重要的会议，如到南阳和日本人讨论《伤寒论》，何任院长叫俞师也一起去。俞师本科在湖北中医学院熟背经典，实习时又经水志廉主任的耐心讲解，再经过14年的内科临床，在中国中医研究院又有来自全国各地的名师讲解，现在又在何老带领下学习《金匮要略》《伤寒论》，对经典又有了更深的理解，并将经典与儿科临床很好地结合起来，所以在南阳会议上，俞师发表了一篇文章，题目是《论〈伤寒论〉方在儿科的运用》。《伤寒论》是一本内科杂病著作，为什么能用到儿科来，怎么用呢？俞师从自己的临证经验明确地告诉大家，《伤寒论》方同样适合于儿科。俞师把他的心得体会谈出来供大家参考。所以这篇文章发表以后，得到了不错的反响，后来俞师又在全国各地演讲了好几次。温故而知新，俞师对经典的理解步步加深。现在，俞师在治疗儿童反复呼吸道感染迁延期或恢复期间，即病情时缓时著，证候错杂，往来不已，寒热并见、虚实夹杂、营卫失和、表里并病，若单一解表则复虚其表，一味固本则有碍其邪，故可采用和解少阳法，调和营卫，斡旋枢机，取仲景《伤寒论》柴胡桂枝汤化裁治疗小儿反复呼吸道感染，作为基本大法运用于临床即出于此。

俞师来到浙江中医学院工作是在1981年3月，刚到儿科教研室不久，被评定为讲师。那时候教研室也只有四五位老师。到儿科教研室以后俞师可以说是专心致志地做自己的教学工作，那个时候工作还不是很忙。

当时有一位儿科的老前辈，詹起荪老先生，时任浙江中医学院的副院长，是省内外著名的儿科医生。因为俞师初到杭州，跟詹老以前是没有什么交往，现在到了教研室，在他的领导下工作。詹老又是副院长，教务处分管领导，做事亲力亲为，对教学倾注了大量心血，他对教研室的各位老师也相当器重。詹老当时还亲临教学一线，讲课深入浅出，引经据典，是最受学生欢迎的老师之一，所以俞师也经常去听詹老的课，以学习他的上课方式。詹老曾对他的学生说：第一，为人师表，要严于律己，一丝不苟地对待每一堂课，不管是新课还是旧课，提高班还是本科班，都要认真备课。第二，自己要有深厚的理论与实践功底，对讲课内容要反复钻研，全面理解，记熟要点重点，才能融会贯通，变书本知识为自己的东西。他还强调讲课脱稿，不照本宣读，以加强教学效果。他在培养中青年教师及指导研究生中，更是不辞辛劳，把自己几年来积累的临床经验毫无保留地传授给后学。此外詹老门诊时，俞师也跟着抄方。詹老之学术思想，主要源于继承家学与对古代医典的研究，如宋代钱乙的《小儿药证直诀》、明代万全的《幼科发挥》、清代吴谦的《医宗金鉴·幼科心法要诀》等，对他学术思想的形成影响较大。詹老还善于总结，勇于创新，他认为，要重视研究经典，但不可瑕瑜不分，一味继承，应学无成见，唯善是从，得其所长，古为今用，有所发现，不断创新。而俞师研究生阶段对儿科经典也颇有研究，特别是《小儿药证直诀》，这与詹老不谋而合，而詹老丰富的临床经验与用药的地域特点，对刚刚来到杭州工作的俞师有着深刻的影响。教学方式上詹老给俞师树立了一个很好的榜样，在临床上詹老又给了俞师新的启发，在詹老的带领下俞师慢慢对整个系的情况开始熟悉起来，开展教学和临床更加得心应手。这给俞师提高自己的讲课和临床水平指引了努力的方向。

有一次俞师提着包走进教室，准备上上午第3～4节的课，之前的下课铃声早已响过，可教室里依然鸦雀无声，俞师还以为自己迟到了，是同学们在等他上课呢。走进一看讲台上周炳辉老师还在上课，同学们全神贯注、津津有味地听着老师的讲课，完全没有要下课的意识。俞师停住了脚步，心想是什么魅力让学生们听得如此入神？自己如何才能成为让同学们认可、喜欢的好老师呢？这是俞师这一阶段急需解决的问题。

要讲好课，首先必须备好课，写好讲稿教案。如何更好地备课，如何将课本中的知识讲得更有味道呢？俞师在这些方面下过苦功夫，他一边听别的老师讲课，一边琢磨自己讲的课，反复听自己的讲课录音，甄别每个字的发音，反复推敲上课内容，让枯燥的理论知识结合临床，使之更加生动，像詹老那样脱稿讲课，对课本上的知识手到擒来。这样反复揣摩，反复练习，终于达到了较好的教学效果，得到了学生们的认可，反过来自己的临床水平也在不断地提高。后来，俞师连续四年被学生评为优秀授课老师，连续三年被授予联邦奖教金。

正如《韩诗外传》所言"剑虽利，不厉不断；材虽美，不学不高。虽有旨酒嘉肴，不尝不知其旨；虽有善道，不学不达其功。故学然后知不足，教然后知不究。不足，故自愧而勉；不究，故尽师而熟。由此观之，则教学相长也。"俞师的岐黄之路还需磨炼。

20世纪90年代初，俞师担任中医系副主任，要培养中医学院重点专业德才兼备的本科生、研究生。这个时候俞师肩上的担子更重了，要管12个教研室。虽然大家压力都很大，但各位同事都比较团结，为了整个中医系，都不辞辛苦付出自己的汗水，让中医系这个大家庭不断壮大。在医教结合的困难时期，因为教师要到附属医院来做医疗工作，医生也要到学校上课教学，然而学校是以教学为主，附属医院则以医疗为主，各有偏重，需磨合一段时间。虽然一些地方不是很顺利，但是中医药大学的临床教学上了一个新的台阶，因为走向讲台的老师都是在临床一线工作的优秀医生。这个磨合的过程十分艰苦，但方向是正确的，还要继续完善，因为教学和医疗毕竟不一样，从教学方面怎样加强临床工作，在临床一线的老师怎样提高教学质量，都还要不断地摸索。

有一年俞师给针推系的学生上"中医儿科学"，这是一门选修课，同学们听课后回去评议，说俞师讲得很精彩，听得很入神。有一位没有选修的同学得知后，抱着听听看的意愿，去听课了。一听确实如此，于是听完了全部课程，从此对中医儿科学产生了浓厚的兴趣，一有空就随俞师出门诊抄方，久而久之把选修课当成了主修课。之后上海科学技术出版社出版了俞师担任副主编的学术著作《实用中医儿科学》，俞师赠送该生一册并签名题词，更加激发了该生对儿科的热爱。5年的学业结束了，该生毕业回家乡待分配，当地针推专业没有岗位，儿科专业需要人，于是他选择了儿科专业，成为了一名儿科医师，后来还当上了儿科主任。2018年年底，该生被评选为浙江省基层名中医培养对象。可见教育可以改变一个人的人生轨迹。

第八节　悬壶慈幼终不悔

现在俞师已经是古稀之年，还在临床一线为孩童们的健康奋斗着，每周有5个半天的门诊。每个周六早上七点半诊室外面就响起了孩子们的吵闹声，俞师也已经在诊室里开始了一天繁忙的工作。这一坐就是一上午。俞师对每一位患儿，望闻问切一丝不苟，先是详细地询问患儿的病史，握着患儿的小手把脉，肺部听诊，舌诊，最后再看咽喉，这一套动作俞师已经反复做了50余年了。

如今俞师虽已头发稀少，但仍旧面色红润，说话中气十足。一天下来我们这些一旁跟诊的学生已经疲惫不堪，而俞师却依然活力十足。后来询问得知，俞师每天睡8小时，良好的睡眠是他活力的源泉。他总是很忙，有那么多的患儿要看，又有那么多的事情要做、论文要写，效率却很高，他时常告诫我们时间要巧安排。

记得有一次，有个年轻妈妈刚开诊时就来加号，说自己是特地从北京赶了回来，如此不容易，俞师自然也给她加了号。后来询问得知，她是一对双胞胎的妈妈，由于是双胞胎的原因，两个孩子体质很差，经常感冒发热咳嗽，一感冒发热就去医院输液，使用抗生素，而且两个孩子常常一起发病，或者一个起病另一个紧随其后。3岁时两个小孩上了托儿班，发病更为频繁了，基本每个月都要到医院打针输液。有一次患儿连续咳嗽了2个月，断断续续使用了几次抗生素，但是情况还是没有好转。一开始这位妈妈还是不太相信中医的，但是自己又没有更好的办法，后来在邻居的极力推荐下来到了俞师的门诊，开了中药，想不到服药2天，咳嗽就明显好转了。从此这位妈妈就成了俞师的"粉丝"。这次加号，原来是回了北京老家，不小心着凉了，又有点咳嗽，所以特地从北京飞了回来。俞师问她："北京有很多名医啊，为什么要这么麻烦，大老远飞回来呢？"。患儿妈妈回答道："只有找您看了才放心啊！"看来俞师在这位双胞胎妈妈心里已经无可替代了。现在这对双胞胎已经5岁多了，从三岁半到现在，时常来俞师这里调理身体，跟以前每个月都要跑医院相比，最近这一年宝宝们只得过两次小感冒，这样的改变不仅让家长很省心，医生也很欣慰。

一天诊室里来了一位中年妇女说要找俞师看病，开始有点诧异，毕竟俞师看的是儿科。她为什么要找一位儿科医师看成人的病呢？她说："俞医师，你还记得我吗？我的孩子小时候哮喘在你这边看好的。"原来这位母亲的孩子有一段艰难的求医之路。她的孩子3岁起咳喘反复，后来确诊为哮喘。这10年对这位母亲来说是一段痛苦的回忆。这位母亲讲起往事心情有些激动，眼眶也微微湿润了。那时候小男孩虽然形体偏胖，但肌肉松弛，弱不禁风，基本上每月都因哮喘去医院，一发病便咳嗽痰鸣气急，大口大口地咳吐白色泡沫痰，到医院就诊时旁人都不敢靠近他，反反复复长达10年。母亲为他跑遍当地各大医院，但是他的病情还是不稳定。幼儿园基本没有去过。即使上了小学还是每个月都要发病，轻则吃药，重则住院治疗。特别是夜里经常咳醒，甚则不能平卧。这位母亲非常留心孩子的情况，生怕他着凉感冒而发病。因此那一段时间里母亲与孩子睡在一起，并定好闹钟，每隔1小时就要看看孩子有没有盖好被子，到后来习惯都养成了，不用闹钟每隔1～2小时都能自然醒来。睡眠不足一直折磨着这位母亲，这种身心的折磨使她后来患上了焦虑症。

小学时，这个孩子在作文里写道："妈妈，我多么希望有一颗仙丹，吃了以后，我的病就好了。"疾病的折磨使得这位孩子比同龄儿童更加懂事，打针吃药从来不叫痛不叫苦。孩子的懂事，更让母亲感到内疚，为自己不能减轻孩子的病痛而痛苦。她不断地求医，不仅耽误了自己的工作，还耗尽了家里的钱财，而且还负债累累。由于看了很多医院都看不好，这位母亲甚至用上了一些迷信的方法，当然孩子的病情依旧反复，不见好转。

孩子何时才能从疾病的折磨中脱离出来呢？2012年深秋，他的哮喘又加重了，不能正常上学，后来听别人介绍来到了俞师处。先是吃了1周的中药，咳嗽咳痰明显缓解了。这让他们有了信心，后来经过半年多的巩固治疗，咳嗽哮喘终于没有发作了，俞师也觉得应该好了，就让他停药了。那时候他13岁，正处在青春发育前期，可能正好赶上了青春期，体格强壮了，哮喘基本治愈了，后来再也没有发作过，现在已经是一个健康的大学生。

讲完这些故事，这位妈妈不禁落泪，她说："俞教授是他们家的救命恩人。俞师不仅治好了孩子的病，而且还影响了这个孩子的人生。小时候的这段疾病经历对他影响很大，18岁高考那一年，他毅然决然地报考中医学院，学习中医，目前在湖北中医药大学就读针灸推拿专业。"

（俞景茂口述，胡万建整理）

浙江中医临床名家·俞景茂

第二章

成才之路

第一节　夯实基础从良师

我国从1978年开始招收中医专业研究生，方药中先生是我国中医研究生教育的开拓者，他不拘一格，不但把在"文化大革命"中失去深造机会的10余届中医院校优秀毕业生作为主要生源，而且还为传统师带徒出身或自学成才的优秀中青年中医敞开了大门。他还请来了岳美中、刘渡舟、任应秋等大家作为主考，主持口试选拔学生。这使得广大优秀中医学子有了深造的机会，而俞师也十分幸运地赶上了这次历史机遇。机会总是留给有准备的人。俞师通过平时的努力与扎实的中医基础从1300多名应试考生中脱颖而出。

由于是第一届中医研究生培养，无可鉴之经验，又无可用之教材，方药中先生设计了《黄帝内经》《伤寒论》《金匮要略》《温病条辨》四部经典作为中医药学习与研究之主干课程。

当时研究生第一年还未分专业，研究生班采取了集体培养与导师指导相结合的培养方式。即前期在研究生班集中完成公共和专业必修课的学习，为后期专业学习打下了较坚实、宽广的专业基础。因此研究生的第一年是在方药中先生的带领下重新温习经典夯实基础。中医书籍卷帙浩繁，读经典是求本溯源，正如江河，不知其源，又如何去治理、利用。历代名医无一不熟读经典，如金元四大家之一的朱丹溪30岁时母亲患病，众工束手，遂取《黄帝内经》等经典医籍细细观之，疑其所可疑，通其所可通，经过5年的勤奋苦学，竟然自己处方抓药，治愈了老母的旧疾。这也为日后习医打下了坚实的基础，其后从师罗知悌，罗氏也认为："学医之要，必本于《素问》

《难经》。"近代秦伯未先生提出："余之教人也，先之《内》《难》《本经》，使知其本也；次之以《伤寒》《金匮》，使知变也；次之以诸家之说，与以博也；终之以诸家医案，与以巧也。"

研究生的教学应采取何种方法？方药中先生提出了"自学为主，提要钩玄"的教学方法。对学习内容，他要求学生按自学进度进行自学，老师对其内容进行提要钩玄，对难点、疑点，或予以答疑解惑，或进行专题讲座。

方药中先生在讲授《黄帝内经》时，曾给研究生们作过多篇精彩的提要钩玄。如讲运气七篇时，他把五运六气的运算方法放在次要地位，主要阐释中医气化学说的精神实质和精华所在。他认为：其一，"七篇"揭示了自然气候本身存在着自稳调节规律，如五运六气的变化周期、胜复郁发等；其二，人与自然界是一个统一整体——人与天地相应，人体本身也存在着自稳调节规律；其三，中医学不是从形体结构，而是从"气化"的角度来认识和阐释生命过程、生理病理现象，提出诊断治疗规律。因此，气化学说实居于中医学理论基础的地位而独具特色。这一钩玄，突破了过去以运气计算为核心或以现代气象学验证来认识评价气化学说的观点，并使气化学说的学习成为开启中医基础理论的钥匙。

方药中先生经常说："我在课堂上怎么讲，我在临床上就怎么做。我要求你们做的，我一定先做到。"确实如此，他不但是一位做出重要建树的中医理论家，而且是一位杰出的中医教育家，他有数十年的讲课基础，讲课极具魅力。由于具备了极坚实的基本功，四部经典他全都参讲，而且能随时登台讲课。他讲授《黄帝内经》，包括最艰深的"运气七篇"，可以边诵边讲，不需查看原文。讲《伤寒论》《金匮要略》更是倒背如流。他讲中医理论，由于达到了融会贯通的地步，因此，总能把玄奥的医理讲得深入浅出、通俗易懂，而且善于运用比喻。例如，在讲《素问·至真要大论》"从内之外者，调其内；从外之内者，治其外"一段时，这样讲："当你回到家里，发现屋内屋外水流满地，噢！原来是走前忘了关好屋里的水龙头。水是从屋里流到外面的。这时，你是急于先去扫外面的水呢？还是先去屋里关好水管呢？当然，还是先去关好水管，因为水是从那里流出来的嘛！然后再去扫水。关水管，这就是'从内之外者，调其内'，就是求'本'，就要找'原发'。找到之后，还要治'原发'，也就是治'本'。当然，治了本，水流满地也不行，还要扫干净，这就是也要治'标'，治'继发'。这段原文的基本精神，简言之，即分析疾病，治疗疾病，一定要'求本'。而'求本'

的重要方法，就是要找出原发病之所在。"他的讲课思路清晰、目标明确、生动形象，总能把晦涩难懂的经典融于现实生活及临床中。

他讲中医理论，如讲"病机十九条"，从不是一条条去演义、阐发什么"诸风掉眩，皆属于肝"，而是从中揭示其基本精神，其目的在于提出中医分析病机的基本方法和模式，并落实到辨证论治的具体步骤和方法上来。他对中医感情至深，讲课中很自然地倾注了他对中医的笃厚感情。听过他讲课的学生，无不为他那深邃的说理、行云流水般的语言、滔滔江河般的气势及弘道启新的风采所折服和感动。

学中医贵在"悟"，而方药中先生就是一个善于为学生们开悟的老师。俞师十分有幸遇到这样一位老师，在他的启发下开始了新的中医旅程。

第二节　禁方授受学有成

王伯岳先生，字志崇，自号"药翁"，是当代著名的中医儿科学家。历任中国中医研究院学部委员，西苑医院儿科研究室主任，中国中医研究院研究员，首届儿科研究生导师，卫生部药典委员会委员，中华全国中医学会儿科专业委员会首届主任委员，中国农工民主党中央委员，全国六届政协委员。主编人民卫生出版社出版的《中医儿科学》大型儿科临床参考书，代表作有《中医儿科临床浅解》《中医防治麻疹的方法》《儿科辨证述要》等，在中医学术界影响深远。

王老祖籍四川中江县，1912年出生于成都。其三代世医，以儿科著称。祖父王琨山心怀穷苦百姓，立志以医药救人，他精通药理，擅长种药、制药，常行医售药救人于疾苦。其父王朴诚继承父志，先药后医、种药贩药、看病行医兼顾，以善治各类儿科疾病著称。针对外感主张防重于治，治疗内伤重视顾护脾胃，选方灵活，用药轻简，疗效显著，深受成都百姓爱戴，被亲切地称为"王小儿"。王老受家庭熏陶，从小立志学医。幼时即被父亲送至私塾，攻读文史，打下了深厚的古文基础；青年时期，因"医药不可偏废，学医应先学药"的家训被父亲送至药房当学徒，学习中药性味、功效、归经、炮制及各大名医处方用药特点，为之后从医之路打下了扎实的药理基础。待王老学徒师满后，其父已是成都名医，然秉承"易子而教"的原则，为王老择成都之温病学派名医廖蒉阶先生为师。上午侍诊其父左右，得承家传，下午随廖师上课，扎实基础。如此家传师授，耳濡目染，加之王老勤思善学，往往收获匪浅，最终学有所成。独立坐诊后，王老仍不断向廖师学习，还跟诊于其他知名中医师如卓雨家、唐伯渊、廖宾甫等，虚心向学，博取众长。王老钟爱读书，家中藏书众多，爱不释手的书往往日夜诵读、孜孜不倦，在中医之路上活到老学到老，造就"博学、审问、慎思、明辨、笃行"的治学之道。

1932年，王老获得中医师资格，在成都开业行医，以"开门问疾苦，闭门阅沧桑"自勉自警，善治流行性乙型脑炎、麻疹合并肺炎、肝炎、痢疾、哮喘、腹泻、癫痫等小儿各种常见病、多发病和疑难病，不久便因医术精湛、疗效显著而声名远扬。1955年随父王朴诚，调到中国中医研究院，参加研究院建院之初医疗、科研、教学等工作，在各个方面均有卓越成就。

俞师后来跟随王老出诊抄方，学习王老的临床思维、诊疗特色、方药经验，不久便感叹王老学识之渊博、中医底蕴之深厚、临床疗效之显著，于是拜师王伯岳研究员门下，在恩师身边生活、学习、工作，深得教诲，颇得其传。

王老热情宽厚，待学生如己出，师母更是亲切慈祥，亲如家人，在生活上对学生们颇为照顾。俞师至今还记得，从研究生宿舍北窗望出去便能看见王老的家门，这扇门为了方便学生进出永远半开着。师生两人往来频繁，俞师也渐渐成了王老家中的常客，与王老的关系也越来越亲密，在王老的口授心传中，得到许多医德、学术方面的指导与教诲。在教学上，王老遵循"教不严，师之惰"的古训。门诊抄方时，要求学生必须提前到场，诊室必须干净整洁，诊疗过程必须井然有序，阅读任务必须及时完成，读书笔记、心得体会等作业必须按时上交等。在学术相关的事情上，王老更是一丝不苟，学生的病案、论文、书稿等，有错必纠。这种严格、严谨的态度，对俞师影响深远，在其临床、著书、教学上均有体现。

王老爱才惜才，十分重视研究生培养，倾注了不少心血。在中国中医研究院研究生培养起始阶段，导师缺乏带教经验，又无处借鉴，面临难题。王老颇费心思，研究出一套别树一帜的带教方法。凡是来看病的患儿由学生们先看，收集脉案，确定治法方药，写好门诊病历，开出处方，然后再由王老重新诊治。王老看过学生的书写病历后进行修改，做出解释，内容包括四诊摘要是否齐全确切，理法方药是否妥帖对证等。然后重新为患儿做出诊断，开出处方，交由学生誊写，签字后交还家长。这种带教方法既能使病家满意，又能使学生有学习锻炼的机会，从中继承导师的学术专长，不失为传授学术思想与临床经验俱佳的带教方案。在这种带教方法下，俞师领悟到自己的不足及谬误之处，学习到导师临床思路及处方用药的独特之处，获益匪浅，进步迅速。除此之外，王老特别重视对学生能力的锻炼。有一次，北京中医学会儿科分会刘韵远主任请王老前往儿科提高班讲课。王老一方面因为工作繁忙，分身乏术，无暇前去授课，另一方面又想给学生锻炼的机会，于是就把上课的任务交给了俞师。俞师备课充分，深入浅出，条理清晰，得到了学生们及刘主任的肯定。教学效果反馈回来后，王老骄傲地说"强将手下无弱兵嘛！"。从那时起，俞师的授课能力不断得到锻炼，为其今后教书育人打下了基础。王老十分崇尚儿科宗师钱乙，对《小儿药证直诀》的研究颇多心得。奈何诊务繁忙，无暇注释，便将校注《小儿药证直诀》、研究钱乙学术思想的任务交与俞师。当时俞师对训诂、版本、目录学知识匮乏，茫茫不得要领。对其疑惑不解之处，王老一一教导。俞师遂按证类编，广注其义，参以己得，补以师授，最终成书。王老审阅后，多次修改而定稿。俞师在此期间收获颇多，一是深入研究了《小儿药证直诀》，对钱乙学术奥妙有所领悟，学识能力得到升华；二是从此奠定了中医儿科学的基础，并为日后研究儿科各家学说创造了条件；三是学习了如何进行文献研究，锻炼了写作能力，为今后校注古文、著书立说打下了基础。

王老知识渊博，谈吐高雅，文笔畅达，谈医论药，说古道今，样样精辟。由于从小研习古文，王老十分重视对古典医著及各家学说的学习及研究。精研经典，师法仲景，博采众长，是其治学的一大特点。他常说，不学好《黄帝内经》，临床辨证就无"法"可依；不懂得仲景学说，临证施治就无"方"可循。因此，王老对《黄帝内经》《难经》《伤寒论》《神农本草经》等经典医著均有深入研究，对《小儿药证直诀》《幼科发挥》《幼幼集成》等历代儿科各家名著谙熟于心。王老虽年逾古稀，许多经文、章句仍能倒背如流，曾作诗"上溯灵素下汉唐，更喜仲景与仲阳，金元四家承妙谛，勤求博采实青囊"来勉励后学，鼓励学生们积极研读经典，采撷百家。俞师对此十分认同，他认为古籍医著是中医的基础，基础扎实才能有长远的建树，而儿科各家学说为这个基础增砖添瓦，使根基更广、更深、更牢固。只有精研经典，旁通各家，才能在岐黄之路上走得更久更远。

王老临证，重视病机。小儿"脏腑娇嫩，形气未充"，稍有不慎，极易发病，一旦发病，"易虚易实，易寒易热"，病机变化迅速而复杂，临床多见表里兼病、寒热夹杂、虚实并见之证。表里寒热虚实虽多兼见，仍有偏胜偏衰，王老强调在治疗上必须抓住病机变化趋势，因势利导，随证用药，这样才能药到病除。在遣方用药上，王老"师其方而不拘泥于其药"，在临床实践中，对经方、验方的应用往往根据具体情况灵活变通，用药尽量精简而达效。王老从小学习中药，对药材性味、归经十分了解，用药配伍谨慎合理，组方简洁有效，药用中和安全，凡有损于脾胃之苦寒燥烈、攻伐重坠及有毒之品用之极为审慎，中病即止。对补益之品，为防滋腻碍胃，也从不多用滥用。俞师深受王老教诲，在临证时常常强调以中医思维诊病救人，重视病机，辨证论治，遣方用药轻巧灵动，处处顾护脾胃，在保证疗效的基础上常选用安全而口感佳的药味。俞师常说，当下社会对中医的要求越来越高，许多患儿在环境、饮食、药物等影响下，病情复杂，唯有主抓病机，准确辨证，先证而治，方可取效。

重视脾胃是王老又一大学术特色。婴儿初生，除阳光空气之外，主要依靠乳食营养而资之以为生。脾为后天之本、生化之源，是生长发育的物质基础，是防病抗病的主力。然小儿脏腑娇嫩，脾常不足，"易虚易实、易寒易热"等病机在脾胃的表现上尤为突出，喂养上稍有不慎，易发积滞。王老认为积滞之为病，往往虚实兼见，任何大攻大补之药，均有害无益，唯有补脾调胃，健运中州，方可收效。因此在治疗上对乳食积滞者多用保和丸、香橘丸消食导滞，对脾胃不和者多用平胃散燥湿健脾，对脾胃虚弱者多用参苓白术散益气健脾，对阴伤夜热早凉者可用鳖甲地黄汤化裁滋阴退热，对积滞夹外邪者用达原饮达表透邪，兼有痰湿者用温胆汤加味治疗等。俞师深受王老重视脾胃之影响，对王老曾讲解的"脾胃学说在儿科临床上的应用举例"印象深刻，临床诊病用药也常常从脾论治。他认为小儿生机旺盛，发育迅速，但脏腑幼嫩，气血薄弱，脾胃的运化功能尚未健全，这就形成了营养需求大而消化负担重的矛盾。因此顾护脾胃是重中之重。在临床上，俞师继承师说常在王老甘淡养脾基础上以益气养阴之法调补脾胃，并且在治疗之外细细嘱托家长小心呵护，注意喂养。

王老认为小儿肺常不足，易为六淫所感，然小儿纯阳之体，一般多里热。风寒外感，也易从寒化热，或热郁寒闭，形成寒热夹杂之证。此时单用辛凉，则汗出不畅，单用辛温，则汗出热不解，唯有辛温、辛凉并用，才能寒热并解。对于体质虚弱患儿，一旦新感，病情往往反复迁延，此时发表太过则伤正气，发表不及则外邪不解，当用和解之法。俞师临证后在此基础上深入研究，临床以柴桂汤加减治疗小儿反复感冒，收效颇佳。动物实验研究也提示此方能有效改善症状，提高应激能力，增强细胞免疫功能，并有一定的抗病毒作用。反复临床实践后，俞师在治疗体虚患儿反复呼吸道感染方面积累了丰富的经验，由此率先提出反复呼吸道感染的中医学认识，阐明了该病的病因病机，并首次将反复呼吸道感染写入了国家级教材中。

王老治疗遗尿经验丰富，认为遗尿一证，虚寒者多，湿热者少，治宜温补不宜寒凉，其家传二黄五子汤温补下元，固摄膀胱，临床效佳。王老将此方传授给俞师，俞师跟师期间，见证了此方的疗效，回到浙江后报了一个课题，以此方做动物实验，结果显示该方对小鼠中枢系统有明显抑制作用，能松弛膀胱逼尿肌，抑制其兴奋性，提高膀胱括约肌的紧张性、兴奋性，提高膀胱对尿潴留的耐受能力，不影响动物尿总量，但明显增加每次尿量。此实验结果充分支持了临床的疗效。根据实验结果研制的遗尿停胶囊也曾在1994年获得浙江省中医药科技进步二等奖。在实验及临床观察中，俞师发现大部分顽固不愈的病例皆伴有脊柱隐裂，于是率先提出了脊柱隐裂与遗尿，特别是顽固性遗尿的关联性。他认为脊柱正是督脉循行所过之处，根据中医基础理论，督脉为"阳脉之海"，主一身之阳，脊柱隐裂，督脉失畅，阳气不得通达上下，膀胱失约而致遗尿。又因督脉行脊里，入络于脑，又络肾，且肾主骨，生髓，通脑，脊柱隐裂导致肾不能主骨生髓通脑，开阖失司而致遗尿。由此，治疗上当以温通督脉、疏通经络、通脑醒神为根本治疗大法，使五脏元真通畅，肾开阖有度，膀胱气化得复，则遗尿可愈。

1983年，王老负责组建中华中医药学会儿科分会，成立了我国有史以来的第一个全国性权威性的中医儿科学术团体，并将刚毕业的俞师作为青年委员之一选入第一届常务委员会。王老嘱托俞师要踏实苦干，积极推动儿科学会发展前进。俞师不负嘱托，不怕苦不怕累，在江育仁、张奇文等主任委员的领导下，积极为学会发展贡献自己的力量。在全国会议期间，俞师要安排参会代表学术交流，布置会后工作，起草会议纪要，上传下达各项指示，落实下一届学术交流会议的时间、地点、主办单位及交流主题，忙得不可开交，每晚仅睡2～3小时。2009年9月，俞师从副主任委员岗位上退下来时，中华中医药学会授予其"儿科发展突出贡献奖"；2014年，为表彰俞师长期以来为中医学发展做出的杰出贡献，授予他"成就奖"。这一切离不开王老的栽培和提携。

第三节 医教结合结硕果

　　1981年，俞师研究生毕业后回杭州就职，在浙江中医药大学及附属医院从事教学、临床及科研工作，兢兢业业诊治儿病，勤勤恳恳教书育人，踏踏实实著书立说，认认真真科研创新，在岐黄之路上不断攀登，获得了许多成就。

　　回顾俞师50多年的从医之路，主要分为两个阶段。第一阶段是在家乡——平湖人民医院工作的14年，第二阶段是研究生毕业后在浙江中医学院附属医院（浙江省中医院）工作的40年。第一阶段可以说是全科医生，在县医院里内科、外科、妇科、儿科、骨伤科、传染病、晚期血吸虫病等病区都涉足过，是积累经验、独当一面的时期，在县医院里初显身手。3年后，走在街上，不时有人认出俞师，说："这就是人民医院里的俞医师。"可见，当时城镇居民对俞师已刮目相看，可与当时的西医名医相提并论了。认认真真地看病就是从那时候开始的，经验与才能也是从那个时候积累起来的。期间俞师虽然有一些心得体会，但均未成文，没有发表过一篇学术论文。自从到了浙江中医学院任教以来，医教合一，到浙江省中医院儿科任职，在三甲医院儿科门诊、急诊、教学、科研工作中，俞师取得了长足的进步。回顾改革开放40年来，其最大的收获是医疗水平的不断提高，患者由少到多，到一号难求，从省级名中医到全国老中医药专家学术经验继承工作指导老师，再到浙江省首届国医名师，一路走来，离不开医疗岗位上的孜孜不倦的探索。

　　俞师经过多年的临证实践，在小儿反复呼吸道感染、哮喘、遗尿、腺样体肥大、多发性抽动等中医儿科优势病种上创立了独到的诊疗方法；经过多年的文献研究，广博各家学术思想，融会贯通，形成了独特的医疗特色。逐渐在中医这片沃土上开花结果，创立了自己的学术特色。2012年，国家中医药管理局批准成立了"俞景茂全国名中医药专家传承工作室"，工作室以"勤奋、务实、开拓、创新"为座右铭，形成了一支老中青三代医师结合、团结和谐的学术继承团队，树立了"学高为师，风正为范"的学风，开展了专题讲座、临证带教、经典学习、心得交流等一系列学术活动，并在此基础上系统整理了俞师的论文、著作、医案医话、医学论点等文献资料，充分总结了其特色学术思想和临证思维方法，以便更多中医学子能有机会学习和掌握俞师的思维方法、辨证规律和用药特色，从而推动中医儿科学术继承和发展。

认认真真看病，是一个医生的本职。作为一名中医师，抢救急诊的机会不多，大多是慢病，这就需要医生耐心细致地望闻问切，精准辨证，做到药到病除。在这样的宗旨下，日复一日，年复一年，俞师的门诊愈加繁忙，早上班迟下班是常有的事。远道而来，慕名前来的患者络绎不绝，甚至打了100多个电话还是没挂到号，抱怨要等半天才能看上病。怎么办？俞师只有牺牲自己的休息时间，满足家长的需求，使家长们满意而归。

作为一名教授，必须要能上课，上好课，必须成为学生心中有影响力、能留下深刻记忆的教师。上好课就必须要钻研教材，要备好课，写好讲稿，做好教案。本科教材的每节内容，学生阅读一遍，大概需要15分钟，老师在课堂上要讲两个学时。要使学生听课后对教材有深刻的领悟，信息量要比教材大得多，听后有"顿开茅塞"之感，使学生听得津津有味，不觉乏怠。所以说，教书是一种艺术，既要有渊博的知识，又要有语言的表达能力。老师腹中有一担水，才能给学生一杯水。

熟能生巧，上课多了自然而然就上好了，其实也并不然。俞师认为作为教授一定要勤于思考，反复推敲琢磨，先试讲录音，自己听，自己思考，自我评价上课水平与质量，积极思考如何才能表达得更正确、更生动，使在课堂上的每句话、每一次板书、每一张挂图、每一份表格都恰到好处。一堂课下来，要自我评价上得怎么样？下次课怎样讲得更好？这样下来，一堂课比一堂课精彩、生动。30余年教学下来，可以随心所欲而不逾规，能围绕教材讲得头头是道。

1997年10月，意大利奥斯塔省邀请浙江中医学院前去交流中医学术，在肖鲁伟院长的带领下一行五人前往意大利讲学。俞师代表学校做了题为"中医学的基础与应用"的学术讲座，并表演了简化太极拳。深夜12点钟，讲厅里仍座无虚席，由此可见意大利民众与政府官员对东方医学有着浓厚的兴趣。

有一次课间休息时，俞师在走廊遇到一位学生问："您是俞老师吧！我小时候的病就是您看好的，我现在考上了中医药大学，开始学习中医了。"俞师问他"你当时生的什么病？"学生说："得的是遗尿，中医药医好了我的病，我选择走上中医之路。我现在是兴趣满满，要把中医学好。"俞师欣慰地说："这是个不错的选择，你可要努力学习啊！"

有一位平湖家乡的孩子得了哮喘病，眼看就要进入青春发育期，于是到杭州俞师处来就医，经过3个月的治疗，半年多的调理，后来用膏方巩固，病情开始长期稳定，与正常人一样生活、学习、锻炼，雄心勃勃地准备考大学了。家长们一致选择报考浙江中医药大学。功夫不负有心人，他终于以590多分的成绩被滨江学院录取，开启了他中医学的生涯。俞师为家乡多出了一位中医而感到高兴。

第四节　著书立说誉同行

秦昌遇遍通方脉，尤精幼科。《松江府志》谓其"治婴儿症称神"。因虑幼科诸书，非偏寒偏热之误，便喜补喜泻之殊，故僭而折衷之，遂以"折衷"名书。鉴于秦氏系松江人，与平湖相邻，其学术摒弃了寒热虚实的某些偏见，实为儿科折衷其间的代表作。加上全书编辑有度，通达平整，契合使用，故乐为之注释刊行。1990年5月，俞师点校的《幼科折衷》由中医古籍出版社正式出版。

全国中医院的儿科医师都可称得上是小儿全科医师，呼吸、消化、心血管、肾病、传染病、精神卫生疾病等都必须兼收并蓄。为了提高中医院儿科医师的诊疗水平，应贵州科技出版社邀请，俞师编著了《中医儿科临床实践》这本实用性很强的专著。立足中医中药，引进西医西药，西为中用，中西医药结合，确实能作为临床医师的案头参考书，深为广大临床医师欢迎。

从基础到应用，从失败到成功的诸多实践后，俞师对反复呼吸道感染的防治悟出了一些道理。对该病的病因病机、临床表现、诊断标准、分期论治及目前的研究动态、今后的研究方向提出看法，出版了专著《小儿反复呼吸道感染的防治》，得到了同仁的广泛赞同。其后的教材、科研课题均采用了该书的成果。中医中药在防治小儿反复呼吸道感染方面突显优势，将此书献给患儿的家长，使之开卷有益，并以此传道授业解惑。

作为当代中华民族盛世修典的重要工程之———《中华医学百科全书·中医儿科学》是一项泽被后世的创举工作。作为一项国家工程，其严肃性、开创性和权威性毋庸置疑，作为该书的第一副主编，俞师肩负着全面总结中医儿科领域的经典理论、历代研究成果及当前的先进知识，弘扬中华文明，深化中医儿科的重任。要"全准精新"地写出这部划时代的著作，作为未来权威著作的"基准点"和"金指标"，责任重大。为了不负众望，俞师与主编精心设计，字斟句酌，一丝不苟，其间的辛劳令其久久难以忘怀。2017年1月，沉甸甸的精装本样书收到时，先睹为快，其兴奋之心难以言表，真所谓"功夫不忘有心人"。以下是俞师的代表著作。

一、《小儿药证直诀临证指南》力作

钱乙，字仲阳，自幼丧母失父，寄养于姑父姑母家，从小跟随姑父吕君学医。学医过程中，常见孩童发病容易、诊治困难，结合自身童年不幸、幼患羸疾之经历，便以广慈幼童为己任，专攻儿科。其医术精湛，声名远扬，皇戚贵室及庶民百姓皆争相求治。其弟子阎季忠即因幼时多病，屡经钱乙医治而病愈，成人后便悉心钻研钱氏治病之术，广收其医案方书著述，终编成《小儿药证直诀》一书。全书共3卷，上卷"脉证治法"阐述了儿科基本理论；中卷"治案"收集了钱乙医案共23则，涉及小儿各种病证；下卷"方药"记载钱乙自拟或化裁的常用方药，论述其特点、配伍及禁忌。书中较为全面地体现了钱氏学术贡献：①从五脏辨证论小儿生理病理特点，提出了小儿脏腑柔弱，肌骨嫩怯，易虚易实，易寒易热的论点；②重视望诊；③重视小儿脾胃；④立地黄丸专益小儿肾阴；⑤提出急慢惊风的不同治则；⑥拟订化裁了一系列儿科方剂。《四库提要》谓"小儿经方，千古罕见，自乙始别为专门，而其书亦为幼科之鼻祖，后人得其绪论，往往有回生之功"实非过誉。历代医家对《小儿药证直诀》的研究颇为重视，对此也有诸多阐发。如明代儿科学家万全在钱氏五脏辨证基础上提出"三不足，四有余"之说，即肝常有余，脾常不足，心常有余，肺常不足，肾常虚，以及阴常不足，阳常有余，阐发了钱氏的言外之意；清代温病学家吴瑭根据钱乙阐述的"脏腑柔弱""肌骨嫩怯""易虚易实""易寒易热"的小儿生理病理特点，提出了"稚阴稚阳"之说，充分反映了小儿生长发育阶段中的体质特点及与病理方面的转化关系。可见，《小儿药证直诀》一书对后世影响深远。

然《小儿药证直诀》全书以口诀式语词记述，用词精简，行文简洁，且在流传过程中难免有错简之处，因此后人在学习研究之时屡加注释，现存注本就有熊宗立《类证注释钱乙小儿方诀》、薛己《校注钱氏小儿直诀》、张骥《小儿药证直诀注》、张山雷《小儿药证直诀笺正》等。在这些注本中，俞师最推崇的要数张骥《小儿药证直诀注》，认为张骥对《小儿药证直诀》中方剂的解释最为精辟，对其颇多启发。

俞师导师王伯岳先生亦十分崇尚儿科宗师钱乙，认为《小儿药证直诀》是中医儿科经典著作，终其一生研究《小儿药证直诀》，颇多心得体会，多年来，一直想写一本《小儿药证直诀》的注释本。俞师跟师期间，王老见其勤奋好学，有心培养磨炼一番，便将点校《小儿药证直诀》的任务交给俞师，并将家中相关的藏书悉数交与俞师，嘱其仔细研习，精读细读。王老家中藏书丰富，有些书是连图书馆都没有的孤本，十分珍贵。俞师如获至宝，读起来如饥似渴，相继看完相关注本及参考文献，获益匪浅。当时俞师初出茅庐，反复读了多遍仍难窥其意，于是便将原文逐句抄摘下来，逐条逐案逐方进行分析注释，渐有所领悟。仍不得要领之处，便前后互参，综合分析，更广参各家论述，请王老指点迷津，这样《小儿药证直诀》的注释就慢慢完成了。成书后交于王老审阅，受到了赞赏与肯定，也指出了书中不足之处，反复修改终成定稿。由此按证类编，广注其义，参以己得，补以师授，三易其稿，撰就《小儿药证直诀类证释义》一书，由西泠印社沙孟海先生题写书名，于1984年初由贵州人民出版社正式出版。

之后俞师一直潜心研究钱氏学术，对钱乙生平、学术特点等亦有深入研究，先后发表了《儿科宗师钱宗阳》《钱乙学术源流论》《钱乙学术思想研究进展》《钱乙在儿科方剂学上的建树及其影响》等一系列学术论文，加之在临床不断实践钱氏学术思想，对钱氏学术了然于心，可以称得上是国内研究钱乙的权威。2008年，人民军医出版社策划出版《中医临床家丛书》系列丛书，邀请俞师再版。俞师考虑后，认为当为发扬中医药文化，重拾经典著作做一些贡献，便以《小儿药证直诀类证释义》为底本，将20余年来的研究成果及心得体会编入，重新整修，以上篇类证释义、下篇学术研究的形式更名为《小儿药证直诀临证指南》再次出版。全书囊括了俞师多年来关于《小儿药证直诀》的研究成果及王伯岳导师生前的指导，较为完整地阐发了钱氏的学术理论，并归纳了后世的阐发论述，对钱氏学术的研究相对成熟。后来俞师又编写了《小儿药证直诀译注》，由人民大学出版社出版作为外文翻译的底本。在《小儿药证直诀类证释义》《小儿药证直诀临证指南》《小儿药证直诀译注》这3本著作相继出版的过程中，可见俞师对《小儿药证直诀》的研究已达到了一定的高度。

《小儿药证直诀临证指南》上篇对《小儿药证直诀》原书上、中、下三卷作类证释义，每章首列脉证治法，做出释义，并选辑后世医家相对成熟的理解及论述以做注释；次列有关治案，加之按语；再列相关方剂，做出方解；末作结语。这样一来，既能反映钱氏学术特点及各家对钱氏理论的阐发，又能指导临床实践应用，颇具参考意义。下篇包含俞师多年来对《小儿药证直诀》的研究成果，对钱乙生平、治学特点、学术建树及对后世的影响做出总结，为后人研究钱乙提供了参考。

在《小儿药证直诀临证指南》一书五脏辨证篇中，以小儿五脏为纲论述了小儿五脏寒热虚实所主临床表现，并以补泻为总则，分列治法方药，内容较为详尽。然钱氏五脏补泻方中，心、肺、脾三脏有补有泻，肝则单用泻青丸泻肝，未出补肝之方，肾则单用地黄丸补肾，未出泻肾之方。俞师最初注释时疑惑不解，请教王老。王老解释为此乃乙癸同源，肝肾同治之法。需补肝时，可用地黄丸补肾柔肝，滋水涵木，需泻肾时可用泻青丸泻肝，此即"肝为相火，有泻无补；肾为真水，有补无泻"之奥秘。此"肝为相火"之词为后人从钱乙五脏补泻方中领悟得出，虽非钱乙之说，但对后世影响深远。

发搐、急惊、慢惊篇俞师归纳总结了钱乙对惊搐的认识。钱乙将急慢惊风分别论述，认为急惊发于热甚生风，病机为"痰、热、惊、风"，属急证、实证、热证，可拟泻青丸泻肝火、利惊丸除痰热等治急惊；慢惊发于脾虚肝乘，多见于久病重病，脾胃受损，久泻久利后，属虚者、寒证，可拟瓜蒌汤、宣风散等解毒豁痰祛风以治标，益黄散益气健脾以治本。而俞师注解本篇时，发现本篇所归纳的许多治疗惊风的方剂，大多适用于急惊，且运用了金石重坠及芳香走泄之味，如水银、轻粉、辰砂、冰片、麝香、牛黄等。这些药味虽能镇惊平肝，却有一定毒副作用，《素问·腹中论》说"石药发癫，芳香发狂"，用之"恐伤脾"，对脾胃娇嫩之小儿用之应当慎之又慎。而且《小儿药证直诀》中这类方剂与钱氏一向主张的用药当力求柔润及急慢惊风当分别论述的观点自相矛盾。张山雷、熊宗立等怀疑这类方剂并非出自钱氏，系时弊所混误集于《小儿药证直诀》之中，俞师对此十分赞同。此外，在研究过程中，俞师发现钱乙十分注重发搐时间与疾病的关系，分别将早晨、日中、日晚、夜间发搐分为肝、心、肺、肾四脏，其注释时不解其意。俞师求教于王老，王老认为钱氏把一日分为四时，分主以四脏：寅、卯、辰是木气之旺时，肝属木，故主肝病；巳、午、未是心火之旺时，心属火，故主心病；申、酉、戌是金气之旺时，肺属金，故主肺病；亥、子、丑是水气之旺时，肾属水，故主肾病。脏气主时不同，疾病所表现的时间也不同。钱氏从发搐的时间及所主的证候来推断与发搐相关的脏气，这与《素问·四气调神大论》《素问·六微旨大论》《素问·金匮真言论》等把人的一生分为生、长、壮、老、已，把一年分为生、长、化、收、藏，把一日分为鸡鸣、平旦、日中、合夜，以及"肝主春生，心主夏长，肺主秋收，肾主冬藏，脾旺于四季"的论述是一脉相承的。肝气旺的惊风，是肝木之气亢盛，其之所以亢盛，往往是由肾水亏损不足以养肝木所致，故钱氏用地黄丸补肾水以养肝，有时用泻青丸以制肝木亢盛之邪。心气旺的惊风，是心火之气上炎，其之所以上炎，往往是由于肝血虚损不足以上济心火所致，故用地黄丸补肝血以济心，同时用导赤散引心火上炎之邪以下趋，更用凉惊丸以折其风火相煽之势。肺气标旺而本虚的惊风，是燥金之气不及，其之所以不及，往往是由于脾气不能散精微以上归于肺，故用益黄散补脾以滋肺之化源，同时用泻青丸以制肝，使勿克脾，更用导赤散使心火下行，不得克肺之阴，以复肺气的清肃。肾气标旺而本虚的惊风，如果是脾虚以致水湿泛滥者，当用益黄散补脾以运水，同时用导赤散下降心火，并使水邪外泻，如水溢于下，而风火炽于上者，还得用凉惊丸以泻心宁风。由此可知，钱氏以四时分析惊搐的思想，是从脏腑间生克制化关系来发挥的，也就是从脏腑之间的整体观来阐述的。王老的这番指导让俞师豁然开朗，使该书注释最后得以定稿。

钱乙关于小儿脾胃的论述，俞师亦有深入研究。钱乙认为小儿脾胃娇嫩，易虚易实，易寒易热，十分重视对小儿脾胃的论治与调护。小儿生机旺盛，发育迅速，但脾胃娇嫩，功能未全，存在营养需求大而消化负担重的矛盾。加之小儿乳食不能自节，生活不能自理，喂养稍有偏颇，脾胃之纳运功能便会受损。若诊治不当，药物损伤正气，则脾胃的功能一伤再伤，因此小儿内伤之疾脾胃病者尤多。脾胃一旦受损，多见于纳呆、吐泻、倦怠、多寐等证。钱氏抓住病机，总结小儿脾胃病的主证及虚实证候特点为"脾主困。实则困睡，身热饮水；虚则吐泻生风""脾病困睡泄泻，不思饮食"。在治疗时，钱氏认为小儿脾胃本就稚弱，遣方用药当时时注意鉴别其虚实寒热，不可妄攻误下、损阳劫阴，由此创立化裁了许多调治脾胃寒热虚实的方剂，如治胃虚有热而吐之藿香散，以麦冬、甘草滋养胃阴，石膏清散胃热，半夏通降胃逆，藿香为君，芳香化浊以振中州气滞，补中有运，清中带降；又如泻黄散在用山栀、石膏泻其积热的同时，又有防风、藿香疏散伏热，清中带散，寒中寓温，又用甘草和中，使胃气得护。这些方剂时时顾护小儿脾胃，防止小儿既伤于病又伤于药，临床疗效显著。钱乙精通《黄帝内经》《伤寒杂病论》《备急千金要方》等经典，承前启后，将书中以往大多以成人立论的脾胃学说首次运用到儿科中，见解独到，对后世儿科学的发展及李东垣脾胃学说的产生均有深远影响。明代儿科学家万全，即根据钱氏的儿科学说，提出了小儿的生理特点之一是"胃常不足"（《育婴家秘》）。李东垣在钱乙重视调治小儿脾胃观点的影响下充实完善了脾胃论，他的"脾胃虚衰，百病由生"之说与钱氏"脾胃虚衰，四肢不举，诸邪遂生"之论如出一辙，创制的甘温除热诸方，方中常用升麻、柴胡、羌活和葛根等药也都可谓深受泻青丸、泻黄丸、败毒散、白术散中风药之影响。因此，钱氏对小儿脾胃病的论治之影响，实已超出儿科学的范围。

此外，俞师参阅《阎氏小儿方论》《幼幼新书》《宋史·钱乙传》等方书、传记时，见有钱氏佚文、佚案散在其中，认为这些都是研究钱氏学术思想、特点的宝贵资料，特将其摘出，略作按语，编入《小儿药证直诀临证指南》书中，以供后人参考学习。

二、首部《儿科各家学说及应用》专著出版

唐代魏征《谏太宗十思疏》言："欲求木之长者，必固其根本；欲流之远者，必浚其源泉；谋事之成者，必强本厚基。"中医经典著作特别是《黄帝内经》《难经》《神农本草经》《伤寒杂病论》等书，是中医理论之渊薮，而中医儿科学作为祖国医学的一部分也不例外，这几部医学巨著，也是儿科理论的指导思想和基础。此外，前人反复临床实践总结出的各家学说则是儿科基础理论的充实与完善，推动了中医儿科的蓬勃发展。因此，每一位中医儿科学者都应当刻苦钻研中医经典和儿科各家学说。俞师治学严谨，非常注重中医基础理论的学习。主张学习中医要做到"博"，即要涉猎广泛，采撷百家，精通各种学问，旁及各家著作，对儿科各家学说进行深入钻研，了解儿科专业基础理论的源流及主要内容，弄清各家学术思想的特点及影响，掌握各家认识疾病的观点和防治疾病的方法，撷取其中精华，综合各家之长，不拘一家之言，进而开创新的学说，用于指导临床实践，推动儿科学术的蓬勃发展。由此，俞师提出一名优秀的中医儿科医师，研读经典，学习中医儿科各家学说是其成才的必经之道，只有充分掌握中医儿科学的基础才有可能在儿科领域中有所建树。

1981年俞师研究生毕业，在浙江中医学院任职讲师，开课讲授中医儿

科各家学说，奈何当时关于中医儿科各家学说的专著较为少见。找不到合适的教材，俞师便着手自编教材，作为当时浙江中医药大学儿科提高班、七年制硕士生、研究生专业基础课程讲义，反复讲授了十余年。这便是《儿科各家学说及应用》的雏形。俞师曾对《小儿药证直诀》深入研究，对儿科学术基础理论的奠定者钱乙的学术思想了然于心，便以《小儿药证直诀》为契机，从源到流，从古到今，系统地对中医儿科基础理论进行梳理总结，先后点校注释了《小儿药证直诀》《幼科折衷》等儿科古医籍，参编《儿科医籍辑要丛书》，发表了《儿科各家学说概论》《钱乙学术思想源流论》《儿科宗师钱仲阳》《陈文中儿科学术思想探要》《略论孙思邈对儿科学的贡献》《〈温病条辨〉的学术建树》《薛铠薛己儿科学术特点探讨》等系列论文，使该自编教材日臻充实完善。2012年"俞景茂名老中医药专家传承工作室"成立之际，俞师秉承工作室"研究学术、传承创新"的宗旨，带领成员们回归"读经典、做学问"，鼓励弟子们将各自研读儿科医家典籍的心得体会撰写成文，充实到《儿科各家学说及应用》一书中来。历时3年，反复修改，数易其稿，由中国中医药出版社于2017年3月正式出版。

全书从纵横两个方面论述了儿科各家学说及应用。总论部分纵向介绍了中医儿科特有的基础理论，包含胎毒学说、纯阳学说、温阳学说、小儿推拿与捏脊学说等16个在学术上自成体系的论点，内容涵盖了小儿生理病理、治法治则等各个方面，阅读总论即可对中医儿科基础理论体系有宏观的了解。各论部分横向选取了18位历代著名儿科医家，将其在儿科学术上自成一家的学术建树及诊疗特色进行一一解析，并按时间顺序进行排序，内容详尽，条理清晰，阅读各论即可对中医儿科名家们的传承脉络及各家对儿科理论体系的贡献有微观的认识。最后一部分是名著导读，俞师将儿科名著中的精辟论述加以辑录，以便中医儿科后学们研习、记忆、背诵，内容包括基础理论、儿科诊法、五脏辨证等方面。中医论著浩瀚纷杂，俞师取其精华，节选了名家对中医儿科优势病种的经典论述，如疳证、泄泻、积滞、遗尿等，熟读或背诵这些条文无疑对临床会有很好的指导作用。

俞师认为采撷百家，方能自成一家。多年的文献研究，结合长期的临床实践，俞师博采名医大家的学术思想，结合时代特色，批判继承，古为今用，融会贯通，开拓创新，逐渐形成了自己独特的学术思想。他在医学上涉猎各家，对中医儿科各家学说研究造诣颇深，在当今中医儿科界首屈一指。其几十年坚持不懈地对中医儿科各家学说进行深入研究，捋清了中医儿科的学术源流，对历代中医儿科名家的学术思想、学术源流、学术成就进行了条分缕析，为中医儿科的传承和创新做出了卓越的贡献。此书的出版是传承的开始，倡导中医儿科工作者为中医儿科的继承与创新做出更多努力；更是填补了中医儿科各家学说领域的空白，是全国首本中医儿科各家学说的选修教材，是从事中医儿科临床、教学、科研工作人员的一本很好的参考书。

三、《实用中医儿科学》的得力助手

1993年上海科学技术出版社要求出版一套临床大型参考书，《实用中医儿科学》是其中的一部。南京江育仁担任主编并邀俞师去南京共商该书编撰大计。

其实江老早就成竹在胸，邀俞师前往商讨是共襄其成。当时俞师大胆地提出了自己的想法，与江老的思路不谋而合。即立足于继承为基础，以发扬为目的，突出中医辨证论治的理法方药的系统性，结合西医学知识，把辨证与辨病相结合，先以证带病，后以病带证，纲举目张，切合今用。该书历经3年，49位同仁参编，三次集体审稿，一次定稿，洋洋150万字。每个章节既全面系统准确地反映了中医儿科理论体系，又适合现代临床的实践需要，全面总结了中医儿科学术成就及研究新进展。江老逐字逐句审修，为此书的成功倾注了他老人家的心血与智慧，完全可与西医《儿科学》相媲美，不愧为中医儿科发展史上一个继往开来的里程碑。

江老的这一学术思想，深刻地影响着俞师的临床医疗实践，临证时俞师已习惯先辨病后辨证，先西医诊断后中医辨证。实践证明正是当今中医界行之有效的临床思维模式，也是中医药发展的路径之一，为中医药发展指明了方向。

在写总论的时候，江老邀请南京中医药大学历史文献研究室的著名专家撰写儿科发展史，初稿形成后责任编辑提出异议，要求修改，否则难以出书。这样严肃的问题放在江老面前，他为难了，怎么办呢？江老把这个任务交给了俞师。俞师反复阅读了原稿，发现问题出在全文用医史笔墨论述了儿科发展史，着重于考证及史料，与全书的文笔不一。责任编辑不满意之处在于内容与其他章节不合拍，于是俞师决定以原文的脉络为框架，把儿科的学术发展融汇其中，终于完成了修改稿，经江老与责任编辑审阅一致通过了。在文末的署名中，江老执意要求将他的名字去掉，将俞师的名字署上，这种谦让的学风和甘为人梯的精神也深深地感动了俞师。

四、主编《中医儿科临床研究》首部中医儿科研究生规划教材

中国中医儿科学研究生教育从1978年起航,至今已经航行了40年。从无到有,日益发展,逐渐建立起了既体现中医儿科学科特色,又符合现代研究生培养规范的教学模式,培养了许多人才。这期间各大院校中医儿科研究生教学使用过许多不同版本的专业课教材,使用率最高的要数人民卫生出版社1998年出版的《中医儿科学》。然而中医儿科学人才济济,学科发展迅速,科研成果涌现,研究生教学理念也在不断更新。因此,编写一本反映中医儿科学学术精华、体现学科研究进展,并适应新世纪研究生教学要求的新版中医儿科学研究生教材迫在眉睫。随着中医院校研究生教育规模的不断扩大,为了适应新时期中医研究生教育与教学的需要,2007年,全国高等医药教材建设研究会、卫生部教材办公室联合启动了中医学专业研究生系列教材的编写工作,《中医儿科临床研究》也囊括其中。编写工作启动以来,便在全国各大院校召集在教学、临床方面经验丰富的中医儿科专家。俞师从事研究生教育工作20多年,对研究生培养模式、方法了如指掌;1987年开始担任研究生导师,主编了《中医儿科学研究进展》内部教材,供中医儿科学研究生专业课程使用,并有专著出版,在人才培养方面亲力亲为,经验丰富;作为浙江中医药大学教授,中医儿科基础知识扎实,对研究生教学大纲了然于心;并在临床实践多年,在反复呼吸道感染、遗尿、哮喘等中医儿科优势病种上有独到的诊疗特色,符合主编招聘要求,与汪受传教授同任为主编。

作为首部中医儿科学研究生教材,要在五年制本科教材、七年制本硕连读教材上有层次上的差异,要以提高文化底蕴,加强基础知识,突出中医经典原著研究,提高临床诊疗技能,吸纳现代科技手段与方法为宗旨,着眼于学生进一步获取知识、挖掘知识和实践创新能力的培养;以问题为中心,围绕本学科的重点、难点、热点和疑点进行取材,深入展开理论探讨和实践研究,以提高学生动手能力、创新能力和思维能力。以中医优势病种为基础,深入探讨临床预防、诊治理论方法,对每一个病证的历史文献,从病名溯源、历代文献提要钩玄上下功夫,对每病的病因病机在探讨上概括历代一般性的论述,突出病因病机新论,也即尚未一致公认,但可以提出以供讨论

的某些论述。临证思路要明确诊断标准和各种实验室指标、影像超声等各种检查，要鉴别类似病种，要提出辨证要领、常用分证新说，把以往尚未成熟的，但值得提出的分证新说，供学生学习，以提高其创新能力。在治法概要中有常用治法，更要突出治法新说，这些新说直接影响临床疗效，拓宽临床思维模式。在方剂的选择与应用方面，先一般后特殊，先常后变。在药物的选择与应用上重点介绍首选或必用的主药、君药，阐发其药理作用及个人的心得体会。在研究发展思路方面，综述当前的临床研究动态、实验研究进展、药效学研究成果，提出发展思路，启发学生针对疑点、难点有所发现，有所发明。

俞师执笔了中医儿科各家学说、反复呼吸道感染样稿及遗尿篇，把多年来的研究儿科各家学说的学术成果首次编入研究生教材。对研究生专业基础理论的提高上升到一个新的平台。在临床病症方面，在反复呼吸道感染样稿中，将该病渊源、诊断思路、辨证论治、理法方药及研究动态做了系统梳理，将自己多年来关于反复呼吸道感染的研究心得悉数编入。俞师在书中提出了反复呼吸道感染当分期论治，并指出和法是基本治疗大法，为研究生们学习反复呼吸道感染的诊疗提供了新的方向和切入点；在遗尿一节中，提出了脊柱隐裂与遗尿的相关性，为难治性遗尿明确了部分原因，提出补肾壮督通脑是治疗遗尿的法则，为遗尿的治疗提供了新的思路。在此过程中，俞师对自己的学术思想进行整理及总结，明确了自己的创新及不足之处，进一步确认了其学术特色发展方向，对其学术理论的形成也是一种提高和进步。

《中医儿科临床研究》全书秉承"提高文化底蕴，具备应有的基础知识，加强经典研究，提高临床技能"的宗旨，呈现了历代中医儿科学术精华，反映了现代中医儿科学术研究成果，使研究生得以熟练掌握儿科常见病、重点病的诊断和辨证论治方法，学会本学科认识和处理儿科问题的思维方式及具体方法，了解本学科学术发展所面临和需要解决的问题，从而得到全方面的培养和提高。全书符合中医儿科学研究生教学实际需求，不愧为中医儿科研究生培养的精品教材。该书出版以来，作为各大院校中医儿科学研究生教材，影响较大，对研究生人才培养做出了一定贡献。

五、《育儿真经》科普育儿知识

作为一个儿科医生，只知道识病医病还不行，还要指导家长如何养育。

在同事们的推荐下，俞师承担了《育儿真经》（四册）的编写。按年龄分为孕产阶段、婴儿阶段、幼儿阶段、少儿阶段。每个年龄段生长发育规律、喂养教养方法各有不同，这就需要引导家长正确培养一个健壮的小儿。

要知道初为人之父母，喜悦之外，更多的是不知所措的困惑及不可推卸的责任。面对初生的毛头婴儿，茁壮成长的幼儿，含苞待放的少儿，如何养育教导问题多多，涉及面之广，见解之不统一超出想象，为此俞师编著了这套《育儿真经》丛书。从儿科的角度出发，突出中华民族的育儿文化，介绍小儿的发育规律、常见小儿疾病的诊断及护理，回答家长在小儿成长过程当中的各种咨询，使那些深爱着孩子却又不知该如何养育的父母用正确的方法去培育孩子，为新时代的已婚夫妇生儿育女及正在茁壮成长的青少年家长提供全方面的可选择性的教育指导。

第一分册（孕产方案），年龄从怀孕前后开始到生后1个月，其中包括胎儿期、新生儿期，对人生起始阶段的生长发育、养育要领及疾病诸方面做了阐述，以指导将为人父母的夫妇优生优育。适合即将生育的夫妇或孩子未满1个月的家长阅读。

第二分册（育婴方案），年龄段从1个月到1周岁，即婴儿期。该分册对一生中生长发育最快的时期的养育要领及疾病防治诸方面用条分缕析的方法，深入细致地做了阐述，并从生活中经常遇到的种种困惑出发，回答家长的咨询。

第三分册（幼儿方案），年龄段从1周岁开始到6周岁，包括幼儿期及幼童期。该分册对处于这一阶段的孩子的生长发育、饮食营养、运动健身、心理行为、预防保健及疾病医疗分别做了阐述，为家长养育孩子使之向学龄期过渡提供指南。

第四分册（少儿方案），年龄从6周岁到18周岁，包括学龄期及青春期，对处于小学、中学这一阶段的少儿的生长发育、饮食营养、生理行为、预防保健等方面做了阐述，为家长养育孩子向成年人顺利过渡提供了指南。

由于生长发育是一项系统的工程，是一个循序渐进的过程，四册应该互参，使之更臻完善。该书在最后的结束语中这样写道：

"时间过得真快，不知不觉孩子已经长大了，快成年了，站在家长面前的已是亭亭玉立的花季少女，或是英俊潇洒的壮实小伙，将要考大学，学专业，独立生活了。他们就要离开父母、家庭，开始在一个新的天地里继续翱翔！学习、奋斗、立业、成家，儿科医生的职责已告一段落了，儿女们将以丰硕的成果报答家长的养育之恩，也不会忘记呵护他们成长的儿科医生。"

从1978年报考研究生算起，已逾40年了，这正是改革开放的40年，是亲历伟大变革的40年，是中医中药蓬勃发展的40年，也是俞师辛勤耕耘，成果累累的40年。在浙江中医药大学60周年华诞，与新中国成立70周年大庆之际，要进一步从习近平总书记发展中医药的重要论述中吸取智慧，把准新时代的脉搏，坚持在传统的基础上大力创新，不忘初心，改革开放再出发，切实把中医药这一祖先留给我们的宝贵财富传承好、发展好、利用好。让中医药在新时代焕发新活力，谱写新篇章。

事业都是奋斗出来的。实干才能成就伟业，不驰于空想，不骛于虚声，保持永不懈怠的精神，在中医药振兴发展的道路上，做努力攀登的"追梦人"。

（俞景茂口述，金丹整理）

第三章

临 证 经 验

第一节 妙手回春治常疾

一、清热利咽治疱疹性咽峡炎案

倪某，男，12岁10个月。

首诊：2018年10月10日。主诉：发热伴咽痛1天。现病史：患儿昨日出现发热，体温高达39℃余，服西药退热药后体温初平，伴咽痛，偶咳，纳呆神怠，大便偏稀，小便黄赤，夜寐欠安。现症体温37.3℃，咽红，咽峡部可见数个疱疹，手足无疱疹，心肺腹无殊，舌红，苔薄白，脉浮数。

中医诊断：口疮（外感风热型）。西医诊断：疱疹性咽峡炎。

治法：疏风清热，利咽解毒。

处方：金银花9g、连翘9g、黄芩9g、淡竹叶9g、荆芥6g、大力子6g、淡豆豉12g、桔梗6g、鲜铁皮石斛（先煎）9g、三叶青6g、焦山楂6g、浙贝6g、炙甘草3g。3剂。锡类散1支，适量吹口腔，每日2次。

二诊：2018年10月14日。热退，口腔疱疹初已，咽仍稍红，纳可，夜寐尚宁，心肺无殊，舌红，苔薄白，脉浮数。治拟前法出入。

处方：北沙参12g、黄芩9g、金银花9g、鲜铁皮石斛（先煎）9g、三叶青6g、桔梗6g、生地黄12g、麦冬9g、生山楂6g、制玉竹9g、炒赤芍6g、炙甘草3g。7剂。

领悟 疱疹性咽峡炎是小儿一种特殊的急性上呼吸道疾病，主要为柯萨奇病毒A感染引起。本病好发于夏秋季，起病急，多表现为高热、咽痛、流涎、厌食、呕吐等症状。临床上仍然缺乏有效的治疗措施和药物，多采用对症支持治疗为主。疱疹性咽峡炎属祖国医学"口疮"范畴，内为饮食伤胃，脾胃积热，外为风邪时毒上犯咽喉所致。银翘散为清代医家吴鞠通根据《黄帝内经》"风淫于内，治以辛凉，佐以苦甘；热淫于内，治以咸寒，佐以甘苦"的理论而创制的名方，方中重用连翘、金银花为君药，既有辛凉解表，清热解毒的作用，又具有芳香避秽的功效。荆芥穗、淡豆豉有发散解表之功，助君药发散表邪，透热外出，此二味虽为辛温之品，但辛而不烈，温而不燥，反佐用之，可增辛散透表之力，为臣药。竹叶清热除烦，清上焦之热，且可生津；桔梗可宣肺止咳，同为佐药。甘草调和诸药。该患儿发热伴咽痛，小便黄赤，咽红，咽峡部可见疱疹，舌红，苔薄白，脉浮数，乃外感风热所致，属"温病"范畴。故治以疏风清热，利咽解毒，投银翘散为治。患儿偶有咳嗽，故加浙贝散结解毒，清热止咳，清肺化痰。因肺卫蕴热，加黄芩清热燥湿，解毒退热。患儿咽痛，咽峡部疱疹，予加三叶青清热解毒，祛风化痰，活血止痛。外用锡类散解毒化腐，以治咽喉糜烂肿痛。小便黄赤乃热盛阴伤，鲜铁皮石斛功在清热养阴生津，还能增强免疫功能。患儿伴有纳呆神怠，大便偏稀，故加焦山楂消食化积。二诊热退，口腔疱疹初已，咽仍稍红，纳可，夜寐尚宁，舌红，苔薄白，脉浮数，其表邪已解，故去辛散透表之连翘、淡竹叶、荆芥、大力子、淡豆豉、浙贝，尤恐热盛伤阴，遂加北沙参、生地黄、麦冬、制玉竹养阴清热，炒赤芍清热凉血。

点评 银翘散始见于1788年出版的《温病条辨》。用于治疗温病初起，发热无汗，或汗出不畅，微恶风寒，头痛口渴，咳嗽咽痛，舌尖红，苔薄白或薄黄，脉浮数者。现代用于治疗流行性感冒、急性扁桃体炎、咽峡疱疹、麻疹、腮腺炎、乙脑、流脑、大叶性肺炎等疾病的初期阶段。

《温病条辨》称本方为"辛凉平剂"。诸药合用共奏清热凉血，解毒透疹，利湿和胃之功。本病案配以合理的加减，诸症尽除。中草药价廉易得，副作用小，疗效确切。针对疱疹性咽峡炎的各个症状体征，迅速改善其临床表现，故取得了较好疗效。

（徐宇杰　任　昱　俞景茂）

二、益气固表止多汗案

唐某，男，3岁。

首诊：2009年9月23日。主诉：多汗1年余。现病史：1年余来动则易汗，入寐时盗汗淋漓，后半夜减少。曾服童康片及中药，好转后又作。面少华，择零食，脐腹易作痛。咽稍红，舌红，苔薄白，脉浮数。平素容易感冒，一年4～5次。

中医诊断：汗证（肺卫不固型）。

治法：益气固表。

处方：生黄芪6g、防风4.5g、炒白术6g、太子参6g、铁皮石斛（先煎）6g、龟板（先煎）12g、麻黄根6g、地骨皮6g、稽豆衣6g、生山楂6g、炒麦芽12g、五味子3g、炒赤芍6g、炙甘草3g、大枣12g。7剂。

二诊：汗出明显好转，活动后稍有汗出，夜寐尚安，入睡时汗出渐收，纳启，无腹痛，二便可。舌红，苔薄白，脉浮数。治拟原法。

处方：上方去炒赤芍，加鸡内金6g。14剂。

领悟 本例为汗证治疗验案。汗是由皮肤排出的一种津液，汗液能润泽皮肤、调和营卫。小儿由于形气未充、腠理疏薄，加之生机旺盛、清阳发越，在日常生活中较成人容易出汗。天气炎热，衣被过多，剧烈活动后出汗且无其他疾苦，则不属病态。若动则汗出，睡中汗出淋漓乃为病态。本证患儿面色少华，平时择食，容易反复感冒，为肺气虚弱，卫表不固之证，治疗拟玉屏风散以益气固表。但因病程较长，反复不愈，长期多汗、盗汗，易致气阴两虚，故在益气固表的同时合以生脉散加减益气养阴，治疗1周疗效明显，继续原法守方2周而愈。

点评 领悟正确，但是有一点要注意，即正常小儿也会多汗，若头部出汗，齐颈而还；上半夜出汗，后半夜汗止；衣被过暖出汗等均属正常汗出，不必药治。2岁以内小儿汗出过多，往往与佝偻病有关。汗出过多，耗损心液，又伤卫阳。营阴不能内守，卫阳不能外固，诸病生矣！所以要注意汗出过多可能是某种疾病的一种表现，注意识别。

（陈　华　俞景茂）

三、和法治鼻鼽（过敏性鼻炎）案

何某，男，4岁。

首诊：2010年12月8日。主诉：反复呼吸道感染一年余。现病史：患儿近一年来因支肺炎曾住院3次，平时易感，每月1次以上，易发热，多汗。半个月前因支气管肺炎住院治疗好转。现症：近日时有咳嗽，晨起喷嚏、流涕，胃纳欠佳，咽红而肿，听诊无殊，舌红，苔薄白，脉浮数。既往史：支气管肺炎住院，曾用抗生素静脉滴注，具体用药不详；有过敏性鼻炎史；早产，人工喂养。

中医诊断：①鼻鼽（表里不和，枢机不利型）；②感冒（体虚感冒）。西医诊断：①过敏性鼻炎；②反复呼吸道感染迁延期。

治法：和解表里，疏利枢机。

处方：柴胡6g、黄芩6g、太子参6g、制半夏6g、茯苓6g、蝉衣3g、蛇舌草9g、浙贝6g、丹参6g、制玉竹6g、山海螺12g、杏仁6g、铁皮石斛（先煎）6g、炙甘草3g。7剂。

二诊：咳嗽减少，咽红好转，鼻塞流清涕，鼻痒，喷嚏频频，晨起为甚。动则易汗，纳差。听诊无殊，舌红，苔薄白，脉浮数无力。治拟和法调之。

处方：柴胡6g、太子参6g、炒白芍6g、生黄芪6g、黄芩6g、制半夏6g、铁皮石斛（先煎）6g、地骨皮6g、辛夷6g、蝉衣3g、生山楂6g、炒白术6g、防风3g、炙甘草3g。7剂。

三诊：咳嗽已平，鼻塞流涕，鼻痒，喷嚏仍多，咽稍红，扁桃体稍大，胃纳略增，寐时汗出。听诊无殊，舌红，苔薄白，脉浮数。治拟原法。

处方：前方去地骨皮、炒白术，加苍耳子6g、白芷6g、丹参6g。7剂。

四诊：反复感冒趋缓，鼻塞好转，流涕、喷嚏减少，咽红已消，纳可，便调，寐汗仍多。听诊无殊，舌红，苔薄白，脉细。治拟益气固表，健运中州。

处方：太子参6g、炒白术6g、生黄芪6g、制半夏6g、茯苓6g、防风3g、陈皮6g、辛夷6g、蝉衣3g、丹参6g、生山楂6g、稽豆衣6g、铁皮石斛（先煎）6g、炙甘草3g。7剂。

领悟 患儿近一年来因支气管肺炎曾住院3次，体虚余邪未尽而新感又起，加之早产、人工喂养，先天不足，后天喂养失宜，而致素体肺脾不足。且久病抗生素治疗亦损伤正气，内无以充养，外无以御邪，脾土虚无以生养肺金，肺气虚则易为外邪侵袭，两脏互损，易感而无力驱邪外出，故呼吸道感染反复迁延不已，表里失和，余邪久恋不去。

患儿首诊时乃本病迁延期，为少阳失利、枢机失和证，以小柴胡汤和解表里、疏利枢机，加杏仁、浙贝宣肺化痰，蛇舌草清热解毒，山海螺利咽散结、制玉竹、铁皮石斛养阴益胃，蝉衣、丹参疏风活血。二诊后患儿咳嗽、咽红好转，但鼻塞流涕、喷嚏频频，长期有晨起喷嚏的症状，故加辛夷、苍耳子、白芷加强疏风通窍之功。四诊后患儿诸症渐缓，唯汗出仍多，乃肺气虚弱、体表不固，则予玉屏风散益气固表，合六君子汤益气健脾以补益肺脾而固本，再诊原法巩固治疗共11周。随访8个月感冒1次，经中药治疗4天而愈。

本例患儿反复呼吸道感染伴有过敏性鼻炎，迁延期治疗在和解表里基础上要加强疏风通窍，药用蝉衣、辛夷、苍耳子、白芷，因蝉衣、辛夷具有抗过敏作用，可适当延长用药时间；又考虑风邪入于血分，患儿病久易风血相搏，根据"治风先治血"的原则，在治疗中加丹参活血养血，运用活血散风之法，以达到"血行风自灭"的目的。

点评 过敏性鼻炎与中医学"鼻鼽"基本相同。反复上呼吸道感染往往兼有鼻炎症状，感冒与鼻炎的鉴别，主要从是否有全身症状来判断。目前，本病发病率上升很快，与空气污染密切相关，要在治标的同时注意治本，补气固表、疏风通窍是其主要治法。

苍耳全株有毒，以果为最，常于服用后2日发病，有上腹胀闷、恶心、呕吐、腹痛、腹泻、乏力、烦躁等症，为安全计，临床尽量少用、不用。

（陈　华　俞景茂）

四、分期治疗慢性咳嗽案

郑某，女，5岁6个月。

首诊：2018年6月20日。主诉：反复咳嗽数月。现病史：数月前患儿开始反复咳嗽，迁延不已，经外院口服抗生素、雾化吸入糖皮质激素及支气管扩张剂后效果不著。近日咽红又起，咳嗽有痰，无发热，无气促喘息，胃纳一般，大小便无殊。咽部充血，双肺呼吸音粗糙，未闻及啰音，心腹无殊，舌红，苔薄白，脉浮数。辅助检查：胸部X线片提示两肺纹理增多、增粗。既往易反复感冒。

中医诊断：咳嗽（风热犯肺型）。西医诊断：支气管炎。

治法：清肃肺气，疏风止咳。

处方：桔梗4.5g、炙紫菀6g、炙百部6g、陈皮4.5g、杏仁6g、白前6g、川贝3g、浙贝6g、炙冬花6g、北沙参6g、黄芩6g、蝉衣3g、生山楂6g、炙甘草3g。7剂。

二诊：2018年7月4日。夜咳，未吐，迁延日久未已，咽红已平，舌红，苔薄白，脉浮数。守方续进。

处方：前方去杏仁、浙贝、炙冬花，加大桔梗、陈皮剂量至6g，加荆芥6g、前胡6g、法半夏6g。7剂。

三诊：2018年7月11日。咳嗽渐平，迁延日久后趋解，咽红已解，舌红，苔薄白，脉浮数。病机演变：肺脾气虚。治法：健运中州，清肺止咳。

处方：太子参6g、炒白术6g、茯苓9g、陈皮6g、法半夏6g、杏仁6g、川贝3g、炙冬花6g、北沙参6g、制玉竹6g、蝉衣3g、炙甘草3g。14剂。

领悟 患儿咳嗽数月，迁延不已，当为本虚标实之证，实为风热袭肺，肺失肃降，肺气上逆则咳嗽，虚为脾肺不足，正气虚弱，无力驱邪。急者治其标，缓者治其本，治疗当分缓急治之，前期当应祛邪为主，俞师以清代名家程钟龄《医学心悟》止嗽散加减清肃肺气，止咳化痰，兼以祛风抗敏，邪去则正安。待咳嗽缓解，当肺脾同调，益气养阴，扶正固本以善其后，方用六君子汤加减。咳嗽患儿经常伴有过敏体质，中医学属于风邪致病，风邪善行数变，故辅以蝉衣等祛风抗敏，并继续予浙贝、杏仁、款冬花清肺止咳化痰，标本兼顾，扶正祛邪。因患儿咳久伤及肺津，故以北沙参养肺阴。

点评 该患儿为慢性咳嗽（＞4周），咳嗽为肺经主症之一，如何止咳值得深思。止嗽散所治之咳，系表里寒热虚实不著之咳，但仍以温散为主，重在加减得法。久咳不已，肺气受损，故用六君善后。标本缓急，分期治疗，治之得法，效果明显。

（任　昱　俞景茂）

五、三期分治法平哮喘案

余某，男，11岁。

首诊：2016年12月14日。主诉：反复咳喘数年。现病史：患儿数年前开始反复咳嗽咳痰，伴气促喘息，2个月一次。近日咳喘再作，无发热，无吐泻。气促，咽稍红，鼻塞作痒，双肺听诊密布哮鸣音，三凹征明显，心腹无殊，舌红，苔薄黄，脉浮略滑数。

中医诊断：哮喘（风寒束表，内蕴痰热型）。西医诊断：支气管哮喘。

治法：解表平喘，清热化痰。

处方：炙麻黄3g、杏仁9g、浙贝9g、桑白皮6g、黄芩6g、制半夏9g、川贝3g、辛夷6g、蝉衣3g、三叶青6g、丹参6g、炙甘草3g。7剂。

二诊：咳嗽减少，喘闭渐平，哮鸣音明显减少，三凹征已无，纳少，舌红，苔薄白，脉浮数。治拟原法。

处方：炙麻黄3g、杏仁9g、浙贝6g、款冬花6g、川贝3g、知母6g、蝉衣3g、丹参6g、瓜蒌皮6g、黄芩6g、牡丹皮6g、炙甘草3g。7剂。

三诊：仍有少量咳嗽，咽中感觉有痰，略有胸闷，跑动或运动后咳嗽增多，咽稍红，舌红苔少，脉细。改用和解抗敏煎和解表里，斡旋枢机。

处方：柴胡6g、黄芩6g、太子参6g、法半夏6g、炙麻黄2g、浙贝母6g、丹参6g、款冬花6g、蝉蜕3g、石斛（先煎）6g、生山楂9g、炙甘草3g。7剂。

四诊：咳嗽已平，胸闷基本已除。患儿面色少华，动则汗出，纳谷不馨，咽稍红，舌略红，苔薄，脉细。哮喘恢复期，治拟益气养阴，健脾助运，方选五味异功散合玉屏风散加味。

处方：党参6g、白术6g、茯苓6g、炙甘草3g、陈皮6g、黄芪9g、五味子3g、防风6g、玉竹6g、石斛（先煎）6g、黄芩6g、生山楂9g、姜半夏6g、鸡内金6g。7剂。

领悟 哮喘的诊治俞师具有丰富的经验和卓越的疗效，该病种也被确定为俞师传承工作室诊疗的优势病种之一。哮喘治疗的难点在于易反复发作，难以根治。俞师认为哮喘的反复发作是风、痰、瘀、虚相互作用的结果，故发作期应宣肺豁痰，疏风活血，改善气道阻塞及高敏状态，消除炎、痰、咳、哮症状以治标；缓解期调理肺脾肾，益气固表，健脾助运，补肾填精。通过稳定机体内环境，增强机体的免疫力以适应环境；以局部病理治疗与整体功能调节相配，常规治疗与特殊治疗相合；治标、标本兼顾及治本三阶段，使哮喘发作减少、减轻至无。本案例首诊、二诊时用哮支饮，药物有炙麻黄、杏仁、浙贝、半夏、黄芩、桑白皮、款冬花、丹参、炙甘草等，全方用药寒热适宜，在驱邪基础上保护小儿正气，以达到邪去而正不伤的目的，疗效明显。三诊时，患儿虽肺部听诊未闻及哮鸣音，但仍有咳嗽，气道反应性较高，病机仍为本虚标实，痰、风、瘀等标虽较前已减，但仍未净，考虑到患儿体质差，且正气已虚，极易再次外感而诱发哮喘，形成往来不已之势。故以和解抗敏煎以缓调，该方由俞师从太子健Ⅱ方化裁而来。由柴胡、黄芩、太子参、法半夏、炙麻黄、浙贝母、丹参、款冬花、蝉蜕、炙甘草等组成，以小柴胡汤为主方加减治疗咳喘之证，取其和解表里、调转枢机、复升降、平喘嗽之功能。因此时气道反应性仍高，加炙麻黄平喘解痉。痰瘀互结是哮喘反复发作的宿根，风邪引动是外因，故加入浙贝母化痰、丹参活血、蝉蜕散风。全方具有和解表里、补益肺气、清化痰浊、祛风活血的功效，消补兼施，寒温并用，表里同治，达到抗哮喘复发的目的。四诊时，以五味异功散健脾益气助运，玉屏风散益气固表，提高患儿免疫力，以玉竹、石斛、生山楂养阴填精，以黄芩清余热恋邪、半夏和胃除痰饮、鸡内金消食积。全方肺脾肾皆调以治其本，巩固治疗数月以达到根治目的。

点评 哮喘的特点是反复发作，治疗的难点也是防止反复发作。中医中药的优势在治本上。治标要彻底，治本才有效。不是说症状消失哮喘就算控制了。要知道气道的高反应与气道炎症不解除，病总不能治愈。这就是中医学理论中的"伏痰"。痰伏何处？可理解为支气管黏膜的肥大、阻塞与炎性渗出，所以症状消失后还是应继续治标，达到一定阶段后方可调治肺脾肾，即补肺气，健脾运，填肾精。此案可见一斑。

（邱根祥　俞景茂）

六、健脾助运治积滞案

刘某，女，5岁。

首诊：2008年8月12日。主诉：上腹胀气2月余。现病史：腹胀，时有腹部隐痛，伴恶心，无呕吐，面色少华，形瘦，纳少，大便数日一行，干结、不畅，小便无殊。腹膨隆，触之尚软，无压痛，舌红，苔薄白，脉浮数。辅助检查：B超示肠腔积气。胃镜示浅表性胃炎。

中医诊断：积滞（脾虚夹积型）。西医诊断：慢性胃炎。

治法：消导积滞，理气运脾。

处方：炒枳壳6g、砂仁（后下）6g、丹参6g、广木香3g、炒麦芽12g、小青皮3g、炒白术6g、茯苓9g、鸡内金6g、白檀香6g、大腹皮9g、郁金6g、川朴花4.5g、炙甘草3g。14剂。

二诊：2008年9月24日。上腹部胀气好转，腹部隐痛缓解，无恶心、呕吐，纳仍少，大便每日一行，但易秘结。舌淡红，苔薄白，脉浮数。

处方：炒白术9g、茯苓9g、炒枳壳6g、制半夏9g、砂仁（后下）6g、鸡内金6g、川朴6g、广木香3g、铁皮石斛（先煎）6g、炒麦芽12g、生山楂12g、太子参6g、黄芪6g、炙甘草3g。14剂。

三诊：2008年10月22日。上腹部胀气时缓时著，近日新感初已，鼻稍塞，有涕，略咳，纳欠佳，大便已调，舌红，苔薄白，脉数无力。

处方：太子参6g、炒白术6g、茯苓9g、小青皮4.5g、炒麦芽12g、生山楂9g、鸡内金6g、炒赤芍6g、砂仁（后下）6g、炒枳壳6g、铁皮石斛（先煎）6g、黄芩6g、白檀香6g、丹参6g、炙甘草3g。14剂。

四诊：2008年11月5日。腹胀好转，无恶心、呕吐，咽不利，面色转润，胃纳好转，大便已调，舌红，苔薄白，脉浮数。

处方：前方去炒赤芍、黄芩、白檀香，加制半夏6g、大腹皮6g。7剂。

五诊：2008年12月12日。患儿已无明显腹胀，纳渐启，二便无殊，舌红，苔薄白，脉浮数。

处方：前方去大腹皮、铁皮石斛、生山楂、小青皮，加黄芩6g、柴胡6g、陈皮6g。7剂。

领悟 随着生活条件的改善，父母过多注重高营养饮食，或溺爱小儿，纵其所好，多食肥甘厚腻、生冷之物，又因小儿饮食不知节制，暴饮暴食，使得小儿慢性胃炎发病率较高。小儿慢性胃炎的临床表现主要为腹痛，常伴食欲缺乏、恶心、呕吐、腹胀、嗳气、反酸、胃灼热等，属中医"胃脘痛""积滞"等范畴。小儿脏腑娇嫩，脾常不足，胃气虚弱，如饮食不节，过食肥甘厚腻或生冷之物，易损伤脾胃，使脾胃虚损，运化无力，则乳食难以消磨，停留中焦，积而不化，气滞不行。本例患儿病程较久，胃镜示浅表性胃炎，纳少，均为脾胃虚弱之象，脾失健运，不能运化水谷，气血生化乏源，精微物质上不能荣于面，外不能营养四肢百骸，故面少华、形瘦；脾胃虚弱，难以消磨食物，日久则成积滞，而积滞留于肠道，久可化热，耗伤肠道津液，肠失传导，故有便秘，腑气不通，则时有腹痛。舌淡红，苔薄白均为气虚之象。据此，俞师选用异功散加味健脾益气助运之品为主治疗。兼用清、补、消、泻等法，使脾运得健，胃纳得启，积滞得去，腹胀得消。

点评 本例初起取用之方实为香砂枳术丸合丹参饮，重在理气消积、通腑导滞，积去后用异功散收功。钱仲阳异功散是治脾常不足的名方，小儿易虚易实，其方补而不滞、温而不燥，屡建奇功而故名。与钱氏的补脾散（益黄散）互参可以悟出后世的"脾健不在补而在运"名言出处。

（陶　敏　俞景茂）

七、滋阴降火治疗部分性早熟案

黄某，女，7岁。

首诊：2017年8月17日。主诉：发现乳房发育2天。现病史：2天前家长发现患儿双侧乳房发育，轻触痛，无头痛、呕吐、视野缺失等症状，无身高突增情况，无月经来潮，纳欠佳，大小便无殊。双侧乳房B2期，可及硬结，轻触痛，外阴部未见分泌物，阴毛未现，舌红，苔薄白，脉细数。平时喜食鸡肉荤菜。

中医诊断：乳疬（阴虚火旺型）。西医诊断：性早熟。

治法：滋阴降火，散结消肿。

处方：生地黄12g、知母6g、牡丹皮6g、泽泻6g、怀山药6g、玄参6g、浙贝6g、山海螺12g、怀牛膝6g、炙甘草3g。7剂。

二诊：2017年8月24日。乳核未消，疼痛缓解，纳可，舌红，苔薄白，脉细数。

处方：前方加麦冬6g、炒赤芍6g、郁金6g。7剂。

三诊：2017年9月1日。乳核已消，无疼痛，纳启，咽稍红，舌红，苔薄白，脉细数。

处方：前方加大生地黄剂量至15g，加茯苓6g、山萸肉6g。10剂。

领悟　女性在8周岁之前出现第二性征发育，属于性早熟，一般是乳房首先发育，中医可归于"乳疬"范畴。该患儿年方7岁，乳房即出现硬结，并伴触痛，不难诊断。且平时喜食鸡肉荤菜，多为雌激素所催熟，其他性征发育不明显，考虑为单纯性乳房早发育，可行子宫卵巢B超、性激素激发试验、骨龄等检查进行鉴别。小儿乃稚阴稚阳之体，喜食烤鸡腿、鸡翅等煎炸食物，为血肉有情之品，过培肾气，气有余便是火，易损伤阴液，阴阳失衡，阴虚阳亢，肾水无以制火，导致相火早炎。女子乳络属肝，小儿肝常有余，水不涵木，肝失疏泄，郁结化火，相火旺而耗伤肾阴，炼液为痰，痰气郁结，在乳房处凝结，则乳核发育疼痛。故辨证属阴虚火旺，同时兼有肝郁痰结，俞师予知柏地黄汤加减。因熟地黄过于滋腻，故方中易为生地黄滋补肾阴，知母、玄参、麦冬加强滋阴降火之效；郁金、怀牛膝、赤芍活血止痛；浙贝、山海螺化痰散结；茯苓、山药健脾化痰；泽泻渗湿泄热；炙甘草调和诸药；后续予山萸肉补益肝肾。全方滋阴降火为主，兼及化痰散结，并嘱避免多用激素催熟的肉食，短期乳核即消。

点评 由于饮食、环境、视频污染多种因素影响，目前性早熟儿童患病率较前明显增多，尤以女童多发。中医治疗性早熟多从滋阴降火、疏肝泻火、化痰散结立法，该例患儿主要病机为阴虚火旺，故以滋阴降火为治疗原则，知柏地黄汤乃经典方剂。若是虚实夹杂，应滋阴降火与疏肝泻火并举。肥胖女童因脂肪会转化为雌激素，故在化痰泻火的同时，注意调整饮食结构、加强运动，控制体重。对于骨龄进展较慢的性早熟患儿，中医药治疗效果较为明显，可较快控制性征发育。对于骨龄进展较快的患儿，若治疗及时，中医药在一定程度上可延缓骨龄进展，改善终身高。治疗过程中，应定期监测身高、体重、性征发育情况，关注骨龄变化，及时调整用药，并注意饮食安全，不看言情小说及影视作品，养成早睡、适当多做纵向运动的好习惯。

（任　昱　俞景茂）

八、滋阴降火治乳房早发育案

陈某，女，7岁。

首诊：2008年8月27日。主诉：发现乳房发育半月余。现病史：发现双侧乳房发育，伴疼痛，无头痛、呕吐、视野缺失等症状，无身高增长加速情况，无月经来潮，纳欠佳，大便偏干，小便无殊。双侧乳房隆起，乳晕增大，乳头稍突出，可及硬结，伴触痛，咽稍红，外阴部未见分泌物，舌红，苔薄白，脉细数。辅助检查：子宫、卵巢B超未见明显异常。既往体质尚可。平时脾气急躁易怒。否认服用补品等。

中医诊断：乳疬（阴虚火旺、肝气郁结型）。西医诊断：单纯性乳房早发育。

治法：滋阴降火，平肝散结。

处方：龙胆草4.5g、浙贝9g、山海螺12g、黄芩6g、知母6g、丹参6g、

浙江中医临床名家·俞景茂

炒麦芽12g、焦山栀6g、龟板（先煎）12g、郁金6g、怀牛膝6g、炙甘草3g。7剂。

二诊：2008年9月3日。乳房发育趋缓，无疼痛，纳稍启，舌红，苔薄白，脉数。

处方：龙胆草5g、浙贝10g、山海螺15g、黄芩5g、知母5g、丹参5g、焦山栀5g、龟板（先煎）10g、郁金5g、怀牛膝5g、玄参6g、炙甘草3g。10剂。

三诊：2008年9月24日。乳房发育趋缓，无疼痛，乳核已消，纳启，略咳，咽稍红，扁桃体Ⅰ°肿大，舌红，苔薄白，脉数。

处方：前方加大知母剂量至10g，去丹参、玄参，加茯苓10g、泽泻5g、麦冬5g。14剂。

领悟 患儿8岁之前出现第二性征，乳房发育，有硬结，伴触痛，但子宫、卵巢B超未见明显异常，考虑该患儿为单纯性乳房早发育。女子以肝为先天，乳房属肝，故乳房发育与肝的功能正常与否密切相关。小儿肝常有余，且该患儿平素脾气急躁易怒，易导致肝气郁结，久之则郁而化火，相火旺而耗伤肾阴，炼液为痰，痰气郁结，在乳房处凝结，则乳核增大；肝气不畅，疏泄不利，阻塞乳络，不通则痛。肝失疏泄，肝郁化火而致阴虚，投之龙胆泻肝汤加减。方中龙胆草泻肝胆实火，泻厥阴之热。焦山栀、黄芩清热泻火凉血，知母、玄参、龟板、麦冬滋阴降火，郁金、怀牛膝、丹参活血散瘀。浙贝、山海螺化痰散结。茯苓健脾化痰。泽泻利水渗湿、泄热化浊，使火泻则水行。全方通、清、消三法并用，使肝气得畅，相火得清，肾阴得滋，从而使乳房经络疏利，乳核渐消。

点评 中医学上无"性早熟"这一病名。以往小儿有乳房早发育临床者，多归为"乳病"。女孩性成熟前往往首先乳房出现硬结、增大、触痛，若不及早干预，往往"由假成真"，导致月经来潮，最终身材矮小。

本例乃肾阴不足，水不涵木，肝火内郁，结为乳核，宜清泄肝火、育阴散结。龙胆泻肝汤乃治标之剂。加象贝、山海螺、郁金散结，龟板、牛膝育阴潜阳，炒麦芽疏肝消积；去木通防肾损害，车前子、生地黄、当归随证也可选用。

（陶　敏　俞景茂）

九、运脾化湿治湿疹案

赵某，男，7个月。

首诊：2008年5月14日。主诉：全身皮疹反复近半年。现病史：全身可见皮疹，有渗出，抓耳挠腮，夜难安寐，纳一般，大便糊状，小便未见明显异常。全身皮肤可见丘疹，伴抓痕，见黄色渗出物，舌红，苔薄白，指纹紫。个人史：人工喂养。

中医诊断：奶癣（脾虚湿蕴型）。西医诊断：婴儿湿疹。

治法：运脾化湿，疏风解毒。

处方：白鲜皮6g、薏苡仁9g、茯苓6g、蝉衣4.5g、牡丹皮4.5g、炒白术6g、砂仁4.5g（后下）、荆芥6g、天麻6g、制首乌12g、杏仁6g、六一散（包煎）12g。7剂。

二诊：2008年5月21日。皮肤湿疹未已，周身有渗出，瘙痒，易恶心，未吐，面色白，唇淡，夜不安寐，大便失调，舌红，苔薄白，指纹紫。

处方：白鲜皮6g、薏苡仁12g、茯苓6g、制半夏6g、黄芩6g、黄芪6g、蝉衣4.5g、荆芥6g、防风4.5g、夜交藤12g、炒麦芽12g、砂仁（后下）6g、生山楂6g、炙甘草3g、大枣12g。7剂。

三诊：2008年5月28日。皮肤湿疹有好转，皮疹渗出减少，面少华，右侧睾丸鞘膜有少量积液，寐尚可，纳一般，舌红，苔薄白，指纹紫。

处方：前方去防风、夜交藤、炒麦芽。7剂。

四诊：2008年6月4日。婴儿皮肤湿疹仍未已，夜寐不宁，瘙痒脱屑，大便溏薄，日解8～10次，全身皮疹伴脱屑，纳一般，舌红，苔薄白，指纹紫。

处方：炒白术6g、茯苓6g、薏苡仁12g、焦山楂6g、炒麦芽12g、防风4.5g、炒白芍6g、煨葛根12g、黄芩6g、砂仁（后下）6g、鸡内金4.5g、白鲜皮6g、蝉衣3g、炙甘草3g。7剂。

五诊：2008年6月11日。皮肤湿疹、瘙痒好转，渗出减少，大便已实，纳可，舌红，苔薄白，指纹紫。

处方：薏苡仁12g、白鲜皮6g、茯苓9g、苦参6g、黄芩6g、炒麦芽12g、焦山楂6g、黄芪6g、荆芥6g、蝉衣4g、炒白术6g、炙甘草3g、大枣12g。14剂。嘱其药渣再次煎煮后外洗。

六诊：2008年6月25日。皮肤湿疹好转，手臂渗出较多，结痂，面少华，纳可，夜寐不宁，舌红，苔薄白，指纹紫。

处方：白鲜皮6g、茯苓9g、薏苡仁9g、黄芪6g、荆芥6g、地肤子9g、黄芩6g、黄柏6g、牡丹皮4.5g、炒白术6g、蝉衣3g、天麻6g、苦参6g、鲜石斛（先煎）12g、炙甘草3g。14剂。

七诊：2008年7月16日。患儿近日新感，热初平，无咳嗽，皮肤湿疹明显好转，无明显瘙痒，无渗出，纳一般，夜寐尚可，大便溏薄，日数行，舌红，苔薄白，指纹紫。

处方：煨葛根15g、黄芩6g、炒白术6g、焦山楂6g、炒麦芽12g、砂仁（后下）6g、薏苡仁12g、白鲜皮6g、茯苓9g、鸡内金6g、马齿苋12g、炙甘草3g。7剂。

八诊：2008年7月23日。皮肤湿疹仍未已，较前减少，肤痒，颈部可及肿大淋巴结，纳少，大便仍溏薄，日数行，舌红，苔薄白，指纹紫。

处方：太子参6g、炒白术6g、茯苓6g、陈皮4.5g、炒麦芽12g、焦山楂9g、砂仁（后下）6g、制半夏4.5g、黄芪4.5g、防风3g、煨葛根12g、白鲜皮6g、炙甘草3g、大枣12g。7剂。

九诊：2008年7月30日。皮肤湿疹少许，无明显瘙痒，面色转润，纳可，大便已实，舌红，苔薄白，指纹紫。

处方：黄芪6g、防风3g、炒白术6g、茯苓6g、薏苡仁12g、白鲜皮6g、蝉衣3g、炙甘草3g、大枣12g。14剂。

十诊：2008年8月13日。皮肤湿疹基本已消，纳可，二便无殊，舌红，苔薄白，指纹紫。

处方：口服药同前。千里光30g、地肤子15g、苦参12g、黄柏15g、明矾3g、黄连6g。14剂。每日煎汤外洗一次。

领悟 婴儿湿疹是婴儿时期最常见的皮肤病之一，有反复发作，急、慢性期重叠交替，伴剧烈瘙痒等特点。患儿常有过敏体质，与环境因素、免疫功能失调等多种因素有关。属中医"奶癣"范畴。本案患儿素体脾虚，脾虚则失于运化水湿，故皮肤湿疹起伏不已，邪深病久，郁而化火，耗伤津血，又脾虚不运，气血生化不足，血虚生风化燥，肌肤失于濡养，风胜则皮肤瘙痒，夜寐不安；纳欠佳为脾虚之象。故病情迁延，反复发作。俞师治疗常用疏风、养血、清热、祛湿四法，方用消风散加减，常用白鲜皮、苦参、漏芦、地肤子等清热解毒，除湿止痒；蝉衣、荆芥、防风等疏风止痒；丹参、当归、赤芍养血活血；薏苡仁、茯苓健脾利湿；制首乌养血疏风；生地黄、牡丹皮清热凉血活血；天麻息风；黄芪补气。如病程长、瘙痒甚者，需加乌梢蛇、全蝎等虫类药以搜风。临床用药时应注意苦寒祛湿药易伤阴血，不宜长期大量应用。同时需重视体质调养，提高机体的抗病能力，从而减少过敏反应。服药期间当忌辛辣厚味、海鲜鱼腥，以免影响疗效或复发。并可配合中药外洗，以提高疗效。

点评 奶癣是小儿过敏体质的一种表现，来源于"胎毒"。轻证可以自愈，重证会并发种种过敏疾病，如哮喘、鼻炎、异位性皮炎等，是儿科难治之杂证，中医治疗有一定优势。

本病多因湿毒为患，由禀赋胎温热毒，或素禀脾虚湿胜再感风邪所致。治疗以除湿祛风为主，合清热解毒或健脾养血之剂。本例以健脾利湿、养血疏风取效。《外科正宗》中消风散由当归、生地黄、防风、蝉蜕、知母、苦参、胡麻仁、荆芥、苍术、牛蒡子、石膏、甘草、木通组成。与本案所处之方相差甚远，因此，这是本人的经验方，药不同而理相通。此外，《太平惠民和剂局方》也有一张消风散不可不知。

（陶　敏　俞景茂）

十、清肺化痰治肺蕴痰热咳嗽案

欧阳某，男，1岁1个月。

首诊：2018年3月21日。主诉：咳嗽伴鼻塞流涕5天。现病史：患儿5天前受凉后出现咳嗽，晨起时易作，呈阵发性，喉中有痰难咳出，鼻塞，有涕，无发热，无气促。精神稍软，面色潮红，呼吸尚平稳，咽红，两肺呼吸音稍粗，未闻及啰音，心腹无异常，舌质红，苔薄白，脉浮数。辅助检查：胸部X线片提示两肺纹理增多。

中医诊断：外感咳嗽（肺蕴痰热型）。西医诊断：急性支气管炎。

治法：清热化痰，泻肺止咳。

处方：百部4.5g、白前6g、炙紫菀6g、桔梗4.5g、款冬花6g、荆芥6g、杏仁6g、浙贝母6g、陈皮4.5g、川贝母3g、辛夷6g、蝉衣3g、炙甘草3g。7剂，水煎服每剂一煎，每煎100ml，分3次喂服。

二诊：2018年4月11日。服用7剂后咳嗽减轻，仍觉喉中有痰，自行转方，原方继服至今，现咳嗽已好转，无鼻塞、流涕之症。察其喉中仍有痰咳声，皮肤潮红，呼吸平稳。诊其咽红，两肺呼吸音稍粗，未闻及啰音，舌红，苔薄白，脉数。此外邪渐解，内蕴痰热未化，法当清热化痰为要。

处方：法半夏6g、浙贝母6g、川贝母3g、杏仁6g、炙款冬花6g、陈皮4.5g、茯苓6g、荆芥6g、蝉衣3g、牡丹皮4.5g、黄芩4.5g、炙甘草3g。7剂。

三诊：2018年4月18日。服前药7剂后咳嗽已愈，喉中痰消，胃纳欠佳，察其面色偏白，形体瘦弱，诊其咽稍红，两肺呼吸音正常，舌淡红，苔薄白，脉数。此病情趋愈，邪去正伤，肺脾气虚之证，治以健脾益肺为法。

处方：太子参6g、炒白术6g、茯苓6g、陈皮4.5g、法半夏4.5g、杏仁6g、浙贝母6g、川贝母3g、款冬花6g、桑白皮6g、黄芩4.5g、蝉衣3g、炙甘草2g。继服7剂，诸症得愈。

领悟 患儿外感风邪，邪气犯肺，肺窍失利，故见鼻塞流涕；肺失宣肃，故咳嗽阵作；肺气不利，失其通调水道之职，津凝成痰，喉中时作痰声；痰郁化热，可见咽红、面色潮红、舌红；脉浮主外有表邪，数主内有痰热。治以俞师自拟经验方止嗽方加减。该方自止嗽散化裁而得，方以百部为君，该药润肺下气止咳，无论新咳、久咳、寒咳、热咳均可应用；紫菀化痰止咳、温润不燥，杏仁、炙款冬花润肺下气、止咳化痰，白前降气化痰，四者共为臣药；佐以浙贝母清肺止咳，川贝母润肺止咳，陈皮燥湿化痰，荆芥馨香解表，桔梗开宣肺气，与百部、款冬花等相伍，使肺气宣肃得宜，升降相因；炙甘草甘缓宁嗽，调和诸药，是为佐使之品。全方具有宣降肺气，润肺化痰止咳之功效，且性味平和，稍事加减调整，可应用于风热、肺热、痰浊、郁火、阴虚等诸多咳嗽之治疗。本例痰热蕴肺之咳嗽，亦以此方加减。加用蝉衣祛风清热利咽，辛夷疏风通窍止涕。二诊时咳嗽、鼻塞、流涕诸症好转，唯喉中仍有痰咳声、皮肤潮红、舌红、脉数，此肺中所蕴之痰热未能清化，故加用二陈健脾化湿祛痰；病程较久，以牡丹皮清肺络之热，黄芩清上焦肺热。三诊邪已得除，正气亦伤，故用异功散方意补益肺脾气阴而愈。

明代万全在《育婴家秘·五脏证治总论》中提出小儿"肺常不足"之说，概因"肺为娇脏，难调而易伤也……天地之寒热伤人，感则肺先受之"；又说："小儿肺常不足，全而未壮，易为邪气痰浊和异物所伤。肌肤娇嫩，藩篱疏薄，则邪气易从肌表而入，使娇脏受伤。"故外邪侵袭，常可导致肺系疾病，出现咳嗽、气急等证候，正如《小儿药证直诀》所说"咳嗽一证，多属肺经病证……或肺感寒邪，或肺经有热"，病性上"新病多实，久病多虚"。止嗽散出自程钟龄《医学心悟》，是治疗咳嗽的有效方剂，无论新咳、久咳、寒咳、热咳、外感、内伤，辨证加减皆可应用。该方"温润平和，不寒不热，既无攻击过当之虞，又有启门驱贼之势。是以客邪易散，肺气安宁""药极轻微，而取效甚广"，尤其适用于小儿咳嗽之病。此例以止嗽散化裁之验方治疗肺蕴痰热之咳嗽，该方宣、降、润、化之功不变，结合病证之变迁，或清肺热、重化痰，或健脾气、养肺阴，随证施治而获良效。

点评 咳嗽是肺系主证之一。若以咳嗽为主诉前来就诊的患儿，首先要"见咳止咳"。《素问·咳论》云："五脏六腑均令人咳，非独肺也"，所以治咳并非易事，然咳嗽之关键仍在肺，风邪为患多见。程钟龄所拟之止嗽散是见咳止咳的验方，在此基础上加杏仁、浙贝母、川贝母、炙款冬花以加强止咳之功效，然后随症加减之，可获良效。

（桑　杲　俞景茂）

十一、养血疏风，凉血安络治过敏性紫癜案

冉某，男，6岁2个月。

首诊：2018年4月11日。主诉：发现皮肤瘀斑1年余。现病史：患儿1年前感冒后出现双下肢瘀斑，诊断为"过敏性紫癜"，住院治疗至皮肤瘀斑消退，尿常规等检查正常后出院。出院后病情尚稳定，下肢皮肤间断出现瘀斑，每于感冒后发生。近日疲劳后出现上呼吸道感染症状，咳嗽较频，双下肢再次出现瘀斑，无腹痛，无关节疼痛，无发热，尿色清，胃纳欠佳。双下肢可见较多瘀斑，不高出皮面，压之不褪色，有痒感，眼睑及双下肢无浮肿，咽稍红，两肺呼吸音稍粗，心腹无殊，双下肢关节无肿胀，活动尚可，舌红，苔薄白，脉数。辅助检查：血常规、尿常规、大便常规均无异常。

中医诊断：紫癜（气阴两虚型）。西医诊断：过敏性紫癜。

治法：养血疏风，凉血安络。

处方：北沙参9g、铁皮石斛（先煎）6g、白茅根10g、牡丹皮6g、炒赤芍6g、生地黄12g、薏苡仁12g、怀牛膝6g、杏仁6g、浙贝母6g、生山楂6g、炙甘草3g。7剂。

二诊：2018年4月18日。双下肢未见新鲜出血点，关节活动灵活，咽红

未已，咳已缓解，胃纳好转，无腹痛，无关节痛，无浮肿，舌红，苔薄白，脉数。治拟原法。

处方：前方再守7剂，稍减北沙参剂量至6g，加大白茅根剂量至12g。煎服法同前。

三诊：2018年4月25日。咳嗽加重，早晚较著，有痰，下肢有乌青块，较前增多，咽红，纳可，心肺听诊无异常，舌红，苔薄白，脉浮数。诊为上呼吸道感染（肺感风热型）、过敏性紫癜（风热伤络型），治以止咳化痰为要，兼疏风凉血。

处方：前方加蝉衣3g。7剂。

四诊：2018年5月2日。咽红，咳嗽未已，以晨为重，喉中有痰，不易咳出，纳可，双下肢未见新鲜出血点，舌红，苔薄白，脉浮数。原法续治。

处方：百部6g、炙紫菀6g、桔梗4.5g、炙款冬花6g、荆芥6g、白前6g、杏仁6g、浙贝母6g、川贝母3g、黄芩6g、三叶青6g、蝉衣3g、北沙参6g、牡丹皮6g、陈皮6g、炙甘草3g。7剂。

五诊：2018年5月10日。咳嗽有痰，咳痰不爽，咽喉不利，咽稍红，双下肢出血点渐消退，舌红，苔薄白，脉数。外邪渐去，咳嗽趋愈，继以益气养阴，凉血安络为治。

处方：北沙参6g、铁皮石斛（先煎）6g、炒赤芍6g、怀牛膝6g、生地黄12g、杏仁6g、浙贝母9g、蝉衣3g、三叶青6g、黄芩6g、炙甘草3g。7剂。

六诊：2018年5月16日。咳嗽渐平，多汗，下肢有乌青块，系碰伤所致，舌红，苔薄白，脉略数，治拟原法。

处方：前方加牡丹皮6g、白茅根12g、薏苡仁12g。7剂。

七诊：2018年5月23日。咽红，易咳，鼻稍塞，齿龈浮肿，双下肢未见新鲜出血点，胃纳欠佳，舌红，苔薄白，脉浮数。

处方：北沙参8g、铁皮石斛（先煎）6g、生地黄12g、怀牛膝6g、白茅根12g、牡丹皮6g、杏仁6g、浙贝母6g、黄芩6g、三叶青6g、生山楂6g、炙甘草3g。7剂。

八诊：2018年5月30日。诸症渐平，未见出血点，鼻稍塞，咳嗽已平，纳尚可，舌红，苔薄白，脉略数，治拟原法续进。

处方：生黄芪6g、北沙参9g、铁皮石斛（先煎）6g、生地黄12g、怀牛膝6g、白茅根12g、牡丹皮6g、赤芍6g、黄芩6g、蝉衣3g、生山楂6g、炙甘草3g。继服7剂后诸症得除，皮肤紫癜未再作。

领悟 过敏性紫癜是一种毛细血管的变态反应性疾病，临床特点为皮肤瘀点、瘀斑，多分布于四肢伸侧及臀部，对称分批出现，常有腹痛及关节肿痛等。其发病机制主要是由于机体对某些过敏物质发生变态反应而引起毛细血管壁的通透性和脆性增高。本病多见于儿童和青年。临床可分为皮肤型（最多见）、腹型、关节型、肾型、混合型五型，如及时诊治，预后良好。中医学上常将之归属"血证""斑疹""肌衄"等范畴，亦有称之为"葡萄疫"者。"疫"者，疫病、疫气也，其发病必有传染性、危重性、疾病表象的同质性等特点，而本病并无传染性，临床表现除紫癜外尚可有腹痛、关节痛、血尿等多样性，且多数预后较好，以"疫"名称之，似有不妥，故中医学上有"紫癜风"的称谓。该病多因血热之体，复为风火湿毒之邪浸淫腠理，深入营血，邪热与血热相搏，热伤络脉，致血液不循常道而溢于脉外；或因食入不适之品，致脾胃运化失常，湿热内生，迫血外溢；或素体阴虚火旺，阴虚则络脉失养，火旺则脉络受伤，致血溢于脉外而发病；此外，脾气虚弱，脾虚不能统血，气虚不能摄血，也可致血溢脉外而发病。

本例患儿素体血热壅盛，复外感风热邪气，邪热与血热相搏，迫血妄行而发紫癜，且紫癜每于感受邪气后复发，迁延难愈，日久伤津耗气而致气阴两虚。治以北沙参、铁皮石斛、生地黄、炙甘草益气养阴；白茅根、牡丹皮、赤芍凉血止血；薏苡仁、怀牛膝清热养血，引药下行；杏仁、浙贝母止咳化痰，生山楂消食开胃以治标证。至三诊时咳嗽、咳痰加剧，且下肢出现新鲜乌青块，此乃外感引发紫癜加剧，治疗在自拟止嗽方止咳化痰的基础上，加用蝉衣宣散风热。五诊时邪渐去，紫癜未消，再转益气养阴、凉血安络为治。六诊时外伤后再次见到下肢瘀斑，故在上述用药基础上，加强祛风清热，凉血止血之力。七诊时患儿再次出现外感症状，家长恐其紫癜再作，然继以原法调治，终未发作。

点评 《外科正宗》中有"紫癜风"的描述，也就是我们现在所指的紫癜。西医学将紫癜分为过敏性与血小板减少性，激素治疗均有效。中医学中不论何种紫癜均按风热伤络、血热妄行、肝肾阴虚论治，往往能稳定病情，避免反复。不论何种证型，活血化瘀要贯穿始终。

过敏性紫癜（单纯型）预后尚可，但若合并肾炎肾病就不能说预后良好了。

（桑 杲 俞景茂）

十二、凉血利咽法治疗过敏性紫癜案

戴某，男，6岁。

首诊：2011年10月16日。主诉：发现尿检异常1月余。现病史：患儿1月余前因外感后双下肢及臀部出现紫癜，口服西药治疗后紫癜吸收，但尿检持续异常，家长遂前来求治。刻下：皮肤紫癜已吸收，略咳。咽稍红，舌红，苔薄白，脉沉。辅助检查：血清免疫球蛋白E（IgE）升高，尿常规镜检示红细胞少许。

中医诊断：血证（血热妄行型）。西医诊断：过敏性紫癜。

治法：凉血止血，兼清热利咽。

处方：牡丹皮6g、生地黄12g、白茅根12g、怀牛膝6g、炒赤芍6g、蝉蜕3g、苦杏仁6g、浙贝母6g、山海螺12g、铁皮石斛（先煎）6g、黄芩6g、炙甘草3g。7剂。

二诊：2011年10月23日。患儿皮肤紫癜已吸收，皮肤有少许丘疹，无明显瘙痒，略咳，血清IgE升高。舌红，苔薄白，脉沉。辅助检查：尿常规镜检（－）。治拟原法。

处方：前方去苦杏仁，加忍冬藤9g、淡竹叶9g。7剂。

三诊：2011年11月13日。皮肤有疹块，肤痒渐平，血清IgE升高。舌红，苔薄白，脉沉。治拟原法，兼养血祛风。

处方：苦杏仁6g、浙贝母9g、黄芩6g、北沙参6g、铁皮石斛（先煎）6g、牡丹皮6g、茯苓9g、白茅根12g、忍冬藤12g、丹参6g、白鲜皮6g、荆芥6g、生地黄12g、制何首乌12g、炙甘草3g。7剂。

四诊：2011年11月20日。患儿病情稳定，咽红消退，咳平，血清IgE升高。舌红，苔薄白，脉沉。治以滋阴补肾，凉血利咽。

处方：牡丹皮6g、生地黄12g、北沙参9g、黄芩6g、怀牛膝6g、浙贝母9g、三叶青6g、白茅根12g、制何首乌12g、苦杏仁6g、忍冬藤12g、龟甲（先煎）12g、铁皮石斛（先煎）9g、炙甘草3g。7剂。后电话随访2年，紫癜未再发，尿检正常。

领悟　患儿因外感后双下肢及臀部出现紫癜，咳嗽少许，咽稍红，尿常规示红细胞少许，考虑为风热犯咽，风热之邪伏于血分，致血热妄行。俞师认为：咽喉不清，肾络终不得安宁。故初诊时治以疏风清咽、凉血安络（肾病治肺），这是俞师治疗过敏性紫癜时的常用治法。二诊和三诊时皮肤出现丘疹，伴肤痒，辨为风热夹湿、充斥络脉，明代李中梓有"治风先治血，血行风自灭"的论述，故治以祛风清热除湿的同时兼以养血补血，其中，忍冬藤清络中风湿热邪，淡竹叶引湿热从下焦而出，茯苓淡渗利湿，白鲜皮、荆芥祛风除湿，生地黄、何首乌养血补血，从而达到了痒止疹消的治疗效果。四诊时患儿总病程已月余，久病多虚、热毒伤阴，方选六味地黄丸加减，在凉血止血的同时加北沙参、龟甲滋阴补肾。

点评 小儿生机蓬勃、发育迅速，阳常有余，即使外感风寒，也易于化火化热，故临床所见以阳证、热证居多。过敏性紫癜多在感受外邪后发病，咽喉为肺胃之门户，外感风热邪毒自口鼻而入，咽喉首当其冲，往往伴有咽喉不利、乳蛾肿大、鼻衄口疮等症，且此类患儿多为内有伏热、阴虚火旺之体，平素易出现咽喉不利之症，热灼脉络、迫血妄行而成紫癜，故在凉血止血的同时，佐以解毒养阴利咽。此外，疾病初起风热犯肺，宜兼以疏散风热；风热夹湿，宜兼以清热除湿；病久肝肾阴虚夹瘀，宜兼以滋阴补肾化瘀。凉血利咽法应贯穿于疾病治疗的始终。

（李国芳　俞景茂）

十三、疏利胆热治鼻渊（急性鼻窦炎）案

余某，男，4岁。

首诊：2016年11月2日。主诉：鼻塞黄涕1周余。现病史：患儿1周来鼻塞流浊涕，伴低热，时有头痛，张口呼吸，口气臭秽，夜寐呼噜声重。咽红，咽后壁滤泡增生且上附着少许浓涕，扁桃体肿大，舌红，苔薄黄，脉滑数。

中医诊断：鼻渊（胆经郁热，枢机不利型）。西医诊断：急性鼻窦炎。

治法：解表清里，疏利胆热。

处方：柴胡6g、黄芩6g、太子参6g、制半夏6g、茯苓9g、蝉衣4.5g、浙贝9g、丹参6g、炙甘草3g、羊乳参12g、三叶青6g、地骨皮6g、辛夷6g。7剂。

二诊：低热已退，头痛已无，鼻涕转清，鼻塞仍有，口臭已好，呼噜声渐轻，咽稍红，脉浮数。前方有效，治宗原意。

处方：前方去茯苓、丹参、地骨皮，加制玉竹6g、金银花9g、杏仁6g。7剂。

领悟　鼻窦炎是小儿最常见的疾病之一，也是许多儿童反复咳嗽咳痰的难治性疾病之一，属于中医"鼻渊""脑漏"范畴。鼻窦炎急性发作期，可表现为太阳病、阳明病或太阳阳明合病征象，缓解期多可表现为少阳胆经郁热。盖因胆之经脉起于目内眦，曲折布于脑后，通过经络与鼻联系，胆之经气上通于脑，脑为髓之海，胆腑有热循经直犯于鼻，亦可下移脑，下犯鼻窍。胆为中精之腑，与肝互为表里，内寄相火，其气通脑，其性刚烈，其病多为火热亢盛。本例患儿肝胆失于疏泄，枢机不利，郁而化火，火热之邪循经迫脑犯鼻而致鼻渊，故用小柴胡汤加味外解其表，内泄胆之郁热，疏利枢机。方中柴胡、黄芩为君，二者辛味可透，寒凉可清，清里透外，使胆经郁热因枢机运转而和达通利。太子参、地骨皮、甘草益气养阴，清热扶正；辛夷、蝉蜕疏风通窍共同为臣。半夏、茯苓化痰积，和胃降逆；三叶青、羊乳清热化痰散结；丹参化瘀改善微循环，共同为佐。辛夷、甘草一为引经，二为调和，为使药。二诊时，胆之郁热稍退，肺之阴不足已现，加用玉竹育其阴液。俞师指出：鼻渊特别是慢性鼻渊，单一疗法往往难以奏效，临床可结合使用抗生素、洗鼻、滴鼻等措施，以提高疗效。另外，宣通肺窍法是本病的基本治法，辛夷、苍耳子等是常用药物，苍耳子有小毒，要中病即止，勿过量、过久使用。

点评　鼻窦炎因风寒风热久恋于鼻窍所致，治疗需疏风散寒，清热通窍。辛温药可以辛散温通，但日久易生热，辛凉药有清热疏风作用，但散寒之力不及辛温药，故宜辛温辛凉并剂，使寒祛而不热，热祛而不寒。肺开窍于鼻，鼻之病其本在肺。肺感风邪，从鼻而入，故治鼻必须治肺。风邪得清，鼻病始平。鼻病不愈，肺气终不得宁。肺气得固，外邪难袭。

此病迁延难愈，易反复发作，其不能迅速治愈的原因是反复感冒、异物刺激，故病初愈后立即进入固本治疗，在这方面中医中药具有优势，防止反复即可治愈。

该病初起可以用西医西药，日久宜用中医中药。滴鼻、洗鼻、激素治疗只能短期应用，不宜久用，否则难治矣。

（邱根祥　俞景茂）

十四、辛凉解表退小儿高热案

陈某，女，2岁。

首诊：2003年4月1日。主诉：高热2天。现病史：患儿2天前在受凉后出现高热，体温最高达40.2℃，伴轻微咳嗽，无气喘，无畏寒寒战，无呕吐腹泻，无抽搐，无皮疹，至当地医院就诊，考虑"急性上呼吸道感染"，予"头孢克洛0.125g，每日3次""小儿咽扁颗粒及美林退热"处理，但患儿持续高热不退，口服退热药后大汗淋漓，且2～3小时后体温复升，胃纳减少，小便量少色黄，大便无明显异常，患儿家属慕名到俞师处就诊。现症：体温39.2℃，神清，精神一般，咽红，双侧扁桃体Ⅰ°肿大，无脓点，两肺呼吸音稍增粗，未闻及干湿啰音，心率102次/分，心音有力，心律齐，腹软，肝脾不大，苔白中较厚，脉浮数。辅助检查：血常规+CRP示WBC 4.2×10^9/L，N 0.46，L 0.42，RBC 3.89×10^{12}/L，PLT 118×10^9/L，HB126g/L，CRP3.2mg/L。

中医诊断：感冒（风热袭表型）。西医诊断：急性上呼吸道感染。

治法：辛凉解表，清肃肺气。

处方：金银花12g、连翘9g、黄芩6g、炒麦芽12g、荆芥6g、淡豆豉12g、牛蒡子6g、桔梗4.5g、青蒿9g、浙贝母6g、山海螺12g、生山楂9g、生甘草3g。4剂。每日1剂，水煎200ml，分3～4次频服。

二诊：2003年4月6日。服药当天患儿未再服用抗生素、退热药及其他感冒药，汗出增多，热峰呈下降趋势，胃纳增加。第二天体温逐渐恢复正常，微微细汗，偶有咳嗽，胃纳馨，二便调。第四天诸症悉平，如正常儿童。复诊时俞师嘱其家长注意感冒病后调护，无须再用药物治疗。

领悟 本案患儿辨证属风热感冒，选用银翘散加减治疗，收效甚佳。本案给笔者印象最深的不是俞师对于该患儿的临证用药，而是对小儿感冒高热不退如何处理及病后如何调理的论述。

俞师认为：感冒时患儿一般都有不同程度的发热，此为人体的一种正常反应，一般而言不必急于退热，以免影响机体免疫力的提高。若是一味退热，即使热退，疾病没有痊愈，体温还会再度复升。并且由于退热药都有发汗作用，损伤正气，病情更易反复，体温过高才可以考虑使用布洛芬、对乙酰氨基酚等退热药。中医药在感冒的治疗上安全有效，"体若燔炭，汗出而

浙江中医临床名家·俞景茂

散"，发汗解表是最基本的治疗原则，辛温发汗的荆防败毒散，辛凉透表的银翘散，清暑解表的香薷饮，都有发汗退热的作用。上述药物多辛散轻扬，不宜久煎，以免芳香气味耗散，作用减弱，一般煎煮15～20分钟即可，药量以微微出汗为佳，汗出太过则易损耗正气，导致病情变化，但汗出不畅，病不易除，临证需掌握好度。俞师对高热感冒患儿还特别注意对生石膏及羚羊角的使用，两药既善清里，又善透表，具有良好的退热作用。

俞师特别强调，患儿感冒康复后一定要注意生活起居护理及饮食调理。小儿感冒发热时体力消耗甚剧，只能做室内游戏、散步等轻微活动，房间内要通风，保持适宜的温度、湿度，不宜过食肥甘厚味之品以免造成"食复"。诚如《医宗金鉴·幼科心法要诀·感冒门》所言："小儿肌肤最柔脆，偶感风寒病营卫，轻为感冒病易痊，重为伤寒证难退，夹食夹热或夹惊，疏散和解宜体会。"

点评 高热是儿科常见急症，退热是儿科医师必备技能。要知小儿发热以感冒发热最为多见，往往外受风寒，里有郁热，治法以辛凉解表、苦寒清里最为常用。银翘散是江浙一带治小儿感冒的常用方。此方辛凉宣透，是谓汗剂，但此方发汗作用不及辛温之剂，故可适加辛温之品。还可用生石膏、羚羊角加强清里解表作用。山海螺、浙贝有散结消肿作用，可消除肿大的扁桃体（乳蛾）。

此方味苦，小儿不易接受，或因苦而吐，依从性不够，故宜少量频服，3剂为宜。也有服辛凉平剂银翘散方加味而热不退者，若确诊为外感表证，此时可用辛温解表法。香薷饮、桂枝汤、九味羌活汤也可考虑应用，或可取得意想不到的效果。

（赖正清　俞景茂）

第二节　尊古创新疗专病

一、和解少阳、表里兼顾治反复呼吸道感染案

谢某，女，6岁。

首诊：2010年1月7日。主诉：反复感冒3年余，大便秘结近2个月。现病史：有反复呼吸道感染史。上幼儿园后3年来反复感冒，曾患支气管炎2次、

支气管肺炎2次，每月感冒1次以上，近2个月来出现大便秘结，4～5天大便1次，呈羊屎状，时有腹痛，纳食欠佳，咳嗽迁延，面色少华，形体消瘦，咽轻红，听诊无殊，舌质红，苔薄白，脉浮数。

中医诊断：①感冒（体虚感冒）；②便秘（阴津不足型）。

西医诊断：①反复呼吸道感染；②便秘。

治法：和解表里，开郁通便。

处方：太子参6g、柴胡6g、黄芩6g、制半夏6g、铁皮石斛（先煎）6g、火麻仁12g、炒赤芍6g、杏仁6g、浙贝6g、炙冬花6g、蝉衣3g、山海螺12g、生山楂9g、炙甘草3g。7剂。

二诊：偶有咳嗽，咽红好转，纳食稍启，大便干燥，2～3日一行，腹痛渐愈，动则汗出。听诊无殊，舌红，苔薄白，脉细。治拟和解少阳，调畅气机。

处方：前方去浙贝、炙冬花、蝉衣、山海螺，加鸡内金6g、枳壳6g、黑白丑6g。7剂。

三诊：咳嗽渐平，咽红已消，纳食略增，大便转润，隔日一行，汗出仍多。听诊无殊，舌红，苔薄白，脉细。治拟补益固表，养阴润燥。

处方：生黄芪6g、桂枝2g、炒白术6g、太子参6g、杭白芍6g、茯苓6g、稽豆衣6g、陈皮6g、生山楂6g、黄芩6g、炒麦芽12g、制半夏6g、炙甘草3g、大枣12g。7剂。

四诊：纳食尚佳，大便已调，日解1次，汗出减少。平时易感，面色欠华。心肺听诊无殊，舌红，苔薄白，脉细。治拟原法。

处方：生黄芪6g、炒白术6g、防风4.5g、太子参6g、铁皮石斛（先煎）6g、黄芩6g、生山楂6g、鸡内金6g、麦冬6g、陈皮6g、制半夏6g、炙甘草3g、丹参6g。7剂。

五诊：纳便尚调，稍有汗出。平时易感，面色欠华。心肺听诊无殊，舌红，苔薄白，脉细。治拟益气固表，滋阴养血。

处方：前方去黄芩、鸡内金，加生地黄12g、牡丹皮6g。14剂。

领悟 本例为反复呼吸道感染、便秘治疗验案。本证患儿反复呼吸道感染3年余，出现便秘2个月。素体肺脾不足，卫外不固，则遇邪易感，反复呼吸道感染；气虚日久，伤及阴液，气阴两虚，阴虚内热津亏，且病情反复日久，气机失畅，而致大便秘结不通。

患儿病情反复迁延日久，为反复呼吸道感染迁延期合并便秘，以肺脾气阴两虚为本，日久三焦气机不利、腑气失畅，故首诊治疗以和解表里，开郁通便为先，予小柴胡汤加减和解表里、清泄里热，合麻子仁丸加减润肠通便；佐以化痰散结及养阴润燥之品，共奏疏利三焦，开郁通便之功。三诊后即咳嗽、咽红渐平，大便转润。再予玉屏风散益气固表，生地黄、麦冬、铁皮石斛养阴清热，丹参、牡丹皮活血养血。

本例患儿反复呼吸道感染迁延期伴便秘，故治疗当抓住病情迁延反复，三焦气机不利、腑气失畅的特点，进行表里同治，以和解少阳为先，予小柴胡汤和解表里，使"上焦得通，津液得下，胃气因和"，则大便自通。

点评 太子参是一味益气清补之品，功近人参（党参）而力较薄弱，在小儿气阴不足，口干纳少等症时用，既能起到补气的作用，又能起到一定的清热作用，也即具清补之功，补而不温燥。

邪在少阳而兼里热，使用小柴胡须兼顾里热，仲景有柴胡、芒硝之例，本例便秘育阴润燥即可。

（陈　华　俞景茂）

二、化痰散瘀治腺样体肥大案

郑某，男，4岁。

首诊：2011年10月16日。主诉：反复鼻塞、打呼半年余。现病史：患儿半年余前外感后出现鼻塞、打呼，反复发作。刻下：鼻塞多涕，呼吸不畅，夜寐时有呼噜声，有时腹痛，口疮初起。咽红，扁桃体Ⅰ°肿大，舌红，苔花剥，脉浮数。辅助检查：B超提示肠系膜淋巴结肿大。外院鼻咽侧位片提示腺样体肥大。外院建议手术，但家长希望保守治疗，故前来求治。

中医诊断：鼾眠（痰瘀互结型）。西医诊断：腺样体肥大。

治法：疏风宣窍，化痰散瘀，方用自拟方宣通散。

处方：辛夷6g、蝉蜕3g、细辛2g、黄芩6g、北沙参6g、铜皮石斛（先煎）6g、丹参6g、牡丹皮4.5g、生地黄12g、炒赤芍9g、三叶青6g、皂角刺9g、山海螺12g、生黄芪6g、炙甘草3g。7剂。

二诊：2011年10月23日。患儿鼻塞好转，浊涕减少，夜寐呼噜声初缓，腹痛未作，口疮已愈。咽稍红，扁桃体稍大，舌红，苔薄白，脉浮数。治拟原法，兼益气养阴。

处方：前方增加北沙参至9g，减炒赤芍至6g、生黄芪至6g，去丹参、皂角刺，加防风4.5g、炒白术6g。7剂。

三诊：2011年11月6日。患儿外感后略有间断咳嗽，喉中有痰，鼻稍塞，夜寐有呼噜声。咽红，扁桃体Ⅰ°肿大，舌红，苔薄白，脉浮数。治以宣肺止咳、疏风化痰，方用止嗽散加减。

处方：桔梗4.5g、紫菀6g、荆芥6g、百部6g、陈皮4.5g、白前6g、苦杏仁6g、浙贝母6g、炙款冬花6g、辛夷6g、蝉蜕3g、川贝母3g、黄芩6g、炙甘草3g。7剂。

四诊：2011年11月13日。患儿外感后身热初平，夜寐有呼噜声，偶呕吐，有时腹痛。咽红，扁桃体Ⅰ°肿大，舌红，苔薄白，脉浮数。治拟疏利枢机、化痰散瘀，兼健脾和胃，方用小柴胡汤加减。

处方：柴胡6g、黄芩6g、太子参6g、法半夏6g、炒赤芍9g、丹参6g、生山楂6g、鸡内金6g、炒麦芽12g、铜皮石斛（先煎）6g、三叶青6g、山海螺12g、怀牛膝6g、炙甘草3g。7剂。

五诊：2011年11月20日。患儿咽红渐平，夜寐呼噜声渐消，呼吸声粗，平素易感，纳食尚可。咽稍红，扁桃体稍大，舌红，苔薄白，脉浮数。治拟化痰散瘀，兼益气固表。

处方：太子参6g、炒白术6g、茯苓6g、浙贝母6g、生黄芪4.5g、山海螺12g、防风4.5g、黄芩6g、炒赤芍6g、皂角刺6g、铜皮石斛（先煎）6g、生山楂6g、鸡内金6g、炙甘草3g。7剂。

后补益肺脾之气，增强机体抵抗力，进一步巩固疗效，防止病情反复。经治后，患儿呼吸通畅，呼噜声减小，感冒次数减少，共治疗12周后复查鼻咽侧位片，显示肥大的腺样体已明显缩小。

领悟 一诊时患儿因外感风邪后鼻塞多涕，呼吸不畅，夜寐有呼噜声，有时腹痛，鼻咽侧位片示腺样体肥大，痰瘀阻于鼻咽，此时风邪闭窍，入里化热伤阴，阴虚火旺，故见口疮、花剥苔，痰瘀阻结于腹时则有时腹痛，故治以散结消肿化瘀的同时，兼疏风通窍、清热养阴，同时以炒赤芍、丹参活血化瘀止腹痛，生黄芪稍稍扶助正气。二诊时患儿诸症好转，故守方继进，去散结消肿化瘀之皂角刺、丹参而加用扶正补虚之药，如防风、炒白术，而成玉屏风散，意在扶正固表。三诊时患儿外感后出现咳嗽，治以止嗽散宣肺止咳、疏风化痰，患儿鼻稍塞，故酌加疏风通窍之辛夷、蝉蜕。俞师认为，慢性病多见本虚标实、寒热夹杂、表里同病之证，为少阳枢机不利所致，且小儿具有"肝常有余"而"脾常不足"的生理特点，故常运用小柴胡汤和解表里、疏利枢机、疏肝健脾。四诊时吾师即在化痰散瘀的同时以小柴胡汤加减攻补兼施，使邪去正复、枢机得利、脾胃和调。五诊时患儿呼噜声渐消，病情好转，渐趋稳定，以玉屏风散合四君子汤加减继续巩固治疗，培正固本以防复发。

点评 本病在中医学中并无相应病名，中医古典医籍中所记载的"颃颡不开""鼾眠""鼻窒""痰核流注"等病症，与本病有相似之处。《素问·阴阳应象大论》云："肺主鼻……在窍为鼻"，鼻咽与肺密切相关，肺卫不固，则外邪易自口鼻而入，肺通调水道功能减退，水液凝聚成痰，阻于鼻咽部，同时因脾主运化、肾主气化，脾肾两脏功能失调，亦可使病情进一步加重，痰壅日久，气血运行不畅，久病成瘀，痰瘀互结于咽喉而成此病，治当以化痰散瘀为主。同时，如外邪上受，宜祛邪为主，兼以扶正；邪气将尽，则应侧重扶正，培正固本以防复发。当疾病出现本虚标实、寒热夹杂之际，又当攻补兼施，寒温并用。需要指出的是，本病病程日久，因此治疗亦非一蹴而就，只要辨证准确、坚持治疗，症状多能得到改善。同时，病程的长短亦可影响治疗起效的快慢，病程越短，经治疗后临床症状缓解越快。

（李国芳　俞景茂）

三、养阴清肺化痰治腺样体肥大案

刘某，男，4岁6个月。

首诊：2018年4月11日。主诉：反复鼻塞、流涕、打呼噜1年。现病史：患儿近1年来经常有鼻塞、流涕、打呼噜曾多次在杭州市各大医院就诊，疗效欠佳，病情反复；严重时有发热咳嗽，有多次支气管炎、支气管肺炎，近日又有鼻塞，流涕，夜间打呼噜，少许咳嗽，晨起明显，喉间有痰，咳痰不畅，汗出较多，胃纳欠佳，无发热，无腹痛，无呕吐，无腹泻。既往史：否认支气管哮喘病史，有过敏性鼻炎史，有湿疹史，形瘦，咽充血，扁桃体Ⅱ°肿大，心肺无殊，舌红，少苔，脉细数，辅助检查：副鼻窦CT平扫（浙江省儿童医院2018年3月12日）：双侧上颌窦、筛窦、蝶窦炎症，腺样体肥大。

中医诊断：鼻渊（痰瘀互结型）。

西医诊断：①副鼻窦炎；②腺样体肥大。

治法：养阴清肺，祛风化痰。

处方：北沙参6g、铁皮石斛（先煎）6g、黄芩6g、浙贝6g、山海螺12g、三叶青6g、蝉衣3g、辛夷6g、怀牛膝6g、皂角刺6g、杏仁6g、炙甘草3g。14剂。

二诊：2018年5月2日。仍有打呼噜声，汗多，无鼻塞流涕，无咳嗽，胃纳可，咽红，扁桃体Ⅱ°肿大，双肺呼吸音粗，未闻及明显干湿啰音，舌红，少苔，脉细数。治拟前法。

处方：北沙参6g、黄芪6g、炒白术6g、茯苓9g、麦冬6g、五味子4.5g、黄芩6g、浙贝6g、地骨皮6g、杏仁6g、冬花6g、皂角刺6g、铁皮石斛（先煎）6g、稽豆衣6g、玉竹9g、炙甘草3g。7剂。

三诊：2018年5月9日。呼噜声减少，汗出减轻，无鼻塞流涕，无咳嗽，胃纳欠佳，咽稍红，扁桃体Ⅰ°～Ⅱ°肿大，双肺呼吸音粗，未闻及明显干湿啰音，舌红，苔薄白，脉浮数。治拟前法。

处方：辛夷6g、白芷6g、蝉衣3g、北沙参6g、炒白术6g、茯苓9g、杏仁6g、浙贝6g、生山楂6g、鸡内金6g、赤芍6g、丹参6g、炒黄芩6g、炙甘草3g。14剂。

四诊：2018年5月23日。呼噜声渐平，鼻塞咽红渐平，纳可，大便2～3日一行，扁桃体Ⅰ°肿大，双肺呼吸音粗，未闻及明显干湿啰音，舌红，苔薄白，脉浮数。治拟前法。

处方：炙麻黄2g、辛夷6g、蝉衣3g、黄芩6g、荆芥6g、三叶青6g、杏仁6g、浙贝6g、山海螺12g、鸡内金6g、皂角刺6g、铁皮石斛（先煎）6g、火麻仁6g、炙甘草3g。14剂。

五诊：2018年6月6日。3天前又有发热，诊断为"急性化脓性扁桃体炎"，口服头孢克肟颗粒及小儿豉翘清热颗粒后好转。刻下：热初平，口臭，大便秘结，尿有泡沫，咽红，扁桃体Ⅰ°肿大，双肺呼吸音粗，未闻及明显干湿啰音，舌红，苔薄白，脉浮数。治拟和解表里。

处方：柴胡6g、黄芩6g、北沙参9g、法半夏6g、鲜石斛（先煎）9g、炒赤芍6g、牡丹皮6g、火麻仁9g、金银花6g、怀牛膝6g、生山楂6、炙甘草3g。14剂。

六诊：2018年6月20日。无鼻塞、流涕，夜间无打呼噜，口臭好转，大便秘结仍有，多汗，夜间有磨牙，咽稍红，扁桃体Ⅰ°肿大，双肺呼吸音粗，未闻及明显干湿啰音，舌红，苔薄白，脉浮数。治拟养阴清热化痰。

处方：北沙参6g、铁皮石斛（先煎）6g、生地黄12g、黄芩6g、三叶青6g、火麻仁9g、地骨皮6g、炒赤芍6g、生山楂6g、杏仁6g、麦冬6g、炙甘草3g、玄参6g、怀牛膝6g。21剂。

七诊：2018年7月11日。夜间无打呼噜，少许干咳，皮肤有湿疹，多汗，扁桃体无肿大，双肺呼吸音粗，未闻及明显干湿啰音，舌红，苔薄白，脉浮数。治拟疏风健脾祛湿。

处方：辛夷6g、蝉衣3g、白芷6g、荆芥6g、杏仁6g、浙贝6g、薏苡仁12g、白鲜皮6g、北沙参6g、地骨皮6g、黄芪6g、黄芩4.5g、三叶青4.5g、炙甘草3g。14剂。病情稳定。

领悟 鼻窦炎合并腺样体肥大患儿临床很常见，也是反复呼吸道感染的主要病因之一，西医常常以抗生素、鼻喷激素及抗组胺药等治疗，重者手术切除腺样体治疗为主，但是仍有部分患儿腺样体切除后其鼻窦炎症状并没有改善，因此临床治疗这部分患儿，腺样体肥大并不是唯一因素，可能与自身鼻腔免疫功能发育不全如鼻部黏液纤毛系统未发育完善，鼻黏膜慢性炎症有关。患儿经常患感冒、支气管肺炎，曾摄鼻窦CT提示：双侧上颌窦、筛窦、蝶窦炎症，腺样体肥大。因此治疗要重视鼻窦症状，与腺样体肥大同时治疗。患儿久病正气不足，无力祛邪，因此积极扶正祛邪为主，北沙参、石斛、山海螺，养阴益气，其中山海螺还有解毒消肿排脓功用，与皂角刺合用有助于副鼻窦痰液排出，杏仁、浙贝化痰散结，蝉衣、辛夷疏风通窍，黄芩、三叶青清肺热，牛膝活血逐瘀通经且有补肝肾扶正作用。处方以养阴益气扶正为主，辅以疏风、活血、化痰、清热、通窍等药物以扶正祛邪。从多角度多因素考虑治疗。用药不宜苦寒，苦燥寒凉药物易伤阴伤正。治疗疗程比较久，同时应积极预防感冒。经过三个多月的中医治疗，电话随访时家长告知感冒次数明显减少，呼吸通畅，无打呼噜，体质明显改善。

点评 腺样体肥大的临床表现是夜寐打呼噜，张口呼吸，观察疗效也可以从这两个症状出发。手术治疗的优势是打开通路，取效快；缺点是免疫力难以改善，有一定的风险与痛苦。合并反复呼吸道感染、哮喘、支气管炎的患儿手术效果不佳。中医药内科治疗的优势是整体调节，提高抗病力，减少感冒，较平稳；缺点是疗程长，取效较慢，一般要3个月以上。以上情况要向家长说明，配合好中医药治疗。

（许先科　俞景茂）

浙江中医临床名家·俞景茂

四、补益脾肾，固涩下元治遗尿案

成某，女，9岁。

首诊：2012年3月3日。主诉：夜间小便难约4年余。自幼小便不约，每晚1次，寐深，难自醒，夜间汗多，夏日小便难约症状好转，冬日加重，白天尿较频，尿不湿3岁后方撤。近来咳嗽，以晨起为主，咽稍红，舌红，苔薄白，脉浮数无力。既往史：患儿平素易感，无遗尿家族史。

中医诊断：遗尿（脾肾两虚、下元虚寒型）。西医诊断：遗尿症。

治法：温补脾肾，固涩下元。

处方：党参6g、炒白术6g、生黄芪6g、菟丝子6g、巴戟天6g、石菖蒲6g、杏仁6g、浙贝6g、茯苓9g、金樱子9g、地骨皮9g、桑螵蛸12g、生地黄12g、炙麻黄3g、炙甘草3g。7剂。嘱其放松心情，夜间睡前不饮水，并告诉其家长勿责备患儿。

二诊：2012年3月10日。小便渐约，本周遗出1次，仍需呼醒，纳可，舌红，苔薄白，脉浮数。

处方：前方去石菖蒲、杏仁、浙贝、茯苓、地骨皮，加砂仁6g、韭菜子6g、益智仁6g、鸡内金6g、参三七2g。7剂。嘱其白天勿过度玩耍，注意劳逸结合。

三诊：2012年3月17日。小便渐约，仍需叫醒，入寐时多汗，咳嗽易作，动则多汗，舌红，苔薄白，脉浮数。

处方：前方加浙贝6g、杏仁6g、稽豆衣9g。7剂。

四诊：2012年3月24日。患儿小便仍未约，昨晚尿出2次，咽稍红，舌红，苔薄白，脉浮数。

处方：前方去砂仁、浙贝、韭菜子、鸡内金、金樱子、稽豆衣，加黄芩6g、铁皮石斛（先煎）6g、五味子6g、制玉竹6g。14剂。

五至九诊：2012年3月31日~2012年6月16日。患儿小便渐约，尿出后能自醒，近2周未尿出，形瘦，仍有虚汗，纳欠佳，舌红，苔薄白，脉浮数。患儿诸症好转，遂予原法出入。仍以上方加减治疗2月余。后随访患儿偶有小便遗出，能自醒，胃纳好转，肌肉已丰，体质好转。

领悟 首诊以二黄五子汤合四君子汤加减，药用党参、白术、黄芪补气健脾以化生肾气，菟丝子、韭菜子、五味子温补肾阳，固摄下元；麻黄开窍

71

醒神；生地黄补阴助阳，阴中求阳。用药1周后遗尿即见好转。患儿夏日好转，冬日加重，形瘦，可见阳虚较著。故在之后的治疗中加大助阳力度，投以巴戟天等补肾温阳之品，九诊时患儿遗尿明显好转，趋于痊愈。

患儿遗尿日久，脾肾两虚，肾阳虚弱较著，肾不能主骨生髓，不能通于脑，开阖失利，治疗以温补脾肾、通窍醒神为主。病程已4年余，虚寒征象明显，故治疗重用补肾温阳。经治疗患儿遗尿渐止，体质好转。本例遗尿俞师运用二黄五子汤加减治疗，以培补固本，调理体质，取得了良好的效果。

点评 二黄五子汤系王伯岳导师家传秘方，专治肾气虚弱、膀胱失约之遗尿。二黄是指黄芪、麻黄；五子是指菟丝子、螳螂子、家韭子、补骨脂、山栀子。取黄芪补气升提，四子温补肾阳，山栀子清心泻热、温而不燥、补中有泻。妙在麻黄一味，能提高患儿的警觉度，醒神而不失眠，值得传承发扬。

本例在二黄五子汤的基础上加重补脾益气，避免上虚而不能制下，温阳之中兼以育阴，使阴阳互济，源泉不竭。

（陶　敏　俞景茂）

五、补益脾肾，壮督醒神治遗尿案

胡某，男，6岁。

首诊：2016年11月2日。主诉：夜间尿床多年。现病史：患儿自幼小便失约，一夜可遗溺2～3次，无尿频、尿急、尿痛。平素经常感冒，神疲乏力，食欲不振，大便溏薄，常自汗出，面色少华，心肺无殊，舌淡红，苔薄白，脉沉细无力。

中医诊断：遗尿（脾肾两虚型）。西医诊断：遗尿症。

治法：补益脾肾，固涩下元。

处方：党参6g、白术6g、茯苓9g、陈皮6g、制半夏6g、浙贝6g、菟丝子6g、巴戟天6g、炙麻黄3g、补骨脂6g、生山楂6g、鸡内金6g、韭菜子6g、黄芪6g、桑螵蛸12g、阳春砂（包煎）6g、炙甘草3g。7剂。

二诊：诸症好转，治拟原法。

处方：党参6g、白术6g、茯苓9g、浙贝6g、菟丝子6g、巴戟天6g、炙麻黄3g、补骨脂6g、韭菜子6g、黄芪9g、桑螵蛸12g、石菖蒲6g、远志6g、金樱子6g、乌药6g、覆盆子12g、炙甘草3g。7剂。

三诊：小便已约，原法巩固。

处方：党参6g、白术6g、茯苓9g、菟丝子6g、巴戟天6g、炙麻黄3g、补骨脂6g、黄芪9g、桑螵蛸12g、石菖蒲6g、远志6g、金樱子12g、三七3g、锁阳9g、生山楂6g、鸡内金6g、陈皮6g、炙甘草3g。7剂。

领悟 俞师认为遗尿患儿或者因先天不足，如早产、双胎、胎怯、脏腑及脊骨发育未全等，其神气未充，影响肾气固摄，致使膀胱失约易成遗尿；或者后天失养，如屡患咳喘泻利，或大病之后，常致脾肺气虚，肺经治节不行，脾气下陷，三焦气化失司，上虚不能制下，则膀胱失约，津液不藏，而成遗尿。主要病机为下元虚寒，肾气不足，兼有肺脾气虚。二黄五子汤是王伯岳老师传授给俞师治疗遗尿的常用家传秘方，临床使用上需随症灵活加减。如脾虚为主者，以党参、黄芪为君；肾虚为主者，则以五子为重。寐深者加石菖蒲宣肺醒神；兼有里热者加黄芩、铁皮石斛以清热养阴；白天小便较频数者，加益智仁、乌药等温肾祛寒缩尿；纳呆者加生山楂、鸡内金、砂仁以助运理气，开胃消食；肾阳虚者加巴戟天、肉苁蓉、淫羊藿、杜仲等温补肾阳以暖膀胱；肾阴虚者加山茱萸、龟板、桑螵蛸滋肾敛阴以缩小便；平时反复易感者，为"上虚不能制下"，合用玉屏风散益气固表；口中异味者，加生山楂、炒麦芽、鸡内金和中助运；形体肥胖者，加苍术、半夏、陈皮等化痰祛湿；骶椎隐裂，四肢欠温者加桂枝温经通络；平时出汗较多、夜寐不宁者，去麻黄。

点评 二黄五子汤的创新之处是用麻黄。要知道麻黄可以通过血脑屏障，有使睡眠变浅，警觉性提高但又不失眠之妙，其余补益脾肾之剂与其他在治疗遗尿方剂没有根本的不同。

补肾温肾药是否会引起性早熟？经多年观察，没有一例出现性早熟，可见确是效验家传方。

（邱根祥　俞景茂）

六、补益脾肾，固摄下元治遗尿案

章某，男，5岁9个月。

首诊：2018年4月11日。主诉：遗尿2年余，加剧1周。现病史：患儿素有遗尿病史，1周前感冒后加剧，小便失约，夜尿2～3次，尿后不自知，家长于前半夜叫醒排尿1次，次日仍发现尿床，伴有多汗易淋，胃纳欠佳，面色欠华，形体偏瘦，眼睑及双下肢无浮肿，心肺腹无殊，尿道外观无异常，舌红，苔薄白，脉沉细。辅助检查：双肾、输尿管、膀胱B超，腰骶椎X线片及尿常规均无异常。

中医诊断：遗尿（脾肾不足型）。西医诊断：遗尿症。

治法：补益脾肾，固摄下元。

处方：太子参6g、炒白术6g、茯苓9g、生黄芪6g、菟丝子6g、巴戟天6g、桑螵蛸12g、金樱子12g、锁阳6g、地骨皮9g、五味子4.5g、炙甘草3g。7剂，水煎服每剂两煎，每煎80ml，每日1剂，分2次喂服，下午1次需距入睡前2小时以上服用。

二诊：2018年4月18日。小便未约，本周尿出1次，胃纳渐启，近日咳嗽、咳痰，咽稍红，舌红，苔薄白，脉浮数，治拟原法加减。

处方：党参6g、炒白术6g、茯苓9g、陈皮4.5g、生黄芪6g、菟丝子6g、桑螵蛸12g、补骨脂6g、杏仁6g、浙贝母6g、地骨皮9g、五味子4.5g、黄芩6g、炙甘草3g。7剂。

三诊：2018年4月25日。夜间尿出少许，偶尔能自理，咳嗽、咳痰减轻，纳可，夜汗湿衣，咽稍红，舌红，苔薄白，脉略数。原法续进。

处方：党参6g、炒白术6g、茯苓9g、陈皮4.5g、生黄芪6g、菟丝子6g、桑螵蛸12g、补骨脂6g、杏仁6g、浙贝母6g、地骨皮9g、稽豆衣9g、五味子4.5g、制玉竹6g、黄芩6g、炙甘草3g。7剂。

四诊：2018年5月2日。小便渐约，一宿不小便，纳可，咳嗽、咳痰已愈，舌红，苔薄白，脉略沉。继以原法图治。

处方：党参6g、炒白术6g、茯苓9g、生黄芪6g、菟丝子6g、巴戟天6g、炙麻黄3g、金樱子12g、桑螵蛸12g、五味子3g、家韭子12g、炙甘草3g。7剂，煎服法同前。

五诊：2018年5月10日。小便渐约，多汗，偶尔有少许小便漏出，尿出即自醒，舌红，苔薄白，脉略沉，治拟原法。

处方：党参6g、炒白术6g、茯苓9g、生黄芪6g、菟丝子6g、巴戟天6g、炙麻黄3g、金樱子12g、桑螵蛸12g、锁阳6g、金樱子12g、沙苑子6g、五味子3g、家韭子12g、炙甘草3g。继服7剂后，小便已约，未见遗尿发生。

领悟　遗尿是指3岁以上小儿不能自主控制排尿，经常睡中小便自遗，醒后方觉的一种病证。多由下元虚寒，肾气不足，不能温养膀胱，膀胱气化功能失常，闭藏失调，不能约制水道；或脾肺气虚，膀胱失约，则小便自遗或睡中小便自出。正如《灵枢•九针》所云"膀胱不约为遗溺"；《诸病源候论•小儿杂病诸候》亦云"遗尿者，此由膀胱虚冷，不能约于水故也"；亦有肝经湿热，火热内迫，或素有痰湿内蕴，入睡后沉迷不醒，呼叫不应，而常遗尿者。

本例患儿素体脾肾亏虚，肾阳不足，下元虚冷，膀胱闭藏失职，脾虚水液输布失司，故而眠中遗溺。治以菟丝子、巴戟天、桑螵蛸、金樱子、锁阳温肾助阳，固护下元；太子参、炒白术、茯苓、黄芪、炙甘草益气健脾，以助转输精微；因遗尿患儿常可见体质虚弱、多汗等症，加用五味子收敛止汗，亦可滋肾摄精；地骨皮清虚热，除骨蒸。诸药合用，温补脾肾，固摄止遗。二诊时遗尿次数减少，但仍未约，改太子参为党参，巴戟天为补骨脂，加用陈皮以补肾温胞、补脾健胃；因患儿近日有咳嗽、咳痰，加用杏仁、浙贝母、黄芩清肺止咳化痰，去除金樱子、锁阳以防敛邪。三诊时夜尿偶能自理，唯汗多湿衣，故加穞豆衣平肝益肾，清热止汗；盗汗日久，佐玉竹养阴而不敛邪。四诊时小便渐约，且外邪已去，加用金樱子、巴戟天、家韭子补肾止遗，温养脾胃；穞豆衣、地骨皮性凉之品，过用恐伤阳气，中病即止。五诊时夜尿偶有少许漏出，能自醒，加用锁阳、沙苑子温肾缩尿而愈。

遗尿一证临床以命火式微，下元虚寒，膀胱失约，复因脾虚失运，水液不布所致者为多，故而治疗上首选温肾助阳之品，如菟丝子、补骨脂、巴戟天、桑螵蛸、金樱子、锁阳、仙灵脾、家韭子等；次用健脾行气之品，以助运化水液，如太子参、炒白术、茯苓、黄芪、升麻等，均可随症选用；再用醒神之品。遗尿患儿往往睡眠过深，不易自醒或难以唤醒，故而小便溢出而不自知。因此，治疗上每每加用促醒之物，如石菖蒲、益智仁等均可选用，然效常不能桴鼓。麻黄是俞师治疗遗尿的独特经验用药，具有醒神效用，可透过血脑屏障，有中枢兴奋作用，能提高患儿睡眠警觉性，有使睡眠变浅又不致失眠的功效，同时该药亦可使膀胱三角肌和括约肌的张力增加，故临床用于治疗遗尿收效良多。

点评 小儿肾主虚的生理特点，从3岁前尚不能主二便可以悟出，12～14岁之前精血未充、天癸未至有关。所以治遗尿要以补肾固胞为主。随着肾气的不断充实，小便亦渐渐自控了，约有15%的患儿，随着年龄的增大而逐渐自愈；有70%的遗尿患儿有家族史，年龄越大，治疗反而越困难。

年长儿患遗尿往往是难治之证。今后的研究重点要深入到大龄儿童遗尿症，请多关注。

（桑　杲　俞景茂）

七、健脾益肾治遗尿案

陈某，女，5岁。

首诊：2010年1月19日。主诉：反复咳嗽近1个月，自幼夜间尿床。现病史：近1个月来反复咳嗽，偶有鼻塞、喷嚏，纳食欠佳，入寐时多汗，肢末不温，小便频数难约，夜间尿床，平素易感，每月1次以上。咽红，舌淡红，苔薄白，脉沉细。

中医诊断：①感冒（营卫失和型）；②遗尿（脾肾阳虚型）。西医诊断：①反复呼吸道感染；②遗尿症。

治法：调和营卫，益气固表，兼补脾益肾。

处方：太子参6g、炒白术6g、生黄芪6g、桂枝3g、炒赤芍6g、防风4.5g、生山楂6g、鸡内金6g、地骨皮6g、菟丝子9g、韭菜子6g、铁皮石斛（先煎）6g、龟甲（先煎）12g、炙甘草3g、大枣12g。7剂。

二诊：2010年1月26日。近日咳嗽时作，咳痰不畅，纳食欠佳，小便难约，较频，夜间尿床，咽红，舌红，苔薄白，脉浮数。辨为表里失和，肺失清肃，治拟疏利枢机，利咽肃肺，兼益气固表，方用小柴胡汤合玉屏风散加减。

处方：柴胡6g、黄芩6g、太子参6g、制半夏9g、茯苓9g、蝉蜕4.5g、苦杏仁6g、浙贝母9g、丹参6g、制玉竹9g、生黄芪6g、防风4.5g、炒白术6g、炙甘草3g、大枣12g。7剂。

三诊：2010年2月2日。咳渐缓，平素易感，纳食欠佳，夜寐不宁，遗尿，咽稍红，舌红，苔薄白，脉浮数。治拟疏利枢机，利咽肃肺，兼健脾消食。

处方：柴胡6g、苦杏仁6g、浙贝母6g、北沙参6g、黄芩6g、铁皮石斛（先煎）6g、桔梗6g、百合12g、制玉竹6g、生山楂6g、鸡内金6g、炙甘草3g。7剂。

四诊：2010年2月9日。咳已平，夜寐不宁，小便频数难约，夜间尿床，每晚需呼醒2～3次，平素易感，咽红渐消，舌红，苔薄白，脉细。辨为脾肾阳虚，肾虚不固，治拟健脾益肾，缩尿止遗，方用二黄五子汤加减。

处方：太子参6g、炒白术6g、茯苓9g、生黄芪6g、铁皮石斛（先煎）6g、菟丝子6g、金樱子12g、生地黄12g、龟甲（先煎）12g、生山楂6g、鸡内金6g、补骨脂6g、炙甘草3g、大枣12g。10剂。

五诊：2010年2月23日。小便渐约，白天仍较频，玩耍时仍难约，夜间仍需唤醒2次。舌红，苔薄白，脉细。治拟前法。

处方：前方去鸡内金。7剂。

六诊：2010年3月2日。白天小便渐约，夜间偶尿出，纳可，舌红，苔薄白，脉浮数。治拟前法，兼开窍醒神。

处方：前方加鸡内金6g、炙麻黄2g、石菖蒲6g。7剂。

七诊：2010年3月9日。小便已约，尿次减少，夜尿能自醒，纳可，舌红，苔薄白，脉浮数。治拟健脾益肾，缩尿止遗。

处方：前方去生山楂、炙麻黄、石菖蒲。10剂。后以健脾益肾之法进一步巩固疗效。经治3个月后停药，随访2年，遗尿未复发。

领悟 首诊中患儿反复外感，纳呆食少，夜间汗多，李东垣谓"脾为营之源，胃为卫之本"，营卫之气来源于脾胃对水谷精微的化生，脾胃虚弱可致营卫失调，营气虚则津失内守，卫气虚则卫外不固，故汗出溱溱，反复外感，又进一步损伤脾胃，导致纳呆食少，故治之以益气固表、调和营卫，选用黄芪桂枝五物汤为主方，合玉屏风散益气固表，地骨皮既清肺热，又可治虚热盗汗。"无阴则阳无以化"，故在以菟丝子、韭菜子益肾缩尿的同时，以龟甲培补真阴。汗多伤阴，故以石斛养阴，并以大枣健运中州。俞师认为，久病、慢性病多见本虚标实、寒热夹杂、表里同病之证，为少阳枢机不利所致，且小儿具有"肝常有余"而"脾常不足"的生理特点，故常运用小柴胡汤和解表里、疏利枢机、疏肝健脾。二诊中以小柴胡汤疏利枢机、解表清里，并以蝉蜕、苦杏仁、浙贝母、丹参利咽肃肺，玉竹、大枣合玉屏风散益气养阴固表。三诊中续用前法，外感病后阴液易伤，脾易失运，故以北沙参、石斛、百合之属加大养阴之力，以鸡内金、生山楂健脾消食。四诊中余邪已清，故治以健脾益肾为主，兼以黄芪、石斛益气养阴。五诊中药已获效，故守方继进。六诊续用前法，患儿夜间排尿时难以自醒，故以炙麻黄、石菖蒲开窍醒神。基于对"孤阴不生，独阳不长"的认识，俞师以龟甲、生地黄助阳气生化无穷，又可避免温燥伤阴。

点评 目前西医学普遍认为小儿遗尿症的诊断年龄需满5周岁，但中医学在临床中仍主张发病年龄以3周岁为界，其缘由在于年满3岁小儿一般都能控制小便，此时夜间如经常不自主排尿需加以重视并进行诊治，则比等至5岁时再进行诊治要容易得多。虽亦有肝经湿热、肺脾气虚等所致遗尿，但本病患儿大多属脾肾阳虚型，治疗以健脾益肾为主。如存在"心肾不交"，则辅以宁心安神、醒脑开窍之法治之。正如《类证治裁·闭癃遗溺论治》所云："……睡中自遗，幼稚多有，俟其气壮乃固，或调补心肾自愈。寇氏桑螵蛸散。"麻黄除能有助膀胱气化使排尿次数减少外，还有中枢兴奋作用，起到醒神使睡眠变浅而不失眠的作用，但麻黄用量宜小，不超过6g，根据不同年龄以2～3g为宜。石菖蒲和麻黄同具开窍醒神之功，唯麻黄能透过血脑屏障。虽本病随年龄增长多能自愈，但若以中医中药进行治疗，可明显改善脾肾两虚的症状，进而使遗尿症状得以及早治愈。

（李国芳　俞景茂）

八、健脾平肝治多发性抽动症案

王某，男，6岁。

首诊：2008年6月4日。主诉：面肌反复抽动半年余。现病史：患儿时有吸鼻、耸鼻动作，挤眉眨眼，咧嘴，多动少静，注意力不集中，形瘦，纳少，夜寐迟，大便不调，小便无殊。咽稍红，舌红，苔薄白，脉浮数。既往史：否认鼻炎病史。

中医诊断：搐搦（脾虚肝旺型）。西医诊断：多发性抽动症。

治法：健脾助运，平肝潜阳。

处方：天麻6g、钩藤9g、北沙参9g、炒白术6g、茯苓9g、陈皮6g、制半夏6g、谷麦芽各12g、鸡内金6g、砂仁（后下）6g、铁皮石斛（先煎）6g、蝉衣4.5g、炒赤芍6g、丹参6g、炙甘草3g、大枣12g。7剂。

二诊：2008年6月11日。吸鼻、耸鼻动作未已，挤眉眨眼、咧嘴减少，多动少静，纳稍启，渐知饥，寐渐平，舌红，苔薄白，脉浮数。

处方：前方去北沙参、炒赤芍、丹参，加太子参6g、生山楂9g、炒枣仁9g。7剂。

三诊：2008年6月18日。吸鼻、耸鼻动作渐已，仍有挤眉弄眼、咧嘴，多动少静，纳渐启，寐已宁，舌红，苔薄白，脉浮数。

处方：前方去钩藤、太子参、炒谷芽、蝉衣、炒枣仁，加党参6g。7剂。

四诊：2008年6月25日。吸鼻、耸鼻动作仍有，较前明显减少，挤眉眨眼渐消，偶有咧嘴，纳渐启，寐渐平，舌红，苔薄白，脉浮数。

处方：前方加辛夷6g、白芷4.5g、炒枣仁9g。7剂。

五诊：2008年7月2日。吸鼻、耸鼻动作已解，偶有挤眉弄眼、咧嘴，纳稍启，寐可，舌红，苔薄白，脉浮数。

处方：黄芪6g、炒白术6g、茯苓9g、防风4.5g、炒枳壳6g、生山楂9g、鸡内金6g、太子参6g、铁皮石斛（先煎）6g、炒麦芽12g、桔梗6g、黄芩6g、丹参6g、炙甘草3g、大枣12g。14剂。

六诊：2008年7月23日。吸鼻、耸鼻、挤眉眨眼及咧嘴动作已平，近来有咳嗽，趋于好转，咽稍红，舌红，苔薄白，脉浮数。

处方：太子参6g、炒白术6g、茯苓9g、黄芩6g、制半夏6g、陈皮6g、蝉衣3g、桔梗6g、丹参6g、铁皮石斛（先煎）6g、天麻6g、连翘6g、百合12g、炙甘草3g。14剂。

七诊：2008年7月30日。吸鼻、耸鼻、挤眉眨眼及咧嘴动作已平，无咳嗽，纳渐启，大便可，舌红，苔中白浊，脉浮数。

处方：黄芪5g、炒白术6g、防风4.5g、铁皮石斛（先煎）6g、炒枳壳4.5g、桔梗4.5g、天麻6g、鸡内金6g、火麻仁12g、丹参6g、炙甘草3g、大枣12g。14剂。

八诊：2008年8月13日。吸鼻、耸鼻、挤眉眨眼及咧嘴动作已平，纳已启，体重较前增加，舌红，苔薄白，脉浮数。

处方：太子参6g、炒白术6g、茯苓9g、铁皮石斛（先煎）6g、炒麦芽12g、生山楂9g、鸡内金6g、黄芪6g、桔梗4.5g、辛夷6g、蝉衣4.5g、甘草3g、大枣12g。14剂。后随访患儿吸鼻动作未起，肌肉渐丰满。

领悟 多发性抽动症多发于2～15岁的儿童，有反复发作及自行缓解的特点，部分患儿伴有注意力不集中、强迫性动作等行为和情绪障碍，影响正常的学习和生活，需积极治疗。本病属中医学"慢惊风""瘛疭""抽搐"等范畴，本病病因较多，其标在风、火、痰、湿，其本主要责之于肝、脾、肾三脏不足。小儿脏腑娇嫩，脾常不足，肝常有余，脾虚则易木胜乘土，使肝的功能失调，触动肝风而形成本病。本例患儿纳少，为脾胃虚弱之象；脾失健运，不能运化水谷，气血生化乏源，精微物质不能营养四肢百骸，故形瘦；肝体阴而用阳，为风木之脏，有刚强之性，其气急而动，易亢易逆，若忤其性则恣横欺凌，延及他脏，而乘脾、冲心，故时有吸鼻、耸鼻、挤眉眨眼及㖞嘴动作，多动少静，注意力不集中，寐不宁。治当健脾助运，平肝潜阳。以天麻钩藤饮合六君子汤加减治疗，疗效明显，及五诊时患儿吸鼻、耸鼻、挤眉眨眼及㖞嘴动作已平，故以治本为主，并间断使用息风止痉之品调和内在阴阳平衡，使其本得治，在标之风得息。

点评 天麻钩藤饮出自《杂病证治新义》，功能平肝息风、养血通络，故借用治疗小儿抽动症不失为效方之一。方中天麻为息风要药，尤宜虚风暗动之搐搦，合钩藤、生石决明加强平肝息风之功效；茯神、夜交藤宁神；杜仲、桑寄生、牛膝补肾壮筋；益母草、丹参活血通络；栀、芩清心火，泄郁热。本案加六君子以扶中，去寄生、杜仲、牛膝之扶筋，去栀、芩之苦寒，加鲜铁皮石斛滋养阴津，合芍药以柔肝缓急，适合该病病机，故用之有效。可谓一方可治多病之例。

（陶　敏　俞景茂）

九、平肝息风治疗多发性抽动症案

钱某，男，7岁。

首诊：2018年5月9日；主诉：摇头、眨眼1年余。现病史：患儿1年前无明显诱因下出现摇头、眨眼、努嘴、吸鼻、皱眉动作，无四肢抽搐，无耸肩、异声，无发热，无咳嗽，无呕吐，无腹痛，无腹泻，夜汗较多、平素易感冒，曾经于浙江省儿童医院就诊，诊断为"抽动障碍"，予以口服"硫必利片、羚羊角胶囊"3个月，未见明显好转，今来要求中医治疗。现症：面色欠华，咽红，扁桃体Ⅱ°肿大，心肺无殊，神经系统检查未见阳性体征，舌红，苔薄白，脉弦细。辅助检查：血常规、微量元素、抗链球菌溶血素"O"、脑电图、头颅CT平扫未见明显异常。

中医诊断：慢惊风（肝阳化风型）。西医诊断：多发性抽动症。

治法：平肝息风。

处方：天麻6g、炒白芍6g、全蝎3g、白蒺藜6g、沙苑子6g、决明子6g、牛膝6g、生地黄12g、北沙参9g、制玉竹6g、茯苓12g、炙甘草3g。21剂。

二诊：2018年5月30日。多动、抽动未愈，吸鼻，咽不利，易汗，不易入睡，咽红，舌红，苔薄白，脉细。治拟原法。

处方：前方中炒白芍易为炒赤芍，决明子剂量增至9g，去北沙参、制玉竹，加生山楂6g、炒枣仁9g、夜交藤12g、远志4.5g、百合9g。7剂。

三诊：2018年6月6日。多动少静、睡眠好转，摇头、努嘴、皱眉减少，眨眼，吸鼻仍有，咽红，舌红，苔薄白，脉细。治拟原法。

处方：前方去茯苓、生山楂、炒枣仁、夜交藤、远志、百合，加地骨皮6g、北沙参6g、钩藤9g、蝉衣3g。7剂。

四诊：2018年6月13日。多动少静、摇头、努嘴、皱眉渐止，眨眼，吸鼻，咽喉异声仍有，纳可，咽红，舌红，苔薄白，脉细。治拟原法。

处方：前方去全蝎、钩藤、蝉衣、北沙参，加茯苓9g、太子参6g、铁皮石斛（先煎）6g、炒枣仁9g、青龙齿12g。14剂。

五诊：2018年6月27日。眨眼，吸鼻减少，咽喉不利，咽喉异声增多，考试成绩较前进步，舌红，苔薄白，脉细。治拟原法。

处方：前方去茯苓、地骨皮、生地黄、太子参、铁皮石斛，加北沙参9g、木蝴蝶3g、桔梗4.5g。4剂。

六诊：2018年7月18日。抽动趋平，偶有吸鼻动作，纳可，多汗，舌红，苔薄白，脉细。治拟原法。

处方：前方去木蝴蝶、桔梗、北沙参、青龙齿、炒枣仁，加生地黄12g、地骨皮6g、蝉衣3g、钩藤9g、炒僵蚕6g、辛夷9g。14剂。

七诊：2018年8月1日。抽动趋平，吸鼻动作已止，纳可，夜寐不宁，烦躁不安，舌红，苔薄白，脉细。治拟平肝潜阳。

处方：前方去地骨皮、生地黄、辛夷，加茯苓9g、煅龙齿12g、全蝎3g、生山楂6g、夜交藤2g、炒枣仁9g。14剂。继续巩固数周，病情稳定，未见发作。

领悟 多发性抽动症近年来发病有上升趋势，其发病是遗传、生物、心理和环境等因素相互作用的综合结果，确切病因和发病机制不清，中枢神经递质失衡，纹状体多巴胺活动过度或突触后多巴胺受体超敏感为其发病机制的关键环节，大约半数患儿共患一种或多种心理行为障碍，包括注意缺陷多动障碍、学习困难、强迫障碍、睡眠障碍、情绪障碍、自伤行为、品行障碍、暴怒发作等，其中共患注意力缺陷多动障碍最常见，其次是强迫障碍。该患儿患多发性抽动症的同时多动少静，属于中医"肝风证""慢惊风""瘛疭"等范畴，俞师一般从肝论治（《素问·至真要大论》"诸风掉眩，皆属于肝"）。就肝生理而言，是以血为体，以气为用，血为阴，气为阳，故常说"肝体阴而用阳"，肝为风木之脏，肝阴血不足，则易导致肝阳上亢，生燥生风，故称肝阳化风，从而表现为抽动等症状，肝阳上亢者需平肝潜阳，肝风内动者需平肝息风，小儿生理特点又常"肝常有余"，容易产生肝阳化风证。

俞师一般自拟抽动方以平肝息风，天麻入肝经，平肝息风止痉，炒白芍柔肝敛阴，牛膝补肝肾强筋骨，生地黄养阴生津、清热凉血，沙苑子补肝明目。肝体阴而用阳，阴虚则阳亢生风化热，芍药、生地黄、沙苑子、牛膝养肝阴敛肝阳，白蒺藜平肝潜阳、祛风明目，决明子清肝泻火、息风止痉，使肝阳得潜，不再浮越。小儿脾常不足，肝常有余，脾虚肝旺，治疗过程中常配以茯苓、炒白术等健脾药以扶土抑木。蝉衣、僵蚕、全蝎、地龙等动物药有息风止痉，通经活络作用，是治疗多发性抽动症的要药，可酌情选择。治疗过程中可以根据抽搐部位不同酌情选药，如该患儿有咽喉不利，有异声，可予以木蝴蝶、桔梗利咽；有吸鼻动作，予以蝉衣、辛夷疏风通窍，以提高疗效。总体而言，以养肝敛阴、平肝息风为主，佐以化痰止痉、清热安神等多种治法，取得较好临床疗效。俞师非常强调给患儿一个宽松的学习、家庭环境，注意心理疏导。学习压力大，心理负担重，对于多发性抽动症的治疗都有很大影响。

点评 抽动障碍属中医学的虚风，病机多因肝阳化风、脾虚生风、水不涵木所致，其标在肝，其本在脾肾，故在天麻钩藤饮基础加减化裁成此方，标本同治，虚实兼顾，止搐效果明显，适用于各种抽动症。

（许先科　俞景茂）

十、滋阴息风治多发性抽动症案

方某，男，10岁。

首诊：2009年8月5日。主诉：反复咽喉部异声，腹部抽动3年余。现病史：患儿近3年余来面肌、腹肌抽动，四肢抖动，伴咽部不利，时有异常声音发出，注意力不易集中，学习成绩尚佳，胃纳一般，夜寐欠安，形体消瘦，舌红，苔薄白，脉细。既往史：患儿系第一胎第一产，足月剖宫产，否认产伤、窒息史，出生时体重3.3kg。

中医诊断：抽动症（阴虚风动型）。西医诊断：多发性抽动症。

治法：滋阴潜阳，平肝息风，方用天麻钩藤饮加减。

处方：天麻9g、炒赤芍9g、全蝎3g、茯苓12g、制何首乌12g、石决明（先煎）12g、炒酸枣仁9g、炒麦芽12g、沙苑子6g、北沙参9g、铁皮石斛（先煎）6g、秦艽6g、蝉蜕6g、炙甘草3g。7剂。

二诊：2009年8月12日。抽动未已，面肌、腹肌抽动，肢体抖动，纳可，寐时易醒，形体消瘦，舌红，苔薄白，脉细。治拟原法。

处方：前方去石决明、炒酸枣仁、北沙参、铁皮石斛、蝉蜕，加炒麦芽12g、白菊花9g、防风4.5g、广地龙6g、炒白僵蚕9g、怀牛膝12g。7剂。

三诊：2009年8月19日。喉中异声好转，四肢抖动及面肌、腹肌抽动略减少，纳可，形体消瘦，舌红，苔薄白，脉细。继续原法加减。

处方：前方去秦艽、白菊花、防风，加川芎2g、生地黄12g、龟甲（先煎）12g。7剂。

四诊：2009年8月26日。喉中异声渐减，肢体抖动减少，坐位时肢体抖动明显减少，纳可，形体消瘦，舌红，苔薄白，脉细。继续原法加减出入。

处方：前方去川芎、炒麦芽，加太子参6g、制玉竹9g。14剂。

五诊：2009年9月9日。喉中偶有异声，已无四肢抖动，偶有面肌抽动，学习尚可，诉乏力，纳差，夜寐转安，形体较瘦，舌红，苔薄白，脉细数。治拟原法，兼调和中州。

处方：天麻9g、炒赤芍9g、钩藤（后下）9g、茯苓9g、制何首乌12g、沙苑子6g、炒麦芽12g、丹参6g、龟甲（先煎）12g、远志6g、鸡内金6g、生山楂9g、炙甘草3g。7剂。

五诊后患儿胃纳改善，抽动趋愈。后续以补益肝肾、培补脾土之法巩固治疗1个月，患儿胃纳转佳、抽动渐平而停药。

领悟 小儿肝常有余，阳亢有余而阴静不足，阴阳失于平衡之时可出现抽动症状，如失于治疗，久而久之可出现虚实夹杂之证。首诊时患儿抽动病史已3年余，久病及肾而出现肝肾阴虚、阴虚阳亢、筋脉失养、虚风内动，木火刑金致金鸣异常，故治以滋阴潜阳，平肝息风。方中何首乌、石决明、沙苑子、北沙参滋阴潜阳，天麻、全蝎、秦艽平肝息风，酸枣仁安神益肝，蝉蜕息风利咽，茯苓、赤芍、麦芽扶土抑木，石斛既滋肾阴又养胃阴，与茯苓、麦芽一起健脾益胃，体现了俞师在临证中时时顾护脾胃的思想，炙甘草调和诸药。二诊时抽动未见明显缓解，故加菊花、地龙、白僵蚕以进一步加大平肝息风的力度，以怀牛膝补益肝肾、引火下行、活血散瘀，以冀为功。三诊时诸症好转，故守方继用，并适当增加生地黄、龟甲之味补益肝肾，以川芎活血行气祛风。四诊时患儿抽动症状进一步减轻，酌加补气养胃之品，以扶土抑木。五诊时患儿抽动渐平，故去全蝎，改钩藤平肝息风，患儿纳差、形瘦，进一步加山楂、鸡内金、麦芽扶土抑木，予丹参养血安神。患儿体内阴阳逐渐平衡，疾病趋愈。

点评 多发性抽动症发病原因是多方面的，其病位在五脏，主要责之于肝。无论何种因素导致肝的功能失调，均可触动肝风而形成本病。全蝎主入肝经，能起到很好的息风止痉作用，但有一定的毒性，使用时一般从小剂量开始，并将药量控制在3～4.5g，年长儿偶可用至6g，同时适当增加滋阴之药以制约其温燥之性，待抽动减少或病情控制后即减量或不用。本证患儿反复咽喉部异声，腹部肌肉抽动3年余，病情迁延日久，虽经多方诊治，始终未见疗效。此乃久病及肾，肾阴亏虚，水不涵木，虚风内动，故见腹部肌肉不自主收缩；阴虚火旺，木火刑金，肺阴受损，金鸣异常，则咽喉部时常发出异声。本证治疗注重滋阴潜阳，养肝肾之阴及补肺阴之不足，以使其本得治，在标之风得息。

（李国芳　俞景茂）

第三节　巧思度忖解难症

一、健脾益气，润肠通便治大便失约案

应某，女，6岁。

首诊：2009年2月24日。主诉：大便失约3月余。现病史：大便失约3月余，便时失觉，大便溢出不觉，且偏干，有时需开塞露通便，平时易感，面少华，舌质红，苔薄白，脉浮数。既往史：患儿出生史无殊，平时体质较差，易感冒、咳嗽，否认肺炎、哮喘等病史，否认手术史。否认药物等过敏史。家族中无类似疾病史。

中医诊断：大便失约症（脾虚失摄型）。

治法：健脾益气，润肠通便。

处方：太子参6g、炒白术6g、山药12g、黄芪9g、铁皮石斛（先煎）

6g、火麻仁9g、炒赤芍9g、五味子3g、当归6g、丹参6g、砂仁（后下）6g、肉苁蓉6g、米仁12g、炙甘草3g。14剂。

二诊：大便3日一行，仍有少量溢出，不觉，咽稍红，外感初平，舌红，苔薄白，脉浮数。治拟滋阴润肠通便。

处方：北沙参9g、鲜石斛（先煎）20g、火麻仁12g、白芍9g、生地黄12g、玄参9g、麦冬6g、怀牛膝6g、浙贝9g、山海螺12g、蛇舌草12g、郁李仁9g、生山楂9g、鸡内金6g、炙甘草3g。7剂。

三诊：大便渐润，2日一行，仍有溢出少许，不觉，平时易感，易扁桃体化脓，纳可，咽稍红，舌质红，苔薄白，脉浮数。

处方：前方去玄参、白花蛇舌草，加黄芪6g、山药9g。7剂。

四诊：仍有少量大便解出不觉，易感，纳可，咽稍红，舌质红，苔薄白，脉浮数。拟和法调理。

处方：柴胡6g、黄芪6g、鲜石斛（先煎）15g、炒麦芽12g、忍冬藤12g、菟丝子12g、黄芩6g、太子参6g、姜半夏9g、茯苓9g、蝉衣4.5g、蛇舌草12g、浙贝9g、丹参6g、生玉竹9g、炙甘草3g、大枣12g。7剂

五诊：大便渐约，便质已润，2日一行，纳可，咽稍红，舌质红，苔薄白，脉浮数。治拟健脾益气，升提中气。

处方：太子参6g、炒白术6g、山药12g、黄芪9g、铁皮石斛（先煎）6g、火麻仁9g、炒赤芍9g、升麻6g、柴胡6g、当归6g、丹参6g、米仁12g、炒麦芽12g、茯苓9g、炙甘草3g。14剂。

药后大便已约，便质已润，巩固1个月痊愈。

领悟 《诸病源候论·大便失禁候》曰："大便失禁者，由大肠与肛门虚冷滑故也。肛门，大肠之候也，俱主行糟粕，既虚弱冷滑，气不能温制，故使失禁。"指出大便失禁多由肾阳虚衰所致。

但本例患儿既无久痢久泻及便溏见症，亦无形寒肢冷、小便清长而频数、脉迟等肾阳虚弱之症状，故不属肾阳虚衰证。患儿大便失约，为中气下陷，失于固摄所致；患儿平时易感，面色少华均为肺脾不足之象；又患儿大便非稀溏，故属大便成形而不能自控者，乃肺气虚弱，脾失健运，中气下陷，肠传导失司所致，故辨证为肺脾两虚证。治以健脾益肺升清为主。因患儿大便不觉，又便干，故用润肠通便之药，以通因通用，并加理气活血以使肠道传导功能恢复，大便得约。

点评 小儿小便不约者多，大便失约者寡。大便不溏薄能成形，但又难

浙江中医临床名家·俞景茂

自约，是谓大便失禁，在清醒状态下大便失禁，多系气虚，魄门不固之征，治当补气固摄为要。本例先养胃阴，后补肺气。胃阴充则津液足，大便由秘可转润，肺气足则大便能摄，开阖有度，肺与大肠相表里，上虚则不能制下是也。

（李　岚　俞景茂）

二、养心安神治梦游案

胡某，男，11岁。

首诊：2009年2月14日。主诉：梦游1月余。现病史：近1月余来出现梦游，睡中突然起床活动，意识朦胧不清，醒后全无记忆。近来发作较频繁，2～3夜1次。入睡时易汗，多梦话，易惊叫，白天神疲倦怠，现服硝西泮片半颗，晨起易恶心，稍咳嗽，挑食，学习较紧张。现症见：神清，面色少华，生长发育可，心肺听诊阴性，神经系统检查未引出阳性体征，舌淡红，苔薄白，脉沉。既往史：既往体质一般，平时易感，否认肺炎、脑炎、哮喘等病史，有偶尔遗尿史，否认头颅外伤史，否认药物等过敏史。家族中无类似疾病史。辅助检查：脑电图未见异常。

中医诊断：梦游症（心脾两虚型）。

治法：养心安神定志。

处方：太子参9g、炒白术6g、茯神9g、丹参9g、远志6g、炒麦芽12g、鸡内金6g、铁皮石斛（先煎）6g、生山楂9g、姜半夏6g、炒枣仁12g、浙贝9g、龙齿（先煎）12g、炙甘草3g。7剂。嘱停用硝西泮。

二诊：夜寐渐安，梦游未作，仍咳嗽，汗出较多，胃纳可，咽稍红，舌淡红，苔薄白，脉沉。

处方：前方加炙冬花6g、地骨皮9g。7剂。

三诊：夜寐已安，多汗，入寐时易汗，咽红已平，晨起偶有咳嗽，有清嗓声，恶心状，舌淡红，苔薄白，脉沉。治拟益气固表，敛汗安神。

处方：黄芪6g、防风4.5g、炒白术6g、麦冬6g、五味子4.5g、龟板（先煎）12g、麻黄根4.5g、浙贝9g、太子参6g、桔梗6g、姜半夏6g、铁皮石斛（先煎）6g、龙齿（先煎）12g、炙甘草3g。7剂。

四诊：汗出减少，夜间多梦，易惊叫，梦游未发，多动，咽不利，时清嗓声，咳偶作，恶心状已平，舌红，苔根浊，脉沉。治拟健脾益气，养心安神，兼利咽止咳。

处方：太子参9g、炒白术9g、茯神12g、远志6g、炒枣仁9g、夜交藤12g、龙齿（先煎）12g、桔梗6g、杏仁6g、浙贝9g、铁皮石斛（先煎）6g、龟板（先煎）12g、炙甘草3g。7剂。

五诊：咳嗽已平，夜寐多梦，易惊叫，多动，汗出减少，梦游未作，心肺听诊阴性。舌红，苔根浊，脉沉。

处方：前方去桔梗、杏仁、浙贝，加百合9g、生地黄12g、姜半夏6g。7剂。

六诊：夜寐渐安，多纳后腹胀不舒，咽不利，舌淡红，苔薄白，脉沉。

处方：前方去夜交藤、龟板、百合，易茯神为茯苓9g，加丹参6g、杏仁6g、浙贝9g、炒麦芽12g、石菖蒲6g、炒赤芍6g。7剂。

七诊：夜寐渐安，多汗已减，咽红已平，纳可，大便干结，舌淡红，苔薄白，脉沉。

处方：北沙参9g、铁皮石斛（先煎）6g、麦冬6g、地骨皮9g、龟板（先煎）12g、黄芩6g、炒赤芍6g、炒麦芽12g、丹参6g、茯苓9g、黄芪6g、炒枣仁9g、龙齿（先煎）12g、远志4.5g、炙甘草3g。7剂。

八诊：期中考试紧张后，夜寐不宁，易惊叫，梦游未作，有时遗尿，头汗减少，舌淡红，脉沉。

处方：太子参6g、炒白术9g、茯苓9g、远志6g、炒枣仁12g、龙齿（先煎）12g、生地黄12g、铁皮石斛（先煎）6g、地骨皮9g、杏仁6g、菟丝子9g、黄芪6g、炙甘草3g。7剂。

九诊：夜寐趋平，小便已约，头汗减少，舌淡红，苔薄白，脉沉。

处方：前方去杏仁，加黄芪6g、夜交藤12g、丹参6g。14剂。

领悟 梦游症属小儿睡眠障碍，患儿表现为睡中突然起床，意识朦胧不清，在室内或室外进行一些活动，醒后全无记忆。大脑多无器质性病变，认为与大脑皮质内抑制功能较差有关。精神紧张可加重本病。西医治疗予安眠镇静药物口服，不良反应较多。

本病中医属"寐不安"范畴。中医认为睡眠与心神关系密切，心藏神而主血，脾主思而统血。该患儿学习任务重，精神紧张，思学过度，劳伤心脾，心脾气血暗耗，气血亏虚，导致心无所主，则夜眠不安，脾气亏虚则体倦、食少、面色少华，属虚证，辨为心脾两虚证。给予归脾汤加减，心脾兼顾，气血双补，安神定志。药后患儿神志渐安，夜寐渐宁，服药期间梦游未发作。

除药物治疗外，嘱家长调整要求过高的心态，患儿应多休息，加强营养，放松精神，方可防止复发。

点评 梦游一证，心脾两虚，心肾失交者较为多见，治当补益心脾，交通心肾，此案以补益心脾取效。太子参、炒白术、炙甘草补气健脾，酸枣仁、远志、茯神宁心安神，龙齿镇惊安神，丹参活血养血以安神，炒麦芽、鸡内金、生山楂健脾助运，铁皮石斛养阴，姜半夏、浙贝止咳。整方心脾兼顾，气血双补，安神定志。因又有遗尿一证，故后又加益肾固胞之味。

要注意小儿心肝有余，心火易旺，肝阳易亢，因此本病尚有清心平肝之治法。

（李　岚　俞景茂）

三、补益脾肾，养血壮骨治先天性甲状腺功能低下案

陈某，女，3岁。

首诊：2009年2月21日。主诉：确诊先天性甲状腺功能低下伴生长发育落后3年。现病史：患儿出生后新生儿筛查确诊为先天性甲状腺功能低下，一直服用优甲乐治疗，目前服左甲状腺素钠片（优甲乐）1/4片，生长发育落后，身高体重均不达标，平时易感，智力发育可。胃纳欠佳，神怠，下肢无力。近有新感，鼻塞有涕，咳嗽，生长发育落后，身高体重未达标，咽稍红，舌红，苔薄白，脉沉。既往史：患儿平时易感，曾患肺炎，否认哮喘、心肌炎等病史，否认传染病史，否认手术外伤史，否认药物等过敏史。辅助检查：甲状腺功能正常。

中医诊断：五迟（肾精不足型）。西医诊断：先天性甲状腺功能低下。

治法：和解表里，温补脾肾。

处方：柴胡6g、黄芩6g、太子参6g、姜半夏6g、铁皮石斛（先煎）6g、菟丝子6g、巴戟天6g、补骨脂6g、黄芪6g、防风4.5g、浙贝6g、生山楂9g、炒麦芽12g、鸡内金6g、炙甘草3g。7剂。

二诊：先天性甲状腺功能低下，生长发育落后，新感已愈，纳稍启，下肢无力，神怠，舌红，苔薄白，脉沉。治拟补气固表，健脾温肾。

处方：黄芪6g、防风4.5g、炒白术6g、太子参6g、炒麦芽12g、炒谷芽12g、生山楂9g、鸡内金6g、铁皮石斛（先煎）6g、菟丝子6g、巴戟天6g、炒枣仁12g、砂仁（后下）6g、陈皮4.5g、炙甘草3g。14剂。

三诊：近有新感，咳嗽较剧，咽稍红，有嗓喉声，已停优甲乐1个月，准备复查甲状腺功能，时有腹痛，生长发育落后，舌红，苔薄白，脉浮数。急则治标，以止嗽方，清肺止咳化痰为先。

处方：桔梗4.5g、炙紫菀6g、荆芥6g、百部6g、陈皮6g、杏仁6g、白前6g、浙贝6g、川贝6g、炙冬花9g、北沙参6g、黄芩6g、炒麦芽12g、炙麻黄2g、炒赤芍6g、炙甘草3g。7剂。

四诊：脐腹隐痛，咳嗽渐平，咽稍红，甲状腺功能检测正常，舌红，苔薄白，脉浮数。

处方：桔梗4.5g、北沙参6g、炒赤芍6g、炙紫菀6g、荆芥6g、百部6g、陈皮6g、杏仁6g、白前6g、浙贝6g、川贝6g、炙冬花9g、丹参6g、生山楂6g、菟丝子6g、巴戟天6g、炙甘草3g。7剂。

五诊：先天性甲状腺功能低下，生长发育落后，新感已愈，纳启，下肢无力，神怠，舌红，苔薄白，脉沉。

处方：黄芪6g、防风4.5g、炒白术6g、太子参6g、炒麦芽12g、炒谷芽12g、生山楂9g、鸡内金6g、铁皮石斛（先煎）6g、菟丝子6g、巴戟天6g、炒枣仁12g、砂仁（后下）6g、陈皮4.5g、炙甘草3g。14剂。

六诊：寐中盗汗，多食后纳又减少，生长发育落后，舌红，苔中花剥，根浊，脉沉。

处方：太子参6g、炒白术6g、茯苓9g、陈皮6g、姜半夏6g、菟丝子6g、巴戟天6g、生山楂6g、鸡内金6g、炒麦芽12g、地骨皮6g、稽豆衣9g、龟板（先煎）12g、炙甘草3g、大枣12g。7剂。

七诊：汗出减少，纳渐启，生长较前有加快，舌红，苔薄白，脉浮数。

处方：前方去地骨皮。14剂。

领悟 先天性甲状腺功能低下是由于先天性甲状腺发育不良或甲状腺激素合成过程中酶的缺陷所造成甲状腺功能低下的一种疾病，是造成小儿身材矮小和智力障碍的重要原因。早期诊断治疗，可望正常发育，尤其可防止智力障碍而致残。

患儿患先天性甲状腺功能低下，属先天禀赋不足，肾主骨生髓，元阳亏虚，肾精不足，则生长迟缓。肾气虚弱，则脾气不足，脾失健运，故纳少，神怠，肢体无力。肺气虚弱，卫外不固，故易感。可属中医"五迟"范畴，肺、脾、肾三脏俱虚，尤以肾精不足为著。治疗以健脾益气，补肾填精为主。选用补骨脂、菟丝子、巴戟天等补肾温阳，黄芪、白术、防风补气固表，生山楂、炒麦芽、鸡内金健脾助运，以后天补先天。该患儿反复易感，故新感后常以和法调理。

患儿治疗后汗出减少，胃纳增多，生长发育加快，身高、体重均有增长，感冒明显减少。时值春季，春主生发，亦是小儿生长发育最快时机，故宜抓住这一季节调补以取效。

点评 根据本病的病因和症状，属中医学"痴呆""五迟""五软""黄疸""疳证"等范畴，西医学诊断为先天性甲状腺功能低下，俗称"呆小病"，关键在于早诊断、早治疗，早期补充甲状腺素，以防止出现智力的损害。

根据发病年龄的早晚，症状轻重，以补益心肾，益气养血或补肾壮骨，填精养髓法治疗，轻症可减轻病情，重症可缓解症状。本例以补益脾肾，养血壮骨取效。

（李　岚　俞景茂）

四、疏肝利胆治疗胆总管囊性扩张案

吴某，女，6岁。

首诊：2009年4月25日。主诉：上腹痛1月余。现病史：患儿因上腹痛1月余，伴呕吐1周而住入杭州市第一人民医院，4月15日ERCP消化内镜提示：先天性胆总管囊性扩张（Ⅳ型），乳头狭窄（炎性）；肝功能：ALT 136U/L，AST 220gU/L，诊断为"①先天性胆总管囊性扩张；②肝功能异常"。外科建议先改善肝功能，3个月后复查手术治疗。目前患儿时有上腹痛，神怠形冷，纳差，有时头晕，睡眠较迟，舌红，苔薄白，脉沉。既往史：无殊。

中医诊断：胁痛（脾虚肝郁型）。西医诊断：先天性胆总管囊性扩张。

治法：疏肝利胆，健脾化湿。

处方：藤梨根20g、柴胡6g、炒赤芍9g、枳壳6g、郁金9g、绵茵陈12g、炒麦芽12g、生山楂9g、鸡内金6g、苍术9g、天麻6g、炒枣仁9g、虎杖根12g、平地木12g、丹参6g、炙甘草3g。14剂。

二诊：5月16日复查肝功能有改善（ALT 86U/L，AST 120U/L），腹痛好转，仍乏力，腹软，无压痛，时头晕，睡眠已改善，胃纳好转，舌红，苔薄白，脉沉数。

处方：前方去炒枣仁、平地木，加垂盆草15g，绞股蓝12g，姜半夏6g，红枣12g。7剂。

三诊：5月23日复查肝功能正常，胃纳可，夜眠欠佳，头晕好转，腹痛未作，舌红，苔薄白，脉沉数。

处方：前方加炒枣仁12g、金钱草12g。7剂。

领悟 先天性胆总管囊肿多发生于婴幼儿和10岁以下的儿童，胆总管呈囊状扩张。囊腔内多为深色胆汁，可继发细菌感染和囊内结石形成。临床典型表现为腹痛、黄疸与腹部包块，继发感染时，常可伴有发热、寒战、恶心和呕吐。

患儿有先天性胆总管囊肿，肝功能异常，以腹痛为主症，当属"腹痛"范畴。肝失疏泄，气滞血瘀，气血运行不畅，故有腹痛。胃失和降，故有呕吐。患儿有神怠形冷，纳差，有时头晕，睡眠较迟，属脾虚之候，故本病虚实夹杂，虚为脾气虚，实为湿阻气郁。辨证为脾虚肝郁型。治以疏肝利胆，健脾化湿，活血化瘀。选用柴胡疏肝散加减。柴胡、炒赤芍、枳壳、郁金等理气疏肝利胆；藤梨根、绵茵陈清热解毒，除湿退黄；虎杖根、平地木活血祛瘀，清热利湿，常用于肝功能异常、黄疸等；垂盆草清利湿热，有降低谷丙转氨酶作用；绞股蓝补气健脾、清热解毒，并有保肝作用；金钱草清热利湿，疏肝利胆；炒麦芽、生山楂、鸡内金健脾助运；苍术化湿；丹参活血，疏利肝胆，防止胆汁瘀积，从而改善局部炎症，肝功能逐渐好转，腹痛转愈。

点评 此病古籍上虽无类似记载，无成法可仿照，但从其症状体征及实验室检查来看，可属中医学"胁痛"范畴，疏肝利胆可以取得良好疗效。所写领悟颇为妥帖。藤梨根功能清热利湿，祛风解毒，有散结消肿之功，近年来治疗胃肠道肿瘤有一定的疗效，本例用于治疗囊肿也可效法。

（李 岚 俞景茂）

五、和法治迁延性肺炎案

刘某，男，5岁。

首诊：2010年5月9日。主诉：反复咳嗽迁延一月余。现病史：一月余前因支气管肺炎住院治疗好转，但咳嗽反复迁延，喉间有痰，偶有发热，动则汗出，胃纳欠佳，大便溏烂，日解1～2次。现症：面色少华，咽充血，听诊无殊，脉浮数无力，舌红，苔薄白。既往史：平素容易感冒，患支气管肺炎2次。辅助检查：血、尿常规无殊，胸片复查肺炎尚未完全吸收。

中医诊断：咳嗽（肺脾虚弱、余邪未清型）。西医诊断：迁延性肺炎。

治法：解表清里，疏利枢机。

处方：柴胡6g、太子参6g、黄芩6g、制半夏6g、杏仁6g、蝉衣3g、焦山楂9g、炒麦芽12g、浙贝9g、山海螺12g、炒赤芍6g、炙冬花6g、陈皮6g、茯苓6g、炙甘草3g。7剂。

二诊：咳嗽减少，身热已净，咽红渐平，胃纳略增，大便渐实，动则汗出。听诊无殊，脉细无力，舌红，苔薄白。治拟和法调之。

处方：前方去杏仁、炙冬花，加生黄芪6g、川贝3g。7剂。

三诊：咳嗽已平，咽红已消，纳可，汗出较多，大便日解1次，成形。听诊无殊，脉细，舌红，苔薄白。治拟益气固表，健运中州。

处方：太子参6g、炒白术6g、茯苓9g、陈皮6g、怀山药9g、生黄芪6g、防风4.5g、丹参6g、生山楂6g、炒麦芽12g、稽豆衣6g、制半夏6g、炙甘草3g、大枣12g。7剂。

领悟 本例为咳嗽（迁延性肺炎）治疗验案。

本例为咳嗽，肺脾虚弱，余邪未清。患儿素体肺气虚弱，肺卫不固，反复易感。感邪后咳嗽反复迁延，脾虚痰湿内生，痰蕴于肺，肺气上逆而为咳嗽；脾虚运化失健，水谷不化则大便溏烂不化。肺炎后外邪未去，正气已虚，则余邪留恋不清，表里失和而身热反复、咳嗽迁延。

本例患儿素体肺脾虚弱，迁延性肺炎余邪未清，乃表里失和、枢机失利，故治疗以小柴胡汤解表清里，浙贝、杏仁、炙冬花宣肺化痰，山海螺、蝉衣疏风利咽，赤芍活血理气，陈皮、茯苓健脾化痰，焦山楂、炒麦芽和中助运。祛邪过程中不忘扶正，使邪从里而清，不留余尊；邪祛后更应固表培本，以扶其正。三诊后以玉屏风散合六君子汤益气固表，健运中州。而病久必瘀，佐以丹参活血养血，以调和气血。

点评 为什么和法也能治迁延性肺炎？究其因在于咳嗽的同时兼有发热、咽充血，说明外邪未清，里热未平。《素问·咳论》有"五脏六腑皆令人咳，非独肺也"之论，少阳枢机失利，也可令人咳；咽喉不利，喉核肿大也可令人咳；故和法也可治咳，或不治咳而咳自愈；"谨守病机，各司其属"，此之谓也。

（陈　华　俞景茂）

六、和胃降逆治周期性呕吐案

陈某，男，13岁11个月。

首诊：2018年7月18日。主诉：间断呕吐4年余。现病史：患儿4年前无明显诱因出现间断性呕吐，呕吐物为胃内容物，非喷射状，无咖啡状液体，每隔数日呕吐不止，良久方解，无发热，无咳嗽，无流涕，胃纳较少，大便4～5日一行，时有胃脘部不适，无腹痛，近年来曾多次于当地及北京医院就诊，未见明显好转，2周前于上海市儿童医院就诊，诊断为"周期性呕吐、慢性浅表性胃炎"，予以聚乙二醇4000散软化大便，双歧杆菌三联活菌散调节肠道菌群，奥美拉唑片抑酸护胃，经神经内科会诊后予以盐酸氟桂利嗪胶囊对症治疗，呕吐稍有好转，口水增多，因家长担心西药副作用，特来请求中医治疗。症见：形体消瘦，面色欠华，目下暗，全身皮肤无皮疹及黄染，浅表淋巴结未及肿大，咽红，扁桃体Ⅰ°肿大，腹软不胀，肝脾肋下未及肿大，神经系统未见阳性体征，舌质红，苔薄白，脉缓无力。

辅助检查：2014年2月浙江省玉环县人民医院胃镜：反流性食管炎、浅表性胃炎。

2014年8月杭州市第一人民医院查气钡双重造影：幽门处开放困难，梗阻可能。浙江省儿童医院：头颅CT：双侧侧脑室丰满，脑沟裂增宽、加宽。消化道造影：幽门及十二指肠通过顺畅，未见明显扩张及肠梗阻征象。头颅MRI：轻度脑萎缩征象，左侧顶叶小片状异常信号影。

2015年5月北京儿童医院头颅MRI：左侧顶叶皮层下异常信号无强化，考虑无明显临床意义的脱髓鞘改变可能大。胃镜病理：①食管黏膜轻度慢性炎，偶见嗜酸性细胞浸润，Hp（-）。②胃黏膜轻度慢性炎，固有层少量淋巴细胞浸润；胃窦黏膜上皮增生，局灶肠上皮化生，隐窝加深，浸润淋巴细胞数量增多，偶见嗜酸性粒细胞（0～2个/HPF），Hp（-）。③十二指肠黏膜重度慢性炎，固有层见大量淋巴细胞、浆细胞，偶见嗜酸性细胞（0～2个/HPF），Hp（-）。全消化道造影：未见明显异常。腹部增强CT：未见明显异常。脑电图：无异常。骨髓细胞检测报告：无明显异常。听力测试：无异常。血尿串联质谱：未发现明显异常。

2016年7月北京儿童医院胃镜：下段食管炎，慢性胃炎。24小时食管pH检测：未见病理性反流。头颅MRI：髓鞘化不全？

2018年7月上海儿童医院血常规：白细胞总数4.72×10⁹/L，血红蛋白119g/L，血小板总数279×10⁹/L，中性粒细胞百分比39.0%，淋巴细胞百分比52.1%，C反应蛋白<5mg/L。抗核抗体均阴性；过敏原阴性。C13呼气实验0.1dpm/nmol。血串联质谱：所测氨基酸和酰基肉碱未见显著异常。头颅MRI脑功能成像（DWI）3.0：①两侧脑室后角旁异常信号影，髓鞘化终末期可能，建议颅脑增强MRI检测。②中间帆腔扩大。腹部CT（平扫+增强）及三维成像：肠系膜上动脉夹角较小，必要时MRI检查；盆腔CT（平扫+增强）及三维成像：肠郁张，余盆腔CT平扫+增强未见明显异常。请结合临床，必要时MRI检查。脑电图：未见异常。胃镜：①慢性浅表性胃炎；②胃窦部隆起性病变（活检夹除+APC治疗）。肠镜：所检肠段未见明显异常。胃镜病理检查报告：胃窦隆起处（胃窦）慢性轻度非萎缩性胃炎，Hp（-）。嗜酸性细胞0～1个/HPF。

中医诊断：呕吐（胃失和降型）。西医诊断：①周期性呕吐；②非萎缩性胃炎。

治法：健脾和胃降逆。

处方：法半夏9g、炒白术9g、茯苓9g、党参9g、火麻仁9g、炒赤芍9g、刺猬皮12g、炒枳壳6g、竹茹12g、黄芩9g、鸡内金6g、陈皮6g、炙甘草3g。14剂。

二诊：2018年8月1日。呕吐渐平，纳稍启，形体较瘦，寐迟，大便每日一行，舌红，苔薄白，脉缓无力。治拟原法。

处方：前方去党参、炒枳壳，加太子参9g、炒枣仁9g、石斛（先煎）6g。14剂。

三诊：2018年8月17日。呕吐时作时缓，有口水，多痰，纳少，形瘦，神怠，寐迟，舌红，苔薄白，脉缓无力。治拟原法。

处方：前方减黄芩剂量至6g，去火麻仁、炙甘草、石斛，加夜交藤

12g、远志12g、炒枳壳6g。14剂。

四诊：2018年8月29日。呕吐渐缓，口水较多，形体较瘦，寐迟，舌红，苔薄白，脉缓无力。

处方：前方加川桂枝6g。14剂，诸症缓解。

领悟 周期性呕吐又称再发性呕吐，是一种顽固性的呕吐，属于胃肠道功能性疾病，是一种发作性恶心、呕吐，可伴有头痛、腹痛、疲乏等不适，持续数小时或数天后症状好转或消失，进入间歇期可不表现任何症状，症状如此反复循环的周期性疾病。本病可发生在所有年龄段，多从孩童时期起病，在青春期好转或自愈，也可以延迟到成人期起病，未见明显的性别差异。

周期性呕吐按临床表现分为前驱期、呕吐期、恢复期、间歇期四个阶段，其中以前驱期、呕吐期、恢复期为发作期，间歇期为无症状期，如此反复循环，6个月内至少发作2个周期以上。前驱期：可由情绪波动（如应激、压力过大、过度悲伤等）、过敏、呼吸道感染、进食改变等引起，可表现为突然大汗淋漓、面色苍白、恶心等不适，可伴或不伴有腹痛，一般持续数分钟至数小时；呕吐期：进入该期后主要表现为恶心、呕吐及干呕，一般伴有激烈的腹痛，可伴有自主神经功能症状，如头痛、晕眩、畏光、高血压等，可持续数小时至数天；恢复期：当呕吐症状逐步好转，甚至不出现呕吐时，胃口可逐渐或立即恢复；间歇期：同健康儿童一样，可不表现任何症状。

目前周期性呕吐尚未有标准管理规范治疗指南。因发病机制暂不明确，故大多数以经验性治疗为主。多数采用一些抗过敏、止吐剂、抗抑郁药等，这些药物在治疗上多能取得一定疗效，但复发率高，且副作用明显。俞师将此病归属为"呕吐"范畴，其基本病机为"胃失和降、气机上逆"。予以六君子汤加减，以健脾行气、燥湿止吐，其中半夏入脾胃经，具有燥湿健脾、和胃降逆，且有和胃安神之用。脾虚失运，久病必积滞，予以鸡内金消食化积。脾虚容易肝旺，配以赤芍抑制肝木，预防肝木乘脾土。刺猬皮化瘀止痛止血之效专，俞师常用此药改善胃脘疼痛。黄芩清热燥湿。竹茹清热止呕化痰。患儿口水较多，俞师认为脾主涎，与脾胃虚寒有关，故在四诊时加入桂枝、和茯苓、炒白术、炙甘草，有苓桂术甘汤温阳化饮之意。又桂枝合赤芍有仿小建中汤温中补虚之意。中医治疗不仅能改善症状，巩固疗效，且中医药治疗使用方便，治疗简单，费用相对较低，患者依从性好。

点评 这是一种比较少见的呕吐病种，按其临床表现，当属于脾胃虚寒之呕吐，因禀赋虚弱，寒凉剋伐太过，脾胃失和，中阳不足，或因过食生冷瓜果，冷积中脘，中阳式微，胃寒不纳而致吐。"胃不伤不吐"，治吐必先养胃，故首用六君子汤健脾胃化寒湿，后用温胆汤和中降逆，妙在加刺猬皮一味，行气止痛，活血化瘀，入胃止吐。由于病程已多年，反复不已，又能自然缓解，故中药是否有良效，尚需进一步观察。

（许先科　俞景茂）

七、疏风宣肺，豁痰平喘治闭塞性毛细支气管炎案

盛某，女，4岁。

首诊：2018男10月24日。主诉：反复咳嗽6个月。现病史：患儿6个月前因咳嗽伴有发热，诊断："①急性重症肺炎；②双侧胸腔积液"。当时在浙江省儿童医院住院治疗（2018年4月15日至2018年4月27日），经抗感染及对症治疗后，好转住院。5月1～8日因"①急性支气管肺炎；②腺病毒感染"于浙江省儿童医院住院治疗，好转出院。5月12～23日因"①急性重症肺炎；②肝功能损害"，住院治疗后好转出院。出院时两肺仍可闻及少许湿啰音。咳嗽仍然迁延不愈，再次于浙江省儿童医院就诊，查胸部CT（2018年10月9日）：闭塞性支气管炎伴支气管扩张，目前伴有炎症及右肺中叶实变不张。于10月10日在全麻下行纤维支气管镜检查及肺泡灌洗术，术中纤维支气管镜印象：支气管炎性病变，灌洗液涂片未找到细菌，未找到真菌，未找到抗酸杆菌。10月15～22日因"①急性支气管肺炎；②闭塞性（毛）细支气管炎；③支气管扩张；④肺不张"再次于浙江省儿童医院住院治疗。目前西医没有更好的办法治疗该病。故请俞师中医治疗。刻下：咳嗽仍有，咳痰不畅，活动后气短、喘促、汗出明显，无发热，口不渴，二便无殊，面色欠华，咽红，扁桃体Ⅰ°肿大，双肺呼吸音粗，可闻及哮鸣音，腹软不胀，肝脾肋下未及肿大，神经系统未见阳性体征，舌质红，苔薄白，脉滑数。

辅助检查：血常规（2018年4月15日）提示：白细胞总数3.45×10^9/L，中性粒细胞百分比77.6%，淋巴细胞百分比20.3%，血红蛋白140g/L，血小板总数195×10^9/L，C反应蛋白100.95mg/L。胸部CT（2018年4月14日）：肺炎。胸片（2018年4月18日）：双侧肺炎，双侧胸腔积液。胸部CT（2018年5月7日）：肺炎，两肺透亮度欠均匀。血常规（2018年5月11日）：白细胞总

数6.15×10⁹/L，中性粒细胞百分比60.4%，淋巴细胞百分比24.6%，血红蛋白123g/L，血小板总数346×10⁹/L，C反应蛋白＜1.56mg/L。肝功能（2018年5月11日）：谷丙转氨酶676U/L。胸部CT（2018年10月9日）：闭塞性支气管炎伴支气管扩张，目前伴有炎症及右肺中叶实变不张。血常规（2018年10月15日）：白细胞总数4.8×10⁹/L，中性粒细胞百分比35.8%，淋巴细胞百分比47.7%，血红蛋白128g/L，血小板总数213×10⁹/L，C反应蛋白＜0.5mg/L。肺炎支原体RNA测定（2018年10月15日）：阴性。腺病毒抗体测定（2018年10月15日）：阴性。72小时PPD实验（2018年10月15日）：阴性。血培养（2018年10月15日）：阴性。肺炎支原体血清实验（2018年10月18日）≥1∶320。

中医诊断：肺炎喘嗽（痰热壅肺型）。西医诊断：急性支气管肺炎，闭塞性（毛）细支气管炎，支气管扩张，肺不张。

治法：清肺化痰，活血通络。

处方：炙麻黄2g、杏仁6g、浙贝6g、地龙6g、川贝3g、法半夏6g、陈皮6g、黄芩6g、瓜蒌皮6g、丹参6g、桑白皮6g、蝉衣3g、三叶青4.5g、野荞麦根9g、茯苓6g、炙甘草3g。14剂。

二诊：2018年11月7日。咳嗽渐平，喘鸣渐止，胃纳欠佳，双肺呼吸音粗，未闻及干湿啰音，舌红，苔薄白，脉滑数。治拟前法加减。

处方：前方去地龙、陈皮、瓜蒌皮、丹参、蝉衣、三叶青、野荞麦根、茯苓，加冬花6g、地骨皮6g、生山楂6g、鸡内金6g、橘络3g、玉竹6g、北沙参6g。14剂。

三诊：2018年11月21日，咳嗽已平，大便日3次，成形，偶有尿床，双肺呼吸音粗，未闻及干湿啰音，舌红，苔薄白，脉滑数。治拟前法加减。

处方：炙麻黄2g、杏仁6g、浙贝6g、冬花6g、桑白皮6g、法半夏6g、陈皮4.5g、黄芩6g、玉竹6g、川贝3g、菟丝子6g、北沙参6g、桑螵蛸12g、生山楂6g、炒鸡内金6g、炙甘草3g。14剂。

四诊：2018年12月5日。患儿无明显咳嗽，大便溏，小便未约，双肺呼吸音粗，未闻及干湿啰音，舌红，苔薄白，脉滑数。治拟健脾化痰补肾。

处方：党参6g、炒白术6g、茯苓6g、陈皮6g、焦六神曲6g、焦山楂6g、辛夷（包）6g、蝉衣3g、菟丝子6g、桑螵蛸12g、巴戟天6g、炙麻黄3g、鸡内金6g、浙贝6g、砂仁（后下）6g、炙甘草3g。7剂。

经过阶段性治疗，目前病情稳定。

浙江中医临床名家·俞景茂

领悟 闭塞性支气管炎临床表现可为反复咳嗽、喘息、气促，或者呼吸困难、间断发热等。当闭塞性支气管炎病变部位为细支气管时，可为反复咳嗽、喘息、气促，可见三凹征阳性，呼吸频率增快，双肺听诊可闻及喘鸣音及湿啰音。当病变累及中、小气道时，通常多表现为单侧肺不张，存在气促、呼吸困难等症状。本病是气管黏膜下或者外周炎性细胞浸润及纤维化等不可逆的病理改变，使管腔狭窄、气流受限的一种慢性气流阻塞综合征。重症肺炎感染后易并发闭塞性支气管炎，其预后主要与潜在的病因和对肺最初的损伤程度相关，故一般认为早期阶段是临床治疗的关键时期，可阻断或延缓疾病的进程；一旦发生不可逆的纤维化及气道阻塞，药物治疗预后不佳。目前认为本病无法治愈，但药物联合介入治疗短期疗效显著，使症状缓解期延长。

闭塞性支气管炎在中医学中归类于"咳嗽""喘证""肺炎喘嗽"等范畴。小儿脏嫩，形气未充，其肺、脾、肾均较成人不足，遇外邪而易诱发。该患儿短短6个月已经住院5次，其中2次为重症肺炎，伴有腺病毒感染，每次均以外感发热而诱发，正邪交争，火热充斥体内，进而伤津耗液导致气血亏虚，阴阳平衡失调。该患儿外邪主要侵袭毛细支气管，故临床可见反复咳嗽、喘息、气促，双肺听诊可闻及喘鸣音及湿啰音。肺失宣肃而为咳嗽，邪郁化热，热灼津液而为痰，痰气交阻于气道，痰随气生，气因痰阻，相互搏击，气机升降不利，以致气息喘促，喉间痰鸣。舌红，苔薄白，脉滑数，为痰热壅肺之象。俞师首诊以定喘汤宣肺化痰平喘合小陷胸汤辛开苦降加强化痰功效，久病入络、久病必瘀，故首诊予以地龙通络平喘，丹参活血化瘀。二、三诊时咳喘已经明显缓解，应该注意适时扶正祛邪，故在定喘汤基础上加北沙参、玉竹、川贝养肺阴，菟丝子补肾纳气而不热，有助于提高正气。四诊时诸症渐平，予以健脾化痰补肾治法，目前病情平稳，要注意肺为娇脏，不耐寒热，每次患儿就诊时俞师都要叮嘱患儿家长要仔细护理，避免寒冷，注意预防感冒。

点评 西医治疗棘手之处，也是中医发挥优势之时，根据西医的检测，不囿于西医结论，按中医药的理法方药，辨证论治，可以取得意想不到的疗效，此例完全治愈还需要等待时日。

（许先科　俞景茂）

八、和法治胸腔积液合并化脓性中耳炎案

郑某，男，4岁。

首诊：2009年8月19日。主诉：咳嗽1月余，右耳流脓3天。现病史：1月余前因咳嗽、发热在某院就诊，拟诊为"支原体肺炎、胸腔积液"住院25天，出院后2天出现耳痛、右耳流脓，又至该院就诊，拟诊为"化脓性中耳炎"。现症：仍有咳嗽，呈单声咳，右耳流脓，面少华，多汗，纳少，二便尚调，咽稍红，听诊无殊，舌红，苔薄白，脉浮数。既往史：住院期间曾用红霉素、阿奇霉素、激素等，近3日青霉素静脉滴注治疗。辅助检查：胸片示肺炎、胸腔积液。支原体抗体阳性。

中医诊断：①咳嗽（肺脾气虚、邪热留恋型）；②脓耳（邪热内蕴型）。西医诊断：①支原体肺炎恢复期伴胸腔积液；②化脓性中耳炎。

治法：和解表里，豁痰化瘀。

处方：柴胡6g、黄芩9g、浙贝9g、瓜蒌皮6g、炙冬花6g、茯苓9g、化橘红6g、鲜石斛（先煎）12g、北沙参9g、生山楂9g、牡丹皮6g、杏仁12g、法半夏6g、银花9g、皂角刺9g、炙甘草3g。7剂。

二诊：咳嗽减少，夜汗多，右耳流脓好转，纳可，大便尚润，咽稍红，听诊无殊，舌红，苔薄白，脉浮数。治拟清肃肺气，豁痰化瘀。

处方：杏仁12g、鲜芦根20g、地骨皮9g、生米仁12g、浙贝9g、川贝3g、瓜蒌皮6g、牡丹皮6g、丹参9g、皂角刺9g、黄芩6g、野荞麦根9g、稽豆衣9g、北沙参9g、炙甘草3g。4剂。

三诊：咳嗽好转，多汗，纳启，大便已调，耳痛解，听诊无殊，舌红，苔薄白，脉浮数。拟原法清肃肺气，豁痰化瘀。

处方：前方去鲜芦根、生米仁，加炙冬花6g、桑白皮6g。7剂。

四诊：咳嗽渐平，汗减，耳痛解，听诊无殊，舌红，苔薄白，脉浮数。

处方：上方去瓜蒌皮、稽豆衣、皂角刺、野荞麦根，加制玉竹6g、百合9g、茯苓9g、生米仁12g。7剂。

五诊：咳嗽渐平，鼻稍塞，有喷嚏，纳欠佳，咽稍红，听诊无殊，舌红，苔薄白，脉浮数。治拟补益肺脾，化湿泄浊。

处方：北沙参9g、杏仁6g、铁皮石斛（先煎）6g、茯苓9g、炒白术6g、浙贝9g、生米仁12g、黄芩6g、生黄芪6g、炙冬花6g、辛夷6g、制玉竹6g、丹参6g、生山楂6g、炙甘草3g。14剂。

浙江中医临床名家·俞景茂

六诊：咳嗽已平，鼻塞解，纳稍启，听诊无殊，右耳流脓无复发，舌红，苔薄白，脉浮数。治拟补气固表，调理脾胃。

处方：太子参6g、茯苓9g、炒白术6g、陈皮4.5g、法半夏6g、生黄芪6g、铁皮石斛（先煎）6g、炒麦芽12g、生山楂6g、鸡内金6g、炙甘草3g、大枣12g。7剂。

七诊：咳嗽已平，纳仍少，体力改善，听诊无殊，面色少华，舌红，苔薄白，脉浮数小。治拟原法再守。

处方：前方加杏仁6g、浙贝9g。7剂。

八诊：咳嗽已平，纳食略增，体力改善，体重增加，不易入睡，听诊无殊，舌红，苔薄白，脉浮数。治拟补益肺脾，平肝宁神。

处方：上方去炒麦芽、杏仁、浙贝，加炒枣仁9g、远志4.5g、丹参6g。

领悟 本例为咳嗽、急性脓耳的治疗验案。

患儿支原体肺炎伴胸腔积液，经西医治疗近1个月后逐渐好转，身热已退，但因支原体感染病程较长，邪毒留恋，迁延日久，咳嗽反复不愈，且患儿面色不华，汗出较多，神疲纳差，一派肺脾气虚之象。此由于邪毒壅盛，加之大量抗生素使用，病程迁延日久，致患儿正气受损较剧所致，故本证乃肺炎恢复期，在标为痰热咳嗽，其本为肺脾不足。患儿又因正虚邪毒滞留于耳，日久邪热阻络而成瘀，毒瘀互结与内生之脾湿相合腐肉成脓，而致耳窍流脓，并发化脓性中耳炎。

患儿病情迁延日久，肺脾气虚，毒瘀阻络，肺气失宣，耳窍不利。正气虚弱，外邪留恋，表里失和，枢机失利，治疗遵循"驱邪不忘扶正"的原则，初期当以小柴胡汤加减和解表里，豁痰化瘀为先，初诊以小柴胡汤和解表里，杏仁、浙贝、炙冬花宣肺，银花清热，化橘红、瓜蒌皮、茯苓化痰；以鲜石斛、北沙参养阴润肺；以皂角刺消肿排脓，共奏和解表里，豁痰化瘀之功。三诊后咳嗽、耳痛流脓好转，邪热渐清，逐减清热宣肺之品，加牡丹皮、丹参、野荞麦根等以增活血化瘀之功，并加地骨皮、桑白皮佐以清养肺阴，稽豆衣以健脾利湿、益阴敛汗。五诊后随着咳嗽渐平，汗减，耳痛亦解，渐去化痰、敛汗、祛瘀、排脓之药，加制玉竹、百合、茯苓、生米仁以补益肺脾，化湿泄浊。六诊后外邪已清、湿浊也去，故以玉屏风散加益气健脾之剂守方治从中调。使患儿诸症皆平，纳食增加，体力改善，体重增加，日趋康复。

本例为本虚标实，邪毒留恋之证。治疗中在祛邪的同时始终不忘扶正，随邪去而逐渐增加补益肺脾之力，使本固而邪不能再受，以防"急性脓耳"迁延反复成"慢性脓耳"。

点评 本案初诊时病情较为复杂，支原体肺炎、胸腔积液、脓耳，已住院一月余，抗生素、激素全用上了，症状体征依旧不减，转看中医。用中药治疗能否起效是对中医、中医师、中药的挑战，此时要迎难而上，力求取得良好的疗效，以取信于患儿家长。

为了稳定病情，在错综复杂的证候中找到一个妥当的治法，迎刃而解是不容易的，此时可大胆地用和解少阳之法来和解表里，调和营卫，外疏里清，扶正托毒，故用小柴胡汤加味治之，使"上焦得通，津液得下，身濈然汗出而解"；二诊时咳嗽加重，清肺为先；五诊时正虚突显，又拟养胃阴补肺气收功，是为"药随病转"。

经过两个多月的调治，终于稳定了病情，胸片提示：①炎症吸收；②胸腔积液消失，患儿逐渐康复。

（陈 华 俞景茂）

九、疏风利咽治喉源性咳嗽案

何某，男，7岁1个月。

首诊：2018年7月18日。主诉：咳嗽1月余。现病史：患儿1月余前开始咳嗽，为阵咳，有痰难咳，无发热，无气促喘息，无呕吐腹泻。曾于外院服用抗生素、止咳糖浆治疗，无明显效果。现时阵咳，咽喉不利，时有清嗓音，咽痒，纳差，二便尚调，咽稍红，心肺听诊无异常，舌红，苔薄白，脉浮数。辅助检查：胸部X线片示心肺膈未见明显异常。

中医诊断：喉源性咳嗽（肺蕴痰热型）。西医诊断：变应性喉炎。

治法：清肃肺气，宣肺利咽。

处方：桔梗6g、炙紫菀6g、荆芥6g、百部6g、陈皮6g、杏仁6g、白前6g、浙贝6g、川贝粉3g、炙冬花6g、蝉衣3g、炙麻黄2g、黄芩6g、三叶青6g、木蝴蝶4.5g、威灵仙6g、炙甘草3g。10剂，水煎服，每剂两服，每服100ml，两餐间服。

二诊：2018年8月1日。咽红未已，扁桃体Ⅰ～Ⅱ°肿大，时有清嗓音，伸颈阵咳，纳可，听诊心肺无异常，舌红，苔薄白，脉浮数。治拟原法。

处方：前方去杏仁、白前、浙贝、炙冬花、木蝴蝶、威灵仙，加前胡6g、野荞麦根12g、葶苈子（包煎）4.5g、北沙参6g。14剂。

三诊：2018年8月15日。鼻塞声哑，咳未已，咽稍红，扁桃体Ⅰ°肿大，舌红，苔薄白，脉浮数。治拟原法。

处方：前方去三叶青、野荞麦根、葶苈子、北沙参，加杏仁6g、浙贝6g、炙冬花6g、木蝴蝶4.5g、金银花6g。7剂。

四诊：2018年8月22日。干咳略有，纳可，咽稍红，扁桃体Ⅰ°肿大，舌红，苔薄白，脉浮数。治拟原法。

处方：前方去前胡、木蝴蝶、金银花，加北沙参6g、三叶青6g、威灵仙6g。7剂。

领悟 喉源性咳嗽这一病名由干祖望教授基于"喉为肺系"的理论于20世纪80年代首创，是以阵发性咽喉干痒，咳嗽无痰、或痰少、或咽异物感为主要表现的咽喉部疾病，属于中医学"久咳、咽痒、慢喉痹"范畴。发病前多有慢性咽喉炎病史和上呼吸道感染病史，病程迁延，经久难愈。西药治疗以抗生素、糖皮质激素吸入为主，疗效欠佳。

本例患儿1月余前因外感风邪出现咳嗽，但风邪留滞咽喉，风胜则咽痒；反复外感，肺经郁热，煎熬津液，聚而成痰，痰热蕴肺，肺气失于宣降，气道不利，咳嗽日久难清，迁延不愈。俞师习以止嗽散加减治疗。方中以百部为君，止咳化痰；葶苈子清泻肺热，降逆止咳；浙贝、川贝止咳化痰；炙麻黄宣肺解痉。患儿病在咽喉，故加桔梗、木蝴蝶、三叶青、威灵仙等利咽；北沙参滋阴润喉。咽痒作咳是其主症，故予荆芥、蝉衣加强疏风抗过敏作用。止嗽散化痰降气，温而不燥、润而不腻，灵活加减，而奏全功。

点评 喉源性咳嗽，也称变应性喉炎，随着大气污染加重，过敏因素的增多，目前患病率有升高趋势，因本病与过敏体质相关，有进一步发展为哮喘的可能，故治疗需与普通咳嗽相区别，治以清肃肺气，疏风抗过敏，并应先证而治，预防发生哮喘可能。嘱咐患儿忌食肥甘厚味辛辣之品，避免接触变应原。

（任　昱　俞景茂）

十、消补兼施治鼻鼽（过敏性鼻炎）案

俞某，女，9岁3个月。

首诊：2018年7月11日。主诉：鼻痒流涕约1周。现病史：鼻痒，多清涕，目亦痒，在游泳锻炼中，咽稍红，无发热，无咳嗽，无气促喘息，胃纳一般，大小便无殊。咽部充血，双肺呼吸音粗糙，未闻及啰音，心腹无殊，舌红，苔薄白，脉浮数。既往有鼻炎史，为过敏性体质，对"粉尘螨"有过敏。

中医诊断：鼻鼽（本虚标实，寒热错杂型）。西医诊断：过敏性鼻炎。

治法：疏风散寒，温肺通窍，健脾益气。

处方：辛夷6g、蝉衣3g、白芷6g、川芎4.5g、炙麻黄2g、黄芩6g、黄芪6g、太子参6g、炒白术6g、三叶青6g、浙贝6g、荆芥6g、细辛2g、炙甘草3g。7剂。

二诊：2018年8月1日。鼻痒，多涕，咽稍红，在游泳锻炼中，纳可，寐尚可，舌红，苔薄白，脉浮数。

处方：桔梗6g、炙紫菀6g、炙百部6g、荆芥6g、陈皮6g、前胡6g、白前6g、川贝3g、法半夏6g、北沙参6g、黄芩6g、蝉衣3g、生山楂6g、当归4.5g、茯苓9g、炙甘草3g。7剂。

三诊：2018年8月11日。晨起鼻涕渐少，游泳始停，纳可，舌红，苔薄白，脉浮数。

处方：辛夷6g、蝉衣3g、荆芥6g、炙麻黄2g、黄芩6g、三叶青6g、太子参6g、炒白术6g、茯苓9g、杏仁6g、浙贝9g、炙甘草3g。7剂。

领悟 过敏性鼻炎又称变态反应性鼻炎，临床以鼻痒、流涕、喷嚏、鼻塞为主症，常经年累月，缠绵难愈，属中医"鼻鼽"范畴，亦有"鼽嚏"之称。《素问玄机原病式》曰："鼽者，鼻出清涕也。"本虚标实、寒热夹杂是本病的基本病机，过敏性鼻炎患儿多素体阳气不足，肺气虚弱，反复外感，肺失清肃功能，以致邪滞鼻窍，或脾虚难以运化水湿，失去升降浊之职，湿浊滞留鼻窍，壅阻脉络，气血运行不畅所致。风邪致病是过敏性疾病的共同特点。"风善行而数变"，因此治疗时需注意祛除风邪，宣畅肺气。病久入络成瘀，且"治风先治血，血行风自灭"，应酌加活血化瘀之品。俞师急性期多以《严氏济生方》苍耳子散加减疏风通窍，迁延期常用小柴胡汤表里双解，缓解期则用玉屏风散合四君子汤、六君子汤加减健脾固表，疏风养血活血药物常贯穿其中。

该患儿既往有鼻炎史，初诊时新感又起，素体肺脾不足，为过敏体质，呈本虚标实，寒热夹杂之征象。俞师治疗予消补兼施，标本兼顾，既投以辛温辛凉并剂疏通鼻窍，又补肺健脾，并适加活血疏风之品，与小儿"易寒易热、易虚易实"的病理特点甚为合拍。

点评 鼻鼽常因感冒引起，感冒时常伴有鼻鼽症状，若无外感表证，仅见鼻塞、多嚏、涕清、作痒诸症时当诊为鼻鼽。鼻鼽多因风寒所致，故以疏风散寒为第一要务，注意寒从热化，久病入络，故适加辛凉之味，活血通络之品。

游泳锻炼对肺功能的强健有一定的帮助，但鼻鼽症状明显时不建议游泳，尤其是立秋后天气转凉之时，天人合一，水温变凉，继续游泳对鼻鼽恢复不利。

（任　昱　俞景茂）

十一、补益肝肾，活血利水治膝关节滑膜炎案

张某，男，6岁。

首诊：2018年6月27日。主诉：左膝肿胀粗壮作疼2月余。现病史：患儿2月余前游泳后出现左侧膝关节肿胀疼痛，伴有活动受限，外院诊断为膝关节滑膜炎，予以膝关节腔抽液、注射玻璃酸钠等治疗，疗效不佳。现患儿左膝关节肿胀，疼痛，活动受限，伴鼻塞有涕。咽稍红，左膝关节肿大，有波动感，疼痛拒按，活动受限，舌红，苔薄白，脉浮数。辅助检查：左膝关节磁共振提示左膝关节腔积水，考虑左膝关节滑膜炎。

中医诊断：鹤膝风（肝肾两虚型）。西医诊断：左膝关节滑膜炎。

治法：补益肝肾，活血利水。

处方：桑寄生12g、怀牛膝6g、川断10g、炒赤芍9g、生地黄15g、当归6g、鸡血藤9g、薏苡仁12g、刺五加12g、茯苓9g、生黄芪6g、炙甘草3g。7剂。

二诊：2018年7月4日。患儿近日罹患手足口病，经治疗后已好转，左膝酸痛，多汗，纳可，手足少量皮疹，咽稍红，左膝关节仍肿胀、拒按，活动受限，舌红，苔薄白，脉数。治以疏风清热，兼利水消肿。

处方：银花6g、连翘6g、淡竹叶6g、三叶青6g、荆芥6g、大力子6g、豆豉10g、桔梗6g、黄芩6g、蝉衣3g、生山楂6g、北沙参6g、薏苡仁12g、炙甘草3g。14剂，嘱勿久煎。

三诊：2018年7月18日。手足口病已愈，唯咽不利，时有清嗓音，两膝酸痛，活动不利，未见皮疹，咽稍红，左膝关节仍肿胀、拒按，活动受限，舌红，苔薄白，脉数。治拟健脾利水，益气消肿。

处方：北沙参9g、炒白术9g、茯苓9g、炒赤芍6g、当归6g、薏苡仁12g、怀牛膝9g、桑寄生9g、川断9g、鸡血藤12g、生黄芪6g、炙甘草3g。14剂。

四诊：2018年8月1日。两膝酸楚初平，活动已正常，咽喉不利，纳可，咽稍红，扁桃体肿大Ⅰ～Ⅱ°，舌淡红，苔薄白，脉略数。治拟原法。

处方：前方去北沙参、桑寄生，加太子参9g、杜仲9g、三叶青6g、忍冬花12g。14剂。

五诊：2018年8月15日。膝关节肿痛初已，活动自如，准备上小学，纳可，舌淡红，苔薄白，脉略数。

处方：前方去太子参、杜仲、三叶青，加桑寄生12g、生地黄12g、刺五加9g。7剂，基本痊愈。

领悟 滑膜炎属于中医"痹证""鹤膝风"范畴，主要由外伤或劳损所致。《杂病源流犀烛》曰："忽然闪挫，必为气之震，震则激，激则壅，壅则气之周流一身者，忽因所壅而聚之一处……气壅在何处，则血亦凝在何处。"因"膝为筋之府"，可由于外感风、寒、湿、热邪气，或慢性劳损，跌打扭创，引起关节气血痹阻，津液输布不畅，痰湿内聚，"湿胜则肿"。在急性期出现关节红肿热痛，活动不利。缓解期关节轻微肿痛，屈伸僵着。慢性久病不愈，反复发作，关节软骨及软骨下骨质破坏，出现关节变形，功能活动严重障碍等。治疗以利水渗湿，活血化瘀为主。脾主肌肉、四肢，主运化；肝主筋，藏血；肾主骨，主髓，故本病多与脾、肝、肾三脏相关。

本例垂髫小儿，活泼好动，可能于玩耍时不慎伤及膝部，气滞血凝，阻于膝部，复因受寒，故而肿胀作痛，因素体脾肝肾不足，水液失于正常输布，因此关节肿胀日久难愈。治以桑寄生、怀牛膝、川断、生地黄补肝肾，强筋骨；薏苡仁、刺五加健脾益肾，活血利水；炒赤芍、当归养血活血生血；鸡血藤、忍冬藤活血舒筋通络；北沙参、生黄芪益气行水；茯苓、炒白术健脾化湿；小剂量炙甘草调和诸药。既顾护脾肝肾先后天之本，强肌健骨，又注重行气利水，活血通络，体现了标本兼顾之意。过程中又罹患手足口病，治以银翘散加减以疏风清热透邪，仅以一味生米仁利湿消肿，待他病治愈后，复以原法为治，终至获效。

浙江中医临床名家·俞景茂

点评 记得患儿在2年前就患此病，辗转各地医治仍两膝关节漫肿，行走困难，不能下地，诊为膝关节滑膜炎。当年用《外科全生集》阳和汤之意，取熟地黄补肾阴、鹿角胶补肾阳、炙麻黄散寒发表，调治数月而愈。本次是夏日游泳后病情复发，稍肿，行动不便，将上小学而前来就诊，故用独活寄生汤加减补气血、疏风湿而取效。

（桑　杲　俞景茂）

十二、健脾行气逐水治精索睾丸鞘膜积液案

郑某，男，1岁10个月。

首诊：2018年1月24日。主诉：发现右侧精索、睾丸鞘膜积液1周。现病史：患儿1周前呕吐、腹泻后发现右侧阴囊肿大，有波动感，经治疗后呕吐、泄泻已愈，唯积液难以消除。刻下见右侧阴囊肿大，无疼痛，无发热，纳差，二便尚调，咽红，右侧阴囊肿大，有波动感，皮温不高，色不红，触之无哭吵，透光试验阳性，舌红，苔薄白，脉浮数。B超检查提示：右侧精索、睾丸鞘膜积液。

中医诊断：水疝（脾虚湿阻型）。西医诊断：右侧精索、睾丸鞘膜积液。

治法：健脾行气利水。

处方：太子参6g、炒白术6g、茯苓9g、泽泻6g、猪苓6g、焦山楂6g、炒鸡内金6g、菟丝子6g、炒小茴香6g、荔枝核9g、青皮3g、黄芪6g、炙甘草3g。7剂，水煎服，每剂两服，每服60ml，两餐间服。

二诊：2018年6月20日。右侧精索鞘膜积液未消，伴咳嗽，声音嘶哑，纳可，舌红，苔薄白，脉浮数。治拟健脾利水。

处方：党参6g、炒白术6g、茯苓9g、黄芪6g、泽泻6g、车前子（包煎）6g、炒赤芍6g、法半夏6g、砂仁（后下）6g、炒小茴香6g、荔枝核9g、青皮2g、炙甘草3g。7剂，煎服法同前。

三诊：2018年6月27日。右侧精索鞘膜积液较前有吸收，纳可，舌红，苔薄白腻，脉濡数。治拟原法。

处方：前方加乌药4.5g、生山楂6g。7剂，煎服法同前。

四诊：2018年7月4日。右侧精索、睾丸鞘膜积液渐渐吸收，纳可，舌

红，苔薄白，脉濡。继以原法治疗。

处方：前方去法半夏、炒小茴香、乌药、生山楂，加怀牛膝6g。14剂，煎服法同前。

五诊：2018年7月18日。纳减，厌食状，大便曾溏，右侧精索、睾丸鞘膜积液有吸收，舌红，苔薄白，脉浮数。

处方：前方去党参、炒赤芍、怀牛膝、青皮，加太子参6g、陈皮6g、炒麦芽12g、生山楂6g、菟丝子6g、炒小茴香6g、红枣9g。煎服法同前，14剂后鞘膜积液已吸收。

领悟 鞘膜积液是指鞘膜腔内积聚的液体超过正常量而形成的囊肿，可发生于任何年龄，西医常予手术治疗。本病中医称为"水疝"，出自《儒门事亲》，多因水湿之气下注，厥阴肝经之脉不得疏利，复受风寒湿邪所致。临床表现为阴囊一侧或两侧肿大如水晶、不红不热、下控睾丸、上引小腹，若寒湿之邪，久郁化热，亦可见阴囊红肿、小便短赤等症。本例患儿治以太子参、炒白术、茯苓、泽泻、猪苓健脾化湿利水，乃合五苓散之意；荔枝核入肝经，味辛能行，味苦能泄，性温祛寒，有疏肝理气、行气散结、散寒止痛之功，与小茴香、青皮同用，取效荔核散（《世医得效方》），功专寒凝气滞之睾丸肿痛；生黄芪益气升阳，菟丝子温补脾肾，两药合用"益火之源以消阴翳"；焦山楂、炒鸡内金消食健脾，炙甘草益气建中以复脾运，诸药合用，共奏健脾行气利水之效。

因中药喂服困难，患儿时隔半年后方再次就诊，鞘膜积液未消，仍以原法治疗。因病程日久，改太子参为党参，加强益气行水之力；加用车前子清热利水；因有咳嗽、咽喉肿痛，加炒赤芍凉血消肿，法半夏、砂仁醒脾化湿祛痰。三诊时鞘膜积液减少，然苔腻、脉濡，加用乌药温中散寒，暖肾行气；生山楂消食化滞，行气散结。四诊积液渐消，咳嗽诸症已愈，去半夏、乌药，改用牛膝加强利水之效。五诊时胃纳减少，厌食，大便曾有溏泄，改党参为太子参气阴双补，加用陈皮、炒麦芽以醒脾开胃；菟丝子温肾补脾，继服14剂后鞘膜积液得以吸收。

点评 精索、睾丸鞘膜积液是先天肾气不足、水湿潴留精索睾丸所致，所以要以后天补先天，以健脾渗湿、疏肝理气为治。此方甘平养胃、淡渗利湿、疏肝解郁、补气利水，需久服方效。

（桑 杲 任 昱 俞景茂）

十三、养血疏风治特应性皮炎案

周某,女,3岁。

首诊:2009年4月7日。主诉:反复皮肤湿疹2年余。现病史:皮肤湿疹反复发作,皮肤粗糙脱屑作痒,以肘弯、膝弯为甚,经内外治疗后渗出好转,咽喉不利,纳欠佳,白日神疲乏力,夜间睡眠不安,形体较瘦,皮肤粗糙脱屑,咽稍红,舌红,苔薄白,脉濡缓。辅助检查:过敏原示粉尘螨阳性,血IgE升高。

中医诊断:顽湿(血虚风燥型)。西医诊断:特应性皮炎。

治法:养血疏风,兼健脾化湿,方用消风散加减。

处方:白鲜皮6g、蝉蜕4.5g、荆芥6g、炒赤芍6g、生地黄12g、丹参6g、薏苡仁12g、茯苓9g、天麻6g、牡丹皮6g、火麻仁12g、北沙参6g、黄芪9g、大枣12g、炙甘草3g。7剂。

二诊:2009年4月21日。皮肤顽湿瘙痒未已,肘弯、膝弯有少许渗出,粗糙脱屑作痒,纳可,夜寐欠安,咽稍红,舌红,苔薄白,脉滑数。治拟养血疏风,清热除湿。

处方:白鲜皮6g、秦艽4.5g、乌梢蛇12g、蝉蜕3g、荆芥6g、生地黄12g、牡丹皮6g、天麻6g、制何首乌12g、炒酸枣仁9g、苦参6g、地肤子6g、漏芦6g、炙甘草3g、大枣12g。7剂。

三诊:2009年4月28日。皮肤顽湿瘙痒好转,肘弯、膝弯渗出已干,纳可,夜寐欠安,皮肤粗糙,面色少华,咽稍红,舌红,苔薄白,脉滑数。治拟前法。

处方:前方去秦艽,加薏苡仁12g、茯苓12g、金银花9g。7剂。

四诊:2009年5月12日。皮肤顽湿瘙痒好转,纳可,夜寐欠安,皮肤粗糙,咽稍红,舌红,苔薄白,脉濡数。治拟前法。

处方:白鲜皮6g、薏苡仁12g、苍术4.5g、黄芩6g、蝉蜕4.5g、荆芥6g、秦艽6g、漏芦6g、苦参6g、乌梢蛇12g、炒酸枣仁9g、茯苓9g、炙甘草3g。14剂。

五诊:2009年5月26日。皮肤顽湿瘙痒明显好转,肘弯、膝弯处仍粗糙脱屑作痒,纳可,夜寐转安,舌红,苔薄白,脉濡数。治拟前法。

处方:前方去炒酸枣仁、茯苓,加天麻6g。14剂。

六诊：2009年6月9日。皮肤顽湿瘙痒明显好转，肘弯、膝弯处仍粗糙脱屑作痒，汗出较多，纳可，夜寐转安，舌红，苔薄白，脉濡数。治拟前法，兼固表止汗。

处方：前方减乌梢蛇剂量至9g，去苍术、秦艽、苦参、天麻，加茯苓9g、稽豆衣9g、牡丹皮6g、炒赤芍6g、制何首乌12g、大枣12g。14剂。

七诊：2009年6月23日。皮肤顽湿瘙痒明显好转，肘弯、膝弯处仍粗糙脱屑作痒，汗止，纳可，夜寐转安，舌红，苔薄白，脉濡数。治拟养血疏风，清热除湿。

处方：白鲜皮6g、乌梢蛇9g、薏苡仁12g、漏芦6g、生地黄12g、牡丹皮6g、荆芥6g、炒赤芍6g、苦参6g、制何首乌12g、秦皮6g、炙甘草3g。14剂。

八诊：2009年7月21日。皮肤顽湿瘙痒明显好转，肘弯、膝弯处仍少许粗糙脱屑作痒，汗出较多，纳可，夜眠转安，舌红，苔薄白，脉濡数。治拟前法，兼益气固表。

处方：前方加补骨脂6g、当归6g、茯苓12g、黄芪6g。14剂。

九诊：2009年8月22日。皮肤顽湿瘙痒渐除，皮肤渐平，纳可，夜寐已安，咽红已平，舌红，苔薄白，脉浮数。治拟养血疏风，益气健脾。

处方：太子参6g、炒白术6g、茯苓9g、黄芪6g、铁皮石斛（先煎）6g、白鲜皮6g、炒赤芍6g、荆芥6g、蝉蜕3g、天麻6g、制何首乌12g、牡丹皮6g、炙甘草3g、大枣12g。14剂。药后皮肤顽湿渐平，瘙痒已除。

领悟 初诊时因患儿素体脾虚，故胃纳欠佳，脾虚则湿浊内生，湿郁化火，或外感风湿热邪，湿热蕴结肌肤，故皮损发作时有渗出；病程日久，耗伤津血，致津枯血燥，则皮肤干燥脱屑作痒。方中蝉蜕、荆芥、天麻疏风止痒；生地黄、赤芍、丹参、牡丹皮、火麻仁养血活血，寓"治风先治血，血行风自灭"之意；白鲜皮清热燥湿解毒；薏苡仁、茯苓健脾渗湿；黄芪、大枣健运中州；北沙参养阴；炙甘草调和诸药。二诊时风湿热邪搏结肌肤，故在首诊的基础上加用秦艽、苦参、地肤子、漏芦，加强清热利湿解毒之功，并加乌梢蛇祛风止痒，患儿夜寐欠安，故加何首乌、酸枣仁养血安神。三诊时患儿湿疹好转，故原方去秦艽，加薏苡仁、茯苓、金银花健脾渗湿解毒。四诊至八诊时继续治以养血疏风、清热除湿，以黄芩、秦皮清热燥湿解毒，苍术健脾燥湿，患儿汗多，责之表虚不固、气阴两虚，故以黄芪、稽豆衣、当归养阴益气固表。九诊时患儿诸症趋愈，除养血疏风外，以四君子汤培土固本以善后。

点评 本病与中医文献中"浸淫疮""血风疮""四弯风""疬疮""燥疬疮""湿疬疮""久疬疮""胎敛疮""奶癣"等病症相类似。由于本病病情顽固，故又称"顽湿"。顽湿往往由脾虚湿蕴、血虚风燥所致，养血、疏风、清热、除湿为治疗本病常用之四法，如皮损有渗出，可配合千里光、野菊花、苦参、蛇床子、黄柏、黄连、滑石等中药煎汤外洗，以提高疗效。本病治疗困难，病程较长，病情易反复，故患儿需长期配合治疗，方能取得较好疗效。苦寒祛湿药及虫类药易伤阴血，故不宜长期大量应用，临证之时可酌加生地黄、何首乌、火麻仁、当归、北沙参、石斛等养阴之品。服药期间当忌食辛辣厚味及海鲜鱼腥等发物，以免影响疗效或病情复发。

（李国芳　俞景茂）

十四、疏肝利湿治鞘膜积液案

李某，男，3岁。

首诊：2010年9月21日。主诉：发现左侧睾丸鞘膜积液2月余。现病史：发现左侧睾丸鞘膜积液2月余。咽稍红，左侧阴囊内可触及光滑肿物，透光试验阳性，舌淡红，苔白稍腻，脉沉。既往史：患儿既往体质欠佳，易感冒，否认有肺炎、哮喘、手术、外伤等病史。

中医诊断：水疝（肝郁水停型）。西医诊断：鞘膜积液。

治法：疏肝散结，利水渗湿，方用四苓散合小柴胡汤加减。

处方：柴胡6g、荔枝核6g、橘核6g、青皮3g、炒白术6g、车前子（包煎）12g、怀牛膝6g、泽泻6g、猪苓9g、茯苓9g、生黄芪6g、炒赤芍6g、炙甘草3g。7剂。

二诊：2010年9月29日。左侧鞘膜积液未消，胃纳一般，咽稍红，舌淡红，苔白稍腻，脉沉。治拟原法，方用茴楝五苓散加减。

处方：泽泻9g、猪苓9g、茯苓9g、炒白术6g、怀牛膝6g、薏苡仁12g、炒小茴香6g、青皮4.5g、铁皮石斛（先煎）6g、炒赤芍9g、车前子（包煎）9g、生黄芪6g、炙甘草3g。7剂。

三诊：2010年10月5日。左侧鞘膜积液减少，稍咳嗽，胃纳一般，咽红，舌淡红，苔白稍腻，脉浮数。效不更法，兼宣肺止咳。

处方：前方加荔枝核6g、苦杏仁6g、浙贝母9g。7剂。

四诊：2010年10月12日。左侧睾丸鞘膜积液渐吸收，咳渐平，纳稍启，咽无充血，舌红，苔薄白，脉浮数。治拟原法，兼理气宣肺。

处方：前方去猪苓、薏苡仁、炒赤芍，加炒枳壳6g。7剂。

五诊：2010年10月19日。诸症同上，咳嗽初平，纳可，大便偏干。舌红，苔薄白，脉浮数。治拟原法，兼宣肺止咳、滋阴润肠。

处方：前方去炒小茴香、炒枳壳，加生地黄9g、炒赤芍6g、火麻仁9g。7剂。

六诊：2010年10月26日。左侧睾丸鞘膜积液已吸收，咳嗽已平，大便稍干，舌红，苔薄白，脉浮数。治拟原法，兼润肠通便。

处方：前方去生地黄、荔枝核、浙贝母、怀牛膝，加决明子12g。7剂。

继以疏肝利湿、补益脾肾之法治疗1个月后停药，电话随访1年，睾丸鞘膜积液未再发。

领悟 首诊中患儿左侧鞘膜积液2月余，平素体虚易感，以疏肝散结、利水渗湿、和解少阳之法治之，俞师认为小儿反复呼吸道感染常表现为病情时缓时著，往来不已，认为此乃少阳枢机失利之证，常以和解少阳之法治之，方用四苓散合小柴胡汤加减，方中柴胡既可疏肝气，又可解表邪；黄芪既利水渗湿消肿，又与白术相伍以成玉屏风散之意。二诊中鞘膜积液未见明显消退，故守方续用，适当加大温化寒湿之力，方用茴楝五苓散加减，小茴香温肾暖肝；薏苡仁健脾利水渗湿；石斛既养胃阴又滋肾阴，以防利水渗湿之药过于伤阴；怀牛膝既可利水渗湿，又可补益肝肾、活血化瘀。三诊中初见成效，守方继进，患儿稍有咳嗽，故酌加宣肺止咳之品。四、五诊同三诊治法，因大便稍干，故去小茴香，加用枳壳既能宽肠通便，又能宽中理气化痰；胃纳改善，大便偏干，考虑为阴津亏损所致，故加生地黄、火麻仁养阴润肠通便。六诊中患儿咳嗽已愈，故去宣肺止咳之品，大便仍干，续用苦杏仁、火麻仁的同时加决明子以增强润肠通便之功。

点评 中医将鞘膜积液称为"水疝"。本病多因先天不足，脾失健运或肾虚气化不利，三焦水道气机不畅，水湿内停，寒湿瘀结，发而为病。气能化津，气的升降出入运动如常才有助于津液的输布和排泄，因此在治疗本病时需使用补气行气理气之药。以利水渗湿之法治之，可使结于阴器之水湿从小便而出。寒湿凝结，非温通则无以化。因利水渗湿、温肾暖肝之剂易于耗伤阴津，故需酌加滋润养阴之品。久病必瘀，寒湿之邪久滞肝经可致瘀血内生，此时可加用牛膝、赤芍等药物活血祛瘀。

（李国芳　俞景茂）

十五、益气健脾清热治久利案

吴某，男，6岁8个月。

首诊：2018年5月23日。主诉：大便不成形5～6年。现病史：患儿5～6年前无明显诱因出现腹泻，每日4～5次，多时每日7～8次，大便呈黏液状，每次量不多，无脓血及血丝，便前伴有腹痛，无里急后重感，无发热，无呕吐，曾经在全国多家医院检查及中西医治疗，具体不详，疗效欠佳，停药后反复，胃纳较少，睡眠欠安。无明显脱水貌，形体较瘦，腹软，无明显压痛及反跳痛，舌红，苔薄白，脉沉细。辅助检查：血常规、大便常规、血气、电解质均未见明显异常。

中医诊断：久利（寒热错杂型）。西医诊断：慢性结肠炎。

治法：益气健脾，清热止利。

处方：太子参6g、炒白术6g、茯苓9g、黄芪6g、乌梅炭9g、炒赤芍9g、黄芩6g、黄柏6g、桂枝4.5g、焦山楂9g、细辛3g、鸡内金6g、砂仁（后下）6g、炙甘草3g。7剂。

二诊：2018年5月30日。大便未调，纳可，脘腹部不适，隐痛，心肺无殊，舌红，苔薄白，脉沉细。治拟前法。

处方：太子参6g、炒白术6g、茯苓9g、黄芪6g、乌梅炭9g、炒赤芍9g、黄芩6g、黄柏6g、桂枝4.5g、焦山楂9g、细辛3g、鸡内金6g、砂仁（后下）6g、怀山药9、葛根9g、炙甘草3g。7剂。

三诊：2018年6月6日。大便次数减少，脘腹痛较前减少，但2天前因暴饮暴食及受凉后大便次数又有增加，昨日起大便3次，伴有清涕，胃纳好转，咽稍红，扁桃体Ⅱ°肿大，舌红，苔薄白，脉浮数。呈虚实夹杂之象，继续前法加减。

处方：党参6g、炒白术6g、茯苓9g、桂枝4.5g、乌梅炭12g、炒赤芍6g、黄芩6g、黄柏6g、焦山楂9g、细辛2g、川椒6g、鸡内金6g、当归6g、炙甘草3g。7剂。

四诊：2018年6月13日。大便4日未解，无明显腹痛，胃纳欠佳，咽稍红，扁桃体Ⅱ°肿大，舌红，苔薄白，脉沉细。治拟益气健脾。

处方：党参6g、炒白术6g、茯苓9g、炒赤芍6g、黄芩6g、焦山楂9g、鸡内金6g、生黄芪6g、浙贝6g、火麻仁9g、铁皮石斛（先煎）6g、炙甘草3g。7剂。

五诊：2018年6月20日。多食后腹痛又作，大便次数无增加，日1～2次，咽红，扁桃体Ⅰ°～Ⅱ°肿大，舌红，苔薄白，脉沉。继续守乌梅丸法。

处方：党参6g、炒白术6g、茯苓9g、炒赤芍6g、黄芩6g、焦山楂9g、鸡内金6g、生黄芪6g、火麻仁9g、黄柏6g、乌梅炭9g、川椒6g、细辛2g、桂枝4.5g、炙甘草3g。7剂。

六诊：2018年6月27日。间断便溏，日1～2次，腹痛时作自缓，寐安，扁桃体Ⅱ°肿大，舌红，苔薄白，脉数。

处方：乌梅炭9g、炒白芍6g、黄芩6g、黄柏6g、川椒6g、细辛2g、炒白术6g、当归6g、党参6g、浙贝6g、三叶青6g、炙甘草3g。14剂。

七诊：2018年7月11日。大便3日一行，纳启，右少腹偶有隐痛，心肺无殊，舌红，苔薄白，脉数。

处方：北沙参6g、炒白术6g、茯苓9g、生黄芪6g、乌梅炭6g、火麻仁9g、炒赤芍6g、砂仁（后下）6g、生山楂6g、制玉竹6g、丹参6g、炙甘草3g。7剂。基本治愈。

领悟 《伤寒来苏集》注疏厥阴病提纲时明确指出应用"乌梅丸主之。可以除蛔，亦可以止利"。该患儿病来已有5～6年，久利不止，肝气郁结，横逆乘脾，脾失运化，则见泄后痛减，为肝强脾弱之证。肝郁乘脾日久，易见脾阳虚弱的下寒证。泻利日久，肠道必有郁热，故投之乌梅丸法，经过2次复诊，患者泻利次数明显减少。此"久利"是寒热错杂所致，纯寒、纯热、纯补、纯清之药均不能愈此"久利"，运用乌梅丸温中补虚，清热止利，疗效显著。乌梅丸由乌梅、干姜、细辛、当归、附子、花椒、桂枝、人参、黄柏、黄连10味药物组成。其中乌梅为君药，味酸、涩，性平，归肝、脾、肺、大肠经，不仅具有安蛔之力，而且具有敛肝柔肝，生津止渴，涩肠止痛，敛肺止咳等诸多功效，现代药理研究认为，乌梅具有抗菌、抗炎、抗肿瘤作用等，大剂量乌梅具有抑制肠道蠕动从而达到止泻的作用。花椒、细辛辛温为臣，散寒泄肝滞，温中脏腑。佐以附子、干姜、桂枝温中散寒；反佐苦寒之黄连泻心除烦、黄柏滋肾止渴；甘平之人参、当归调补中焦之脾胃气血。蜂蜜为丸，调和诸药。全方共奏辛开苦降、寒热并用，补泻兼施、邪正兼顾之功。故可治疗寒热错杂，正气亏虚之久泄、久利，用于寒热错杂的慢性泄泻性疾病。

点评 乌梅丸是厥阴病的主方，主治寒热错杂、虚实并见的蛔厥证，亦主久利，当今蛔厥（胆道蛔虫症）已属少见，但久利（慢性腹泻、结肠炎）之类病症则为常见，一旦遇到久利不已，久治不愈，寒热错杂、虚实并见，脏气失和的腹泻病例，乌梅丸仍不失为有效之方。此例腹泻多年未愈，最多每日7～8次，为黏液便，不夹有脓血，是谓久利。痢与利不同，有脓血便的为"痢"，要注意区分，改乌梅丸为乌梅汤治疗2周后即见症状改善，月余后基本痊愈，再治疗一段时间以巩固疗效，后来该患儿因患其他疾病又来就诊，腹泻已愈。乌梅丸原方中有黄连，因药味较苦，一般患儿不易接受而未用，附子因寒不盛而未用，因久利脾虚故合四君子、生黄芪、鸡内金、砂仁。加赤芍敛肝缓急止痛，葛根升清，为"间者并行"之举。

（许先科　任　昱　俞景茂）

学 术 建 树

第一节 儿科基石尊仲阳

　　钱乙，字仲阳，北宋山东郓州（今山东郓城东平）人，是我国历史上著名的儿科大家，被尊为"幼科之鼻祖""儿科之圣"，其所传的《小儿药证直诀》是中医儿科的重要典籍之一，言简意赅，流传广泛。本书的作者阎季忠根据钱乙的论述资料，参照诸家抄本，编纂而成，较全面地论述了小儿的生理、病理特点，五脏辨证，以及小儿常见病的脉证治法，记载135首方剂（其中附方15首）。

　　钱乙取《黄帝内经》《难经》《神农本草经》《诸病源候论》《千金方》《太平圣惠方》、仲景之学及当时的各种名家著作，潜心研究，创立五脏辨证纲领，进一步发展了《黄帝内经》以单一寒热虚实为辨证纲领的诊断思路，提出小儿"五脏六腑，成而未全，全而未壮"的生理特点及"脏腑柔弱、易虚易实，易寒易热""心主惊、肝主风、脾主困、肺主喘及肾主虚"的病理特点，还进一步阐明了"变蒸"也是小儿的生理特点，而非病理状态。治疗上首重脾胃，善用健脾之法治疗，重视饮食疗法，多用缓和的丸散膏剂，时时顾护脾胃的生生之气，力求攻不伤正，补不碍邪，强调"虚虚实实"之戒。因小儿多不能言，言亦未不足信，闻诊狭隘，脉诊难凭，必资外证，故在四诊中尤重望诊，并丰富了面上诊和目内诊。如《小儿药证直诀·面上诊》中指出"左腮为肝，右腮为肺，额上为心，鼻为脾，颏为肾，赤者热也，随证治之。"《小儿药证直诀·目内诊》中指出"赤者心热，导赤散主之。淡红者心虚热，生犀散主之。青者肝热，泻青丸主之；浅淡者补之。黄者脾热，泻黄散主之。"钱乙通古而不泥古，为方博达，善于化裁，又平生尤邃本草，刻意方药，讲求实效，制定五脏补泻方，如心实者用泻心汤清心泻火，导赤散清心养阴，利水导热；心虚者用安神丸解热安神，生犀散滋阴清热并散外邪；肝实者用泻青丸泻肝定搐；脾实者用泻黄散泻脾经伏热；脾虚者用益黄散理气健脾，异功散补气理滞等；肺实者用泻白散泻肺清热，甘桔汤开泄肺热；肺虚者用阿胶散养阴补肺；肾虚者用地黄丸滋阴补肾。纵观五脏补泻方中心、肺、脾三脏有补有泄，肝脏有泄无补，肾脏有补无泄，虽然无直接补肝及泻肾的方剂，但钱氏十分重视五脏的相互联系及病情之间的相互转化。根据"乙癸同源"的理论，补肾即为补肝，泻肝即为泻肾，故肝虚者用地黄丸滋水涵木，肾实（惟疮疹，黑陷属肾实）者用泻青丸泻肝肾之实。

　　钱乙在儿科学上的建树，奠定了中医儿科学的基础，至此中医儿科逐渐发展成为一门独立的专科。而他的学术思想对后世中医儿科学也产生了巨大的影响。正如《四库提要》所说"小儿经方，千古罕见，自乙始别为专门，而其书亦为幼科之鼻祖，后人得其绪论，往往有回生之功"。如万全在钱氏五脏辨证纲领的基础上，进一步提出小儿"肝常有余，脾常不足，心常有余，肺常不足，肾常虚"的生理病理特点，又在脾胃病上多有阐发，认为"小儿之病，胃最多也"，并提出了具体的治疗方法。吴瑭在《温病条辨·解儿难》中阐发了钱氏的学术思想，提出小儿"稚阳未充，稚阴未长"的理论。薛铠、薛己父子在《保婴撮要》中对《小儿药证直诀》的内容加以注释，在临床辨治过程中以五脏辨证为纲领，注重顾护后天之本。其他还如刘昉的《幼幼新书》、周震的《幼科指南》、陈复正的《幼幼集成》及佚名的《小儿卫生总微论方》等都收藏、记载了钱氏之言，并对其学术思想和诊治经验加以介绍总结。民国时期恽树钰发展了钱氏的惊风学说。

　　不仅如此，钱乙对其他中医学术流派及方剂学的发展也有较大的影响。如地黄丸被后世作为滋补肾阴的名方，并对历代医家大有启发，如朱丹溪的大补阴丸、王海藏的都气丸、李东垣的肾气丸、张景岳的左归丸等都是在此基础上加减创制的。薛己称其为直补真阴之圣药，赵养葵则把此方列为补养命门真水之专剂，开创了滋阴补肾的一大法门。又如张元素虽常以"不用古方，自为家法"自许，但对钱乙方多有效仿，把钱氏的五脏补泻诸方列为五脏补泻的标准方剂，并重视小儿脾胃的调治。此外，钱乙的"脾胃虚衰，四肢不举，诸邪遂生"与李东垣的"脾胃虚衰，百病由生"一脉相承。钱氏的学术思想不仅影响着后世的流派，还创制了许多名方，如地黄丸、异功散、白术散等，对后世方剂学也有重大的影响。所以薛己评曰："钱乙之法可以日用，钱氏之方可以时省。"

俞师研究生时期在其导师王伯岳导师的指导下校注了钱乙的《小儿药证直诀》，此后便一直致力于《小儿药证直诀》的研究，先后出版了《小儿药证直诀类证释义》《小儿药证直诀临证指南》《小儿药证直诀译注》三部著作，还发表了多篇研究钱乙《小儿药证直诀》的论文，并在临床诊治中不断实践，总结经验。俞师可谓是研究钱氏《小儿药证直诀》学术理论的权威。

第二节　各家学说取所长

儿科各家学说是整理研究中国儿科学术发展史上，对儿科理论和医疗实践做出卓越贡献的医家的独特且自成体系的学术思想。它是在《黄帝内经》《难经》《神农本草经》《伤寒杂病论》等巨著及通过大量的医疗实践的基础上建立发展起来的，是感性到理性的一种升华。儿科的理论和实践自宋代钱乙不断丰富，后又受金元四大家学术争鸣的影响，进一步深化和推广了儿科理论，使儿科领域也逐渐形成了学术流派。其中不乏许多医家根据自己的临床经验，结合中医基础理论，辨证求因，审因论治，不拘泥于一法一方，提出了各自不同的学术见解和治疗特点。

俞师主张学好中医儿科学，就要读经典、拜名师、多临床，缺一不可。读经典除了中医四大经典外，还要熟读儿科经典著作，这便要求学习者对中医儿科各家学说深入研究、提炼总结、融会贯通，了解儿科的基础理论体系的源流及其涉及的主要内容，理清各家的学术特点和相互影响，掌握各家的学术特长和诊疗特色。临床应用时取其精华，综合各家之长，不守一家之言，开拓思路，扩大视野，进而开创新的学说，为中医儿科的教学、医疗、科研提供理论指导，更好地应变于临床，推动儿科学术发展。

俞师在儿科各家学说研究方面有很高的造诣，提出了儿科领域内寒凉补泻学派争鸣源流及对儿科学术的影响，先后编著撰写了《小儿药证直诀类证释义》《儿科宗师钱仲阳》《小儿药证直诀临证指南》《小儿药证直诀直译》《幼科折衷点校》《儿科各家学说及应用》等，还发表了《儿科各家学说概论》《略论孙思邈对儿科学的贡献》《〈温病条辨〉的学术建树》《薛铠薛己儿科学术特点探讨》等论文，对从事中医儿科的学子及临床医师，提高理论基础和临床诊疗水平大有裨益。俞师提倡学生研习小儿各家学说要从

浙江中医临床名家·俞景茂

源到流，从古到今，突出一家，旁及诸家，在继承的基础上不断推陈出新。

俞师临证用药刻意，严谨入微，博古通今，对古方并非照搬照用，也不偏执某一流派，把原有的儿科学术理论和自己的实践经验相结合，不断深入和发展儿科各家学说，砥砺前行，形成自己独特的学术思想。

第三节　辨证论治重病机

中医治疗疾病的特色主要是辨证分析、识别病机和立法遣方三个方面，而辨证的过程实际上就是识别病机的过程，而治法和方药又是根据病机设计确定的，因此，中医辨证过程中，审识病机是关键的环节。病机是疾病发生、发展、变化的机制，包括病因、病性、病势、脏腑气血虚实变化的机制，揭示了疾病发生、发展、变化及转归的本质特点及基本规律。"病机"即"病之要机"、"病之机括"，含病之关键的意思，首见于《素问》，该书提倡"审察病机，无失气宜"，又从临床常见的病症中，总结归纳出"病机十九条"，并强调其重要性。此外，《神农本草经》曰："凡欲治病，先察其源，先候病机"；《类经》言："病机为入道之门，为跬步之法"；《医经小学》谓："学医之初，且须识病机，知变化，论人形而处治"，均认为病机在中医治疗疾病中占有重要地位。病机并不是凭空的臆想，而是历经临床实践、反复验证、不断总结而得出的，是有效地把中医理论和临床实践融会贯通的体现。辨证论治是手段和思维的过程，识别病机是目的和思维的结论，所谓"圆机活法"就是要求医者不断丰富自己的中医基本理论和临证思维，在临证过程中，根据辨证结果，准确地把握疾病发生的变化，从中审察疾病的病机所在，应用灵活的方法去治疗疾病，决不可胶柱鼓瑟，亦不可随心所欲。所以，俞师认为病机学说是中医辨证论治理论体系的核心，脏腑经络、四诊八纲、阴阳五行、病因药理等基本理论，都是为明确病机服务的。

病有千百，病机万端，类目虽多，却可以矩则概之。俞师认为病机是联系理论与实际的桥梁，临床上只有透过复杂的症状准确掌握疾病的病机才能使治病执简驭繁。在儿科临床中要取得满意的疗效，辨证要精确，用药要恰当，而做到这些的前提都是准确认识疾病的病机。相同的病机可以用基本相同的治法，不同的病机就必须有不同的治法。如小儿的急性支气管炎、支气管肺炎、哮喘性支气管炎等疾病，此类患儿大多有咳嗽，甚者伴有喘息，而这些疾病的基本病机都是肺失宣降，故均可用开宣肺气的方法治疗。疾病病位的表里、病邪的寒热、病性的虚实，都需辨别清楚，不可出现差池，正所谓"差之毫厘，谬以千里"。病邪在表，当发汗解表，却投以凉遏而邪不能外透；病已化热，而投以辛温，则可耗伤阴液，助阳生热。病必不除，反生变证。因而，辨识病机之异同，其目的就是要牢牢把握疾病的规律性，进一步深刻地认识疾病的本质。

第四节　儿病速变先证治

　　俞师认为儿病速变，需重先证而治。先证而治是指医者根据患者的临床表现及自己的判断，在证候尚未出现之前就予以预防，居安思危，防患于未然，即"治未病"。"治未病"思想是中医学的精髓和特色，包括未病先防、欲病救萌、已病防变、病后防复四个方面。"治未病"思想最早见于《黄帝内经》，并将其放在养生的首要位置。《素问·四气调神大论》曰："是故圣人不治已病治未病，不治已乱治未乱，此之谓也。夫病已成而后药之，已成而后治之，譬犹渴而穿井，斗而铸锥，不亦晚乎？"《难经·七十七难》说："所谓治未病者，见肝之病，则知肝当传之与脾，故先实其脾气，无令得受肝之邪，故曰治未病焉。"

　　良医者，常治无病之病。俞师十分重视"治未病"思想，认为小儿为"稚阴稚阳"之体，又"肺常不足、脾常不足、肾常虚"，抵抗力弱，五脏六腑轻灵稚嫩，不耐邪气侵袭，易实易虚，易寒易热，感邪之后传变迅速，故临床上对疾病的病因病机、症状及疾病的进展要仔细分析，准确判断，重视先证而治，尽量避免见证治证，盲目投药，以防变证发生，故"治未病"思想在治疗儿科疾病中具有重要意义。这便要求临床医师需要具有洞悉疾病变化、见微知著、先证而治的能力，力争做到消未起之患，治未病之疾，将疾病遏制在发起之萌。例如，有高热惊厥史的患儿，一旦出现发热症状，就要注意预防惊厥再次发生，用药上除了使用治疗感冒的中药外还应加上镇静止惊之品。罹患过敏性紫癜的小儿，遣方用药时应注意保护其肾脏功能，避免使用有肾毒性药物，致肾脏受累，加速紫癜性肾病的进程。又如喘息一证，往往有外感引起咳嗽后出现喘息，所以在治疗感冒咳嗽的同时，还应兼顾防止喘息发作。临床上此类患儿多属于过敏体质，免疫力紊乱，反复易感，故在平时也应注意作息、饮食，重视体质的调理以从根本上预防喘息的发作，做到先证而治、未病先防、有备无患。根据多年的临床经验，俞师在治疗过敏性鼻炎、湿疹等由过敏引起的疾病时，常常兼顾这些疾病与喘息的关系，先证而治，预防为主。在治疗内伤杂病方面，攻补兼施，寒热并用，做到邪祛正不伤，补而不滞，寒热平衡，阴阳调和。

第五节　和解为法疗复感

俞师认为反复呼吸道感染在儿童中较常见，好发于6个月~6岁的小儿，其中尤以2~3岁的幼儿最为多见，冬春气候变化剧烈时尤易反复发作。其发病多因肺脾两虚、邪毒留伏所致。本病的突出证候是反复不断地感冒、扁桃体炎、气管炎、肺炎、哮喘等，旧感初愈，新感又起，间隔甚短。平素面色无华，山根色青、毛发不荣、肌肉松弛、消瘦或虚胖，动则易汗，或寐则多汗，畏寒恶热，或长期低热，厌食纳少，大便不调，或睡时露睛，或俯卧，或鸡胸龟背，咽红经久不消失，扁桃体肿大，舌淡红，苔花剥，脉虚、数、沉、细，指纹淡滞等。

俞师主张将反复呼吸道感染分为感染期、迁延期、恢复期三期分别论治。辨证重在明察邪正消长变化。感染期以邪实为主，迁延期正虚邪恋，恢复期则以正虚为主。感染期属外感表证，当辨风寒、风热、外寒里热之不同；夹积、夹痰之差异；本虚标实之病机。迁延期邪毒渐平，虚象显露，热、痰、积未尽，肺脾肾交虚；恢复期正暂胜而邪暂退，此时关键已不是邪多而是正虚，当辨肺脾肾何脏虚损为主。肺虚者气少，脾虚者运乏，肾虚者骨弱。治则之要，感染期以祛邪为主，多使邪毒从表而出，从里而清，不留余孽，适加补气之味，以托毒外出，又不致关门留寇；迁延期以扶正为主，兼以驱邪，正复邪自尽；恢复期当固本为要。或补气固表，或运脾和营，或补肾壮骨，此时要抓住补益的时机，使"正气存内，邪不可干"，以达到减轻、减少发作的效果。由于本病病情错杂，往往虚实夹杂，寒热并见，表里并病。因此，当宗"间者并行"的原则，或消补兼施，或寒热并投，或表里双解。此外，反复呼吸道感染多与风邪入于血分，风血相搏有关。根据"治风先治血"的原则，采用辛温解表和活血散风治则也是必要的。根据"久病入络""久病必有瘀""久病必归肾"的理论，活血化瘀和补肾填精也不可少。

俞师提出小儿反复呼吸道感染因少阳失利、枢机失和较为常见，提出以和解法治之。此类患儿症见反复感冒、咳嗽、痰喘、身热，病情时缓时著，往复不已，纳食不佳，脘腹不舒，脉数无力，苔白滑等。其特点是反复不定，似有往来不已之势。表未尽而正已虚，枢机失利，病在少阳。可按和解表里、疏利枢机法论治。表里失和之证，若单一解表则复虚其表，一味固本则有碍其邪，故用和解之剂，使表解里和而愈，常用小柴胡汤加减。方中柴胡疏表，黄芩清里，党参扶正，半夏化湿，姜、枣、草调和中州。可在本方中加入杏仁止咳，生牡蛎敛阴，焦六曲、鸡内金化滞，当归养血。若兼有腹痛或恶寒者可合桂枝汤，也即柴胡桂枝汤之意。

第六节　多元多靶防哮发

哮喘是气道变应原性慢性炎症性疾病，主要为由炎症引起的广泛而可逆的不同程度气道阻塞症状，以反复发作性喘息、呼吸困难、胸闷或咳嗽为临床特点。西医认为本病的形成与遗传过敏、体质关系密切，也有部分患儿伴有轻度免疫缺陷，而发病常与环境因素有关。近年来随着对哮喘机制的深入研究，发现多个脏器、多种细胞、无数的细胞因子、炎症介质参与了哮喘的发病，甚至在基因水平发现哮喘是多基因疾病。同时也认识到缓解期患儿的气道高反应性仍然存在，气道的慢性炎症尚未完全消除，这是哮喘反复发作的根本原因。因此，加强哮喘缓解期的治疗是预防哮喘复发的关键环节。西医主要通过吸入性糖皮质激素、白三烯抗体拮抗剂等药物治疗，而中医提倡整体观念，主张综合疗法，从根本上调理体质较西医更有优势及潜力。

中医学对哮喘的论述历史悠久，早在秦汉之前，就有了"喘呼"之称，认为其发作的原因为内有壅塞之气，外有非时之感，膈有胶固之痰，三者相合，闭阻气道，搏击有声。其中伏痰素来被历代医家认为是哮喘之宿根，如《小儿药证直诀·咳嗽》曰："有肺虚者，咳而哽气，时上长出气，喉中有痰此久病也。"俞师经过多年临床经验，认为伏痰并非孤立存在，往往与气滞血瘀互为因果，加之小儿肺、脾、肾三脏多不足，过敏体质，因此，俞师提出了补虚、祛风、理气、豁痰、祛瘀多元多靶点治疗是哮喘抗复发的治则。

小儿多肺常不足，脾常不足，肾常虚。肺气不足，宣发肃降功能失调，其主行水功能失衡，水道不通，水液输布及排泄障碍，留滞肺络而为痰；脾位居中，为人体气机升降的枢纽，脾气不足，运化水液功能失常，导致水液在体内停滞，湿聚为痰；肾气不足，主水功能失调，气化失职，开阖失司，不能温煦而致水液停聚成痰。明代张景岳提出"水为至阴，故其本在肾；水化于气，故其标在肺；水惟畏土，故其制在脾"。痰饮内伏之根本为小儿肺、脾、肾三脏气虚，治疗上也离不开补虚，但治疗哮喘的关键是治痰。痰为夙根，是哮喘发生的病理产物，也是致病因素。发作期豁痰平喘，治有形之痰；缓解期补益脾肾，培土生金，通调水道，治无形之痰。西医学认为哮喘多有粉尘螨、海鲜、牛奶等过敏物质引起的变态反应，且哮喘发作突发突止，来去无踪，兼有鼻痒眼痒、喷嚏、皮肤瘙痒等症状，与中医学风邪的致病特点极为相似，故在治疗上祛风必不可少，临床用药时适当加入养血祛风药，如丹参、赤芍、当归等，以达到"治风先治血，血行风自灭"的目的；还可以选用具有抗过敏功效的中药，如辛夷、蝉衣、防风、地龙、细辛、全蝎等。哮喘为气道痉挛、痰盛壅堵、气机不畅引起，故加入陈皮、枳壳、川朴花等理气药，不仅可以使气机通畅，还可以行气化痰，改善痰堵气滞的状态。哮喘属于顽疾，反复发作，久病则易入络，又因内有壅塞之气，气滞则血瘀，因而在治疗上应当配合活血化瘀药，如丹参、川芎、桃仁、红花等，以改善哮喘患儿的微循环障碍。

俞师认为中医治疗哮喘的优势在缓解期，而且还提出了"急则治其本"的治疗方法及哮喘可以根治的理念。此处的急是哮喘的危急状态，即喘脱危候、亡阳之证，在治疗上应以固本为先。俞师还认为中药的作用是依靠复方的综合效应，通过整体调理，求本而取效，所以中药复方的作用必定也是多元多靶点的。

第七节　轻舟重载顾脾胃

《灵枢·本神》中记载"脾气虚则四肢不用，五脏不安"；至孙思邈则提出"五脏不足，调于胃"；再至钱乙的"脾气虚衰，四肢不举，诸邪遂生"，均反映了脾胃在五脏六腑中的重要地位。"脾，坤土也。坤助胃气消腐水谷，脾气不转，则胃中水谷不得消磨。"脾主运化，胃主受纳，总司人体营养物质的消化吸收。脾胃功能协调，密切合作才能运化、受纳、腐熟水谷，才能使水谷化为精微物质，以化生气血津液，营养全身。《素问·灵兰秘典论》曰："脾胃者，仓廪之官，五味出焉"，脾胃又为后天之本、气血生化之源，同时"人以水谷为本"，脾胃为水谷之海，人体的基本活动是否正常均依赖于脾胃功能的健全与否，故脾胃的消化功能对人体的健康至关重要。

然小儿并不是成人的缩影，有其自己的病理生理特点，具有"肌骨嫩怯"、"脏腑柔弱"、五脏六腑"成而未全，全而未壮"的特点。小儿脾胃娇嫩，运化水谷的功能尚未健全，又如春日之草木，欣欣向荣，生长发育迅速，需要大量的营养物质，故脾胃的重要性在小儿生长发育过程中更为突出。但现实生活中小儿多饮食不知节制，喜甜腻生冷之品，或寒温不知调摄，或父母长辈过于溺爱，投之所好，过分强调高营养物质，均可使小儿脾胃负担过重，进而损伤脾胃，稍有不慎则易累及它脏，突生它证。又因小儿"脾常不足"，形气未充，易虚易实，脾胃功能较成人而言，更加容易受损，脾胃功能不调则水谷精微物质无法吸收，使小儿筋骨不坚，肌肉不丰，导致多种疾病的发生。所以万全认为"脾胃虚弱，百病蜂起"。

中医学非常重视"胃气"，认为"人以胃气为本"，胃气强则五脏俱盛，胃气弱则五脏俱衰，有胃气则生，无胃气则死。万全也强调"调理脾胃者，医中之王道也"。另外，脾胃虚弱，所服药物也难以吸收，所以在临床治疗中需顺应脾胃的特性，注重补益脾气、保存胃汁。儿科用药稍呆则滞，稍重则伤，故遣方应丝丝入扣，用药需轻灵柔润，中正平和，切莫攻伐太过，有泻无补，损伤小儿脾胃的生生之气，力求攻邪不伤正，补正不滞邪，攻补兼施。如脾胃虚弱者可先补脾再祛邪，祛邪后再补脾；投攻伐正气之剂时应谨慎从事，中病即止，不必尽剂。避免小儿的脾胃既伤于病，又伤于药。

此外，平时也要注意调其饮食，适其寒温。小儿乳贵有时，食贵有节，饮食应定时定量，勿令过饱；食物应寒温适中，四气兼备，五味相济，不可偏颇，避免摄入过多的寒凉炙煿之品。《幼科发挥·卷四》"调理之法，不专在医，唯调乳母，节饮食，慎医药，使脾胃无伤，则根本常固矣"。

第八节　壮督醒神治遗尿

目前西医学普遍将5周岁以上小儿夜间有不自主排尿且符合其诊断标准者诊断为小儿遗尿症，但俞师临诊仍主张发病年龄应以3周岁为界，其缘由在于年满3岁小儿一般都能控制小便，此时夜间如经常不自主排尿而加以重视并进行诊治，则比等至5岁时再进行诊治要容易得多。虽亦有肝经湿热、

浙江中医临床名家·俞景茂

肺脾气虚等所致遗尿，但本病患儿大多属脾肾阳虚型，治疗以健脾益肾为主。在此基础上要提高遗尿治疗的疗效，俞师提出应加用壮督醒神之法。

遗尿患儿大多睡眠较深，不易呼醒，失去对排尿的警觉，这与"心主神明"有关。治疗需使睡眠变浅，易觉醒。以往常用菖蒲、远志等开窍醒神药，疗效不著，根据王伯岳研究员的经验，选用麻黄，因临床观察该药有醒脑而不失眠之妙。中医认为麻黄入肺与膀胱经，其性辛温，能通阳化气，且宣降肺气，通调水道，可使膀胱气化得以恢复，开阖有度，遗尿便止。现代药理研究证实麻黄具有较强的兴奋作用，与国外的"警铃条件反射"装置相似。而遗尿是由于大脑皮质缺乏夜间排尿的警觉性。因而在温肾固涩的处方中加麻黄以醒脑开窍，可明显提高疗效。现代药理研究认为：麻黄中所含麻黄素为拟肾上腺素药，有 α、β 受体兴奋作用，口服易吸收，并可通过血脑屏障，故中枢作用较明显，能提高大脑皮质的兴奋性，使睡眠深度减弱。当患儿受到膀胱充盈的刺激或在此之前，就容易自醒，或易被唤醒，从而避免了遗尿。这是俞师与其他治疗遗尿处方不同的突出点之一。

部分遗尿患儿与脊柱隐裂有一定的相关性，这可能与隐裂部位与隐裂后对马尾神经根压迫变性的影响程度有关。中医认为督脉总督一身之阳。脊柱隐裂，督脉失畅，阳气不得通达，膀胱失约，不知不觉之中遗尿。导致脊柱隐裂的原因大多是先天性的，与先天禀受肾气不足有关，肾不能主骨生髓，开阖失利而遗尿，故此病治疗重在温壮督脉。

俞师采用二黄五子汤治疗小儿遗尿取得了较好的疗效。方中黄芪补气升提，提高机体的抗病能力，改善体质，减少外感诸疾以治其本；麻黄通阳化气，利水醒神以治其标；重用补肾之药，如菟丝子、巴戟天、肉苁蓉、补骨脂、枸杞子、韭菜子、锁阳等温补肾阳以暖膀胱，并有温壮督脉之效，恢复肾主开阖之功能，使肾能葆真泄浊，固涩有力，开阖有度，减少尿次，增加尿量，不致频出而遗尿。由于小儿易实易热，故处方中少佐焦山栀或黄柏等清热利湿之品，使本方有温而不燥，固而不闭，收中有散，温中寓清之妙。

第九节　养血疏风防过敏

小儿过敏性疾病又称变态反应性疾病，常见有湿疹、荨麻疹、支气管哮喘、过敏性鼻炎、变应性皮炎、过敏性结膜炎、过敏性休克等，这些疾病易迁延反复，影响患儿生活质量，其中哮喘持续状态、过敏性休克症状严重，甚者危及患儿生命。调查发现，除了支气管哮喘发病率在青春期有一定比例下降以外，其余过敏性疾病的发病率在青春期均明显升高，其原因至今仍未十分明确。如支气管哮喘是一种以气道高反应性和慢性炎症为特征的变态反应性疾病。近年由于环境污染严重，儿童哮喘的发病率较10年前显著上升。俞师认为哮喘发作不外乎内、外二因，内因与肺、脾、肾三脏功能不足，痰饮内伏、痰瘀交结关系密切；外因则与感受外邪、饮食不当、劳累密不可分。临床上俞师治法多变，用药轻灵，选择特异治疗方法，提倡注重综合调治，甚至提出急则治其本的治疗方法及哮喘可以根治的理念。俞师指出，此处的急指哮喘的危急状态，即喘脱危候、亡阳之证，在治疗上应以固本为先。临证善用麻黄平喘，配伍灵活，常用麻黄配葶苈子恢复肺的宣降功能，麻黄配熟地黄宣肺补肾，麻黄配附子温阳平喘，麻黄配细辛通阳平喘等。俞师还在三才汤的基础上化裁出固本克喘膏止咳平喘，标本兼顾。又如异位性皮炎是一种复发性、瘙痒性、炎症性皮肤病，属中医学"四弯风""奶癣"等范畴，由于病情顽固难治，故又称"顽湿"。俞师认为其病机多为内有湿毒，风邪留恋，气血不和。治疗用疏风、养血、清热、祛湿四法，常用白鲜皮、苦参、漏芦、地肤子等清热解毒、除湿止痒，蝉蜕、荆芥等疏风止痒，丹参、当归、赤芍养血活血，薏苡仁、茯苓健脾利湿，火麻仁养阴润燥，制何首乌养血疏风，生地黄、牡丹皮清热凉血活血，天麻息风，黄芪补气。如病程较长、瘙痒较甚者，需加乌梢蛇、全蝎等虫类药以搜风通络。再如过敏性鼻炎是特应性个体接触致敏原后由IgE介导的介质（主要是组胺）释放，并有多种免疫活性细胞和细胞因子等参与的鼻黏膜慢性炎症反应性疾病。属中医学"鼻鼽"范畴，亦有"鼽嚏"之称。俞师认为本虚标实、寒热夹杂是本病的基本病机，过敏性鼻炎患儿素体阳气不足，肺气虚弱，随着疾病的发展而最终引起肾气不足，肾络不通与肺、肾阳衰而阴寒内生，不能统摄津液而清涕出。而此类患儿因肺卫不固又易反复外感风寒，致使本病迁延难愈。临床上俞师在疾病急性期常运用苍耳子散加减，鼻痒甚者加用消风散；迁延期常用小柴胡汤合养血活血药表里双解；缓解期则用玉屏风散合四君子汤、六君子汤加减健脾固表。

过敏性疾病具有突发突止，临床症状表现多样，迁延反复的特点，这与风邪致病"善行而数变"的特征相似，故此类疾病大多与"风"有关，俞师认为特别与"内风"关系密切。因此，治疗重在疏风。通过临床辨证论治，适当加用祛风抗过敏的药物有助于疾病的控制，如防风、徐长卿、辛夷、地肤子、白鲜皮、蝉蜕、荆芥、皂角刺等。《医宗必读·痹》载："治风先治血，血行风自灭"，在疏风的基础加用养血之品是十分必要的，常用当归、丹参、牡丹皮、赤芍之活血养血之品，以达到养血疏风的目的。临床上俞师还善用虫类药，因虫类药可入络，在治疗顽固性哮喘时可使肺中伏痰顽瘀消散，肺气得以宣降，起到搜风解痉平喘的功效，常用药为蝉蜕、僵蚕、地龙等。但虫类药又有燥血伤阴之虞，且全蝎、露蜂房等为有毒之品，需中病即止。风易夹湿，风湿相搏，外发肌肤，导致顽固性湿疹久治不愈，此时治疗需疏风化湿，使风与湿不相搏，常用荆芥、防风、白鲜皮、苦参等。风易入络，久病亦易入络，脉络瘀阻，瘀热互结，导致病情缠绵，迁延不已，故疏风养血之中适当加入化瘀之味能提高疗效，如桃仁、丹参、当归、牡丹皮等。气虚患儿卫外不固，风邪易袭，补气固表、养血疏风乃是治本之策，玉屏风散乃对症之方。四季脾旺不受邪，健脾助运，"执中央而灌四旁"，有利于过敏体质的改善。若有家族史或早产、低体重儿，与先天肾气失充有关，此时又需补肾壮骨，阴中生阳，可取加味地黄丸缓调以控制病情、改善体质。

（李　岚　陶　敏　俞景茂）

第|五|章

专 题 讲 座

第一节 寒温学派之钩玄

一、温阳学说钩玄

温阳学说认为小儿系稚阴稚阳之体，力倡固养小儿元阳，擅用温阳扶正为见长的学术观点，是儿科各家学说的重要组成部分。早在《黄帝内经》中有"阳气者，若天与日，失其所则折寿而不彰，故天运当以日光明""阴阳之要，阳密乃固"（《素问·生气通天论》）之论，后世认为人有阳，如天之有日，日不明则天昏地暗；阳不固则人寿夭折；阳气固秘，阴精才能内守，强调阳气在人体的重要地位。尤其是小儿阶段，阴阳二气均较稚嫩，必须时时处处注意固护，主张元阳为本，亟当固养，用温阳扶正之法治疗儿科病见长。

（一）历史沿革

儿科领域的温阳学派，大致自南宋陈文中渐趋明显，当时由于痘疹等传染病流行，严重威胁小儿生命，成为儿科领域里的重要研究课题。陈文中对钱乙用寒凉药治疗痘疹提出异议，认为天地万物遇春而生发，至夏而长成，痘疹之病，脏腑调和则血气充实，自然易生易靥，若妄投寒凉之剂，恐冷气内攻，湿损脾胃，以致腹胀喘闷、寒战啮牙而难治。在用药的性味上，认为药性温则固养元阳，凉则败伤真气。故秉承《太平惠民和剂局方》之学，创桂枝、附子、丁香等燥热之剂，治疗痘疹由于阴盛阳虚而出迟倒塌者，成为痘疹用温补的创始人。嗣后各家争议渐渐超出痘麻范围，扩展到儿科外感疾病及内伤杂病诸方面。如明代薛铠、薛己、张景岳主张温补小儿脾肾，以治本为第一要义而慎用寒凉。清代夏鼎则倡灯火疗法治疗小儿脐风，庄一夔专论慢惊用温补，反对寒凉攻伐。吴鞠通认为"儿科用苦寒，最伐生生之气""小儿之火，惟壮火可减，若少火则所赖生者，何以恣用苦寒以清之哉！"（《温病条辨·解儿难》）。近代温阳学说的代表人物是上海儿科名医徐小圃，提出扶阳抑阴、燥湿固中的治疗方法，以扶正祛邪，使阳气得以固守而危重之证得以转危为安。像夏季热这样的热证，所拟定的温下清上汤，黄连与附子并用，可见其注重温阳之一斑。

（二）基本内容

小儿时期阴阳之气均较稚嫩，尤以肺、脾、肾三脏最为突出，而阳气是人身之大宝，无阳则阴无以生。阳气在生理状态下是全身的动力，在病理状态下又是抗病的主力，因此必须时时处处加以固护。一旦受损，外邪易袭，饮食易伤。外感时行疾病的病程，正是阳气奋起抗邪的过程，治疗重在扶助阳气以祛除邪毒，若恣用寒凉，妄加消导，正气易伤，阳气易损。只有固护阳气，抗邪外出，使气血和，营卫昌，则客邪易散，正气易复。尤其是在素体阳虚，胎元之气孱弱，生命活力低下，病情迁延失治误治，阳气耗损，生命垂危之际，重用温阳药物救治尤为重要。

（三）临床指导意义

外感初起，风寒郁于肌表，虽身壮热，但无汗泄，此时正气尚盛，多用辛温之剂开宣肺气，使邪从汗而出，正气乃复。若正气不支，邪陷肺闭，可用温阳扶正以祛邪外出。久泻婴儿脾伤及肾，气阳不足，命火势微，当温补脾肾，助火生土，可用桂枝、附子、人参、黄芪。若正气将溃，生命垂危之重证病例及各种坏证，运用温阳学说的理法方药可出奇制胜。如用温振心阳治麻疹肺炎合并心力衰竭；温运脾阳、温脾燥湿治疗脾阳不振，虚寒泄泻；温中建中治胃炎；温脾化湿治癫痫；温壮元阳治胆怯；温阳固胞治尿频，温卫和营治反复呼吸道感染；温阳化湿治久热等，足见温阳学说应用之广泛。

二、寒凉学说钩玄

寒凉学说强调小儿体禀纯阳，患病后易从阳化热。所见阳证、热证较多，主张治以寒凉的学术观点，是儿科各家学说的重要内容之一。

（一）历史沿革

孙思邈指出小儿用药与成人不同之处在于药量稍轻与药性偏凉，善用苦寒泻下的大黄治疗新生儿实热证。唐末宋初的儿科专著《颅囟经》指出3岁以下的小儿为"纯阳"之体。钱乙在《小儿药证直诀》五脏辨证中详于五脏热证，略于五脏寒证，并在《金匮要略》肾气丸中去桂枝、附子，名地黄丸，专补小儿肾阴；用生犀散、凉惊丸等寒凉之剂治疗小儿多种出疹性热病，用大青膏治疗伤风，并认为热病愈后勿温补，热必随生，故有"小儿纯阳，无烦益火"（《小儿药证直诀·四库提要》）之论。因而钱乙被认为是寒凉学说的创始人。北宋时期由于天花、麻疹等发疹性传染病流行，与钱乙同时期的儿科医家董汲善用寒凉，反对妄施温热，认为"小儿斑疹，本以胎中积热，及将养温厚，偶胃中热，故乘时而作"（《小儿药证直诀·斑疹备急方论》），善用青黛、大黄、白虎汤等寒凉之品。阎孝忠将紫雪、至宝丹作为救治儿科热病神昏的重要方药。金宋元时期外感热病与火热病盛行，经方、局方难以奏效。刘完素在继承总结前人的理论与经验的基础上，发现六气之中，火居其二，《黄帝内经》"病机十九条"中火热居其七，识别到火与热是导致人体多种疾病的重要因素，提出六气皆从火化之说，倡导苦寒泻火，成为中医学中寒凉学派的代表医家，突破《伤寒论》温药发表、先表后里的成规，把解表法从辛温转向寒凉，进而影响到儿科学术的发展及温病学说的形成，如清代叶天士对小儿四时外感杂病，如伏气、风温、夏热、厥逆、疳、胀、痧、疹、惊等病症，认为"襁褓小儿体属纯阳，所患热病最多……"（《临证指南医案·幼科要略》），主张清热解毒，寒凉撤热。吴鞠通所拟桑菊饮、银翘散、清营汤、清宫汤是小儿外感热病常用的良方。近代寒凉学说的代表人物是上海（原籍江苏武进）名医奚晓岚，认为仲景六气之中重视寒之一气，其余五气论述较简，其间所论之风亦多寒中之风，所论之温亦寒中之温，小儿体属纯阳，适用辛凉者多，辛温者少。治疗小儿疾病，留得一分津液，便有一分生理，立法重在清热保津，药多寒凉滋润。

（二）基本内容

寒凉学说认为小儿处于生长发育过程中，其蓬勃生机表现为阳常有余、心常有余、肝常有余之象。小儿体禀纯阳，六淫之邪不论从皮毛而入或从口鼻而受，均易火化，发热惊厥、乳蛾口疮、肺炎喘嗽、便秘肛裂、痢疾泄泻、疖肿疮疡等病，以实证、热证居多，即使是寒证也易热化，故主张清凉

浙江中医临床名家·俞景茂

解表，苦寒清里，柔润育阴。外感热病当用寒凉清解邪热，内伤杂病要注重使用甘凉药养阴生津。应慎用或不用辛温燥热、劫津伤阴之剂，或在辛温之中兼以寒凉，温燥之中伍以滋润，皆系此意。

（三）临床指导意义

小儿生机旺盛，生长发育迅速，阳气自然有余，易化火化热，热证较多，因此，热者寒之是基本的正治法则，寒凉学说丰富了儿科基础理论的内容，并广泛用于临床治疗。特别是体质壮实、病程尚短、实热证候明显的病证，应用寒凉学说指导治疗能够提高临床疗效，有着普遍应用价值。由于小儿易寒易热，凉之易生寒，寒之易损阳，育阴易恋邪。故用药治疗时也必须分辨小儿体质阴阳之偏胜。偏于火者病温病热，火热之病则凉之寒之；偏于水者病清病寒，寒水之病则温之热之。各救其偏，以抵于平。因此，寒凉清热护阴的治疗方法也要在辨证论治的前提下使用。

（俞景茂）

第二节　五脏辨证重肺论

肺位于胸中（上焦），为五脏六腑之华盖，其经为手太阴肺经，起于中焦，下络大肠，环循胃口，贯膈属肺，从肺系横出，向下沿上臂内侧下行到肘窝中，沿臂内侧前缘进入寸口，经过鱼际，出拇指内侧端。从列缺处分出一支，一直走向食指内侧端，与手阳明大肠经相接，为十二经脉之始。开窍于鼻，外合皮毛。它的主要功能是主气，司呼吸，为人体与自然界气体交换之通道。肺朝百脉，主治节，为相傅之官，主魄，为水之上源，阳中之太阴。面部望诊，"右腮为肺"（《小儿药证直诀·面上诊》），"小儿热病者，右颊先赤"（《素问·刺热》）。在五行属金，四季应秋，六气应燥，五方应西，五化应收，五味应辛，五音应商，五声为哭，五志为悲（忧）。切脉独取寸口。

小儿呱呱坠地，其哭声表示肺已开张，肺循环开始，新的生命诞生了。然而初生小儿初离母腹，由宫内环境转变为宫外环境，由羊水包裹之中转变为自然界空气的养育之中。然而空气之中的不正之气不论从口鼻而入或是从皮毛而受，均先及于肺。所以小儿肺系疾病在儿科尤为多见，占儿科发病率的60%～70%，故尤当重视之。

一、肺之生理病理

1. 肺主气，司呼吸

气是人体赖以维持生命活动的精微物质，来源于水谷之精及吸入人体内的大自然之气（氧气）。体内的水谷之气，与脾脉转输上注于肺之大自然之气，两者结合，积于胸中，称为宗气，是为气海。宗气出喉咙以行呼吸，贯心脉以布散全身。人体上下表里之气均为肺所主，所以《素问·五脏生成论》说："诸气者，皆属于肺。"《难经·十四难》说："损其肺者益其气。"

2. 肺朝百脉，主治节，为相傅之官

肺是人体血液交汇之处，通过肺气的作用，营养输布全身。虽然是心主神明，但人体生命活动还得依靠肺之辅助方能维持。心主血，肺主气，气行则血行，人体凭借气血的循环运行以输送养料，维持各脏腑组织的功能活动及其相互间的正常关系。心与肺，血与气，是相辅相成，互助为用，密切关联着的。所以《素问·五脏生成论》说："肺为相傅之官，治节出焉。"

3. 肺开窍于鼻，主声

鼻为肺之外窍，肺气通于鼻，肺和则鼻能知香臭。肺主声，肺气利则声音能彰。外邪袭肺多从鼻咽而入，多见鼻塞流涕、喷嚏、喉痒、咳嗽、声哑、失声等症。诊察小儿鼻窍的变化可作为从肺论治的依据。

4. 肺主皮毛、宣发卫气

肺在内，外合皮毛，皮肤之汗孔有散气的作用，是为"气门"，皮毛赖肺卫阳气之温煦，才能润泽，若肺气虚弱，不能行气以温皮毛，皮毛之营养不足，就会憔悴枯槁。《灵枢·经脉》说："手太阴绝则皮毛焦。"卫气具有抵御外邪，保护机体的作用。《灵枢·本脏》说："卫气者，所以温分肉，充皮肤，肥腠理，司开阖者也。"卫气生于水谷，原于脾胃，行于脉外，输布周身，是机体主要的防御功能。卫气不固，抵御外邪能力下降，容易感邪，百病由此而生。清除肺部病灶，切断病邪内侵的传变途径，防变于未然，从而达到邪祛正安的目的。

5. 肺气肃降，通调水道，为水之上源

人体各组织内水液的运行和排泄，不但依赖于脾之健运，还与肺之肃

降有关。《素问·经脉别论》曰："饮入于胃，游溢精气，上输于脾，脾气散精，上归于肺，通调水道，下输膀胱，水津四布，五经并行。"《灵枢·决气》曰："上焦开发，宣五谷味，熏肤、充身、泽毛，若雾露之溉，是谓气。"肺气肃降失常，上逆为咳为喘。水液泛滥肌肤，小便不利，形成水肿。肺通过气化参与调节人体的水液代谢，如布散津液、排出汗液、形成尿液等均和肺相关。

6. 肺与大肠相表里

肺与大肠通过经脉隶属互为表里。宣上可以通下，泻下可以宣上，通利大肠以疏通肺气之壅实。热结大肠，里热壅盛，可致肺气不得宣肃，阳明腑气不得通降，其气逆上，此时若上病下取，泻下腑实可以缓解肺气的壅塞。近代报道胃肠内的气体主要依靠肠壁血液循环吸收，由肺排出。肠内气体经肠壁血液循环吸收再由肺部排泄之量，较由肛门排泄之量高出20多倍。泻腑通便可使肠道毒素从肛门排出体外，一定程度上缓解了肺气的喘急。

7. 切脉独取寸口

寸口又名气口、脉口，位于两手桡骨头内侧桡动脉的诊脉部位，属于手太阴肺经。该处太渊穴去鱼际仅一寸，故名。太渊穴是肺经原穴，有"脉会太渊"之说。肺主气而朝百脉，寸口又为脾胃之气所归，全身脏腑气血的功能状况都可以从寸口脉上体现出来。桡骨茎突处为关，关之后为尺。寸关尺是寸口诊法的三个部位。《难经·一难》曰："寸口者，脉之大会，手太阴之动脉也……五脏六腑之所终始，故法取寸口也。"《素问·经脉别论》曰："气口成寸，以决死生。"在寸口诊法中，右寸专候肺。

小儿寸口部位短小，桡骨茎突尚未长成，骨骺尚未完全闭合，关脉部位不显，故婴幼儿采用一指定三关，幼童可以三指紧布，从手太阴肺经之脉了解脏腑的变化。仅以浮沉迟数有力无力，来分辨疾病之表里寒热虚实。由于小儿"脉难以消息求，证不可言语取，孩提之童尤甚也"（《小儿药证直诀·钱乙后序》），故小儿脉诊有一定难度，但仍有一定的参考价值。

8. 肺为娇脏，肺常不足

此说见于明代万全《育婴家秘·五脏证治总论》"肺为娇脏，难调而易伤也……天地之寒热，伤人也，感则肺先受之"。

小儿呼吸频率较快，易出现呼吸节律不齐，婴幼儿为腹式呼吸，呼吸肌易疲劳；学龄儿童为胸腹式呼吸，肺活量小，潮气量与气体弥散量小，气道阻力大，随着年龄增大而递减。

小儿呼吸道鼻腔短小，婴儿时期无鼻毛，鼻黏膜柔弱而血管丰富，咽部相对狭小且较垂直，鼻咽部富于淋巴组织，扁桃体1岁以后逐渐增大，其发育先慢后快，随后又减慢，是呼吸道的第一道防线。小儿的呼吸道气管、支气管相对狭窄，软骨柔弱，缺乏弹性组织而富于血管，纤毛运动差，黏膜容易肿胀，肺部弹力组织发育差，肺活量较小，一旦感染炎症易于泛化，病理产物易潴留堵塞，不易廓清。肺泡的形态发育主要在生后3年内完成。

小儿时期免疫功能不健全，从母体获得的抗体6个月后逐渐消耗，自身抗体产生不足，到10～13岁时接近成人水平。新生儿、婴幼儿咳嗽反射弱，纤毛运动功能差，肺泡巨噬细胞功能欠佳。婴幼儿的sIgA、IgA、IgG亚类含量均低，乳铁蛋白、溶菌酶、干扰素、补体等数量和活性不足，故易患呼吸道感染。这些指标可以说都是中医学上"肺常不足"的物质基础。

二、肺之病因

呼吸道以独特的方式暴露于自然环境中，每时每刻都离不开空气。空气既能养人，使人得以生存，又会损人，使人患病。这是因为空气中常夹杂各种有害致病物，如病毒、细菌、支原体、霉菌、PM2.5（大气中直径≤2.5μm的颗粒物）造成的雾霾天气等，是诱发肺系疾病的主要因素。

（一）外因

1. 外感六淫之邪

六淫之邪尤以风邪为百病之长，特别是在季节交换之时，易侵袭儿体。风邪常夹寒、夹暑、夹湿、夹燥，形成各种各样的外感表证。《难经·四十九难》说："形寒饮冷则伤肺"，说明除了外感之外，饮冷过度也会导致肺系疾病的产生。

2. 外感疫毒之邪

自然界中具有传染性的不正之气，侵袭儿体，使小儿易患各种各样的传染病。如风疹、麻疹、幼儿急疹、猩红热、水痘、痄腮、手足口病、禽流感等，都是经上呼吸道侵袭感染获得的。邪毒蕴于肺卫，由里出外时开始发病，首先出现的是外感表证。由于预防各种传染病疫苗接种的普及，儿科呼吸道传染病已明显减少，有的已消灭，但仍有散发及复燃之可能。

3. 环境污染

工业化有害气体排放、汽车尾气、居室装饰形成的有害物质、PM2.5造成的灰霾天气等对人体健康的危害已引起当今社会的高度重视。直径10μm以上的颗粒物会被挡在人体鼻子外面；直径在2.5～10μm的颗粒物，能进入上呼吸道，但部分会被鼻腔内部的绒毛阻挡，部分能通过痰液排出体外，对人体危险相对较小；而直径在2.5μm以下的细颗粒物，不易被阻挡，被吸入人体后直接进入支气管，干扰肺部气体交换，能引发哮喘、支气管炎和心血管疾病。PM2.5还可以成为病毒或细菌的载体，为呼吸道传染病推波助澜。PM2.5浓度越高，儿童呼吸系统的发病率也越高。

4. 异物刺激

先天因素造成特异体质使小儿对某种物质具有过敏反应。最常见的有尘螨、花粉、动物羽毛、食物（如奶、鸡蛋白等），一旦吸入或摄入这些过敏物质均可引起人体的过敏反应，出现某一组织或器官甚至全身的强烈反应，导致不同程度的功能和组织损伤，其中肺系的过敏反应尤为强烈。

（二）内因

人体为了防止这些有害物质的侵袭，逐渐形成了精密的防御机制，这主要依靠肺所主的宗气、卫气。然而，小儿脏腑娇嫩，尤以肺脏最为突出。藩篱疏薄，皮毛疏松，自然界的不正之气最易侵袭儿体。

1. 肺气不足，卫外不固

《素问·刺法论》说："邪之所凑，其气必虚"，这是小儿发病的根本原因。这与小儿时期体质、免疫、生理、病理特点密切相关。

2. 先天不足，体质柔弱

父母体弱多病，或妊娠时患病，或早产、双胎、低体重、试管婴儿，胎气孱弱，出生后肌肤嫩怯，真阳虚馁，消瘦羸弱，不耐自然界中的不正之气的侵袭。

3. 后天失调，脾虚失养

肺气的充实依赖于后天水谷精气的充养，人工喂养或母乳不足、过早断乳、偏食、择食、长期食量不足，脾运无力，母病则子虚，肺气失充，因而感邪。《金匮要略·脏腑经络先后病脉证并治》曰："四季脾旺不受邪。"可见脾胃健全与否，是儿科肺系疾病发病的基础之一。

三、肺经主证

肺经病证错综复杂，《灵枢·本神》说："肺气虚则鼻塞不利，少气；实则喘喝，胸盈仰息。"《小儿药证直诀·五脏病》曰："肺病，闷乱，哽气，长出气，气短喘息。"但以风、热、咳、喘（哮）为肺经主证。

1. 风

风为百病之长，善行而数变，风易夹寒、夹热、夹湿而侵袭儿体。外感诸症均责之于风。过敏性疾病亦为风邪作祟，鼻及咽喉诸症均与风邪外袭相关。感冒、鼻炎、咽炎、喉炎、扁桃体炎、腺样体肥大等上呼吸道疾病，均责之于风。

2. 热

发热是肺系疾病的常见症状。一旦发热，首先考虑外感发热，即肺感外邪所致，往往见有外感表证，法当解表。一旦表证失治，而热尚未退，当考虑是否由表入里，法当清肺。

3. 咳

不论外感内伤均令人咳。咳是肺气失宣，清肃失令之征。"肺为脏腑之华盖……只受得本然之正气，受不得外来之客气，客气干之则呛而咳矣；亦只受得脏腑之清气，受不得脏腑之病气，病气干之，亦呛而咳矣"（《医学三字经》），故可见肺受邪多有咳症。

4. 喘（哮）

咳之不愈，喘哮乃生。先咳而喘（哮），反复不愈。今之肺炎、支气管炎、哮喘、毛细支气管炎、喉软骨软化病均以喘（哮）为主证。《素问·至真要大论》曰："诸气膹郁，皆属于肺。"《小儿药证直诀·五脏论治》曰："肺主喘。"喘（哮）是严重肺系疾病的表现。

四、肺系疾病中的中医药优势病种

中医中药治疗肺系疾病具有优势。有些肺系疾病的某一阶段应用中医中药具有明显的疗效，结合诊疗实践，举例如下：

1. 鼻鼽（过敏性鼻炎）

鼻鼽（过敏性鼻炎）以鼻塞流涕、打喷嚏、鼻痒为主要特征，常有过

浙江中医临床名家·俞景茂

敏史，着凉后加重。治当疏风散寒，通窍养血。先拟辛温宣透之剂，"发表不远热"（《素问·至真要大论》），或辛温辛凉并剂，控制病情，后用补气固表，养血疏风之剂巩固。吴鞠通《温病条辨·治病法论》有"治上焦如羽，非轻不举"之论，轻可去实，宜苍耳子散加味。"治风先治血，血行风自灭"，故方中又加养血疏风之味，如川芎、牡丹皮、赤芍等。

2. 感冒（上呼吸道感染）

感冒（上呼吸道感染）常见鼻塞流涕、咽红作痛，并伴有发热、畏寒、咳嗽、头痛等症，治疗当疏风解表，散寒清热。拟辛凉辛温并剂，使风寒风热两解，宜银翘散加减。

3. 乳蛾（扁桃体炎）

乳蛾（扁桃体炎）以咽喉两侧喉核红肿疼痛，吞咽不利为特征。有脓性分泌物者为烂乳蛾（化脓性扁桃体炎），常伴有高热；肿大日久不消者为木蛾（扁桃体肥大），常疼痛不著，中医药治疗优势体现在预防化脓性扁桃体炎反复发作和消散慢性扁桃体肿大，预防感冒。当风热外侵时可用银翘散加味，里火炽盛时可用清咽利膈汤，脾肾阴虚日久不已者用知柏地黄汤加减。

4. 痰瘀互结颃颡（腺样体肥大）

痰瘀互结颃颡（腺样体肥大）常见夜寐打鼾，呼噜声重，张口呼吸，X线片或CT提示鼻咽部腺样体肥大。中医药优势在于预防感冒，散结消肿，疏风化瘀。习用自拟方，名宣通散，药用辛夷、荆芥、细辛、炙麻黄、蝉衣、北沙参、怀牛膝、丹参、生地、铁皮石斛、山海螺、皂角刺、三叶青、炙甘草。此方消补兼施，寒温并用，切合小儿生理病理特点。

5. 咳嗽（支气管炎、过敏性咳嗽、百日咳综合征等）

引起咳嗽的病因病机较为复杂，但不论何种咳嗽，其病机的关键是肺失宣肃，痰阻气道。支气管炎咳嗽宜定喘汤加减，过敏性咳嗽宜止嗽散，百日咳综合征咳嗽宜桑白皮汤加减。

6. 肺炎喘嗽（病毒性肺炎、支原体肺炎、麻疹合并肺炎等）

支原体肺炎好发于5～8岁的儿童及青少年，咳嗽症状突出而持久，肺部体征少而X线改变出现早且较严重。可在小学、幼儿园等处引起小流行，流行传播缓慢，病程较长者可达数月之久，血白细胞计数正常或稍升高，血支原体抗体阳性，红霉素治疗有效。但部分病例对红霉素不敏感，此时应用中医中药有显著优势。由于该病以咳嗽为著，故可用止嗽散加减先治其标，沙参麦冬汤、六君子汤善其后。

腺病毒肺炎多见于6个月至3岁的婴幼儿，起病急骤，稽留高热，热程1～3周不等，全身中毒症状显著，频咳，3～5日后可出现喘憋、呼吸困难、紫绀等。此时可用王清任解毒活血汤，麻疹合并肺炎时也可用。此方解毒活血两大法则结合运用。连翘、甘草清热解毒；葛根、柴胡鼓舞胃气，祛邪达表；当归、生地黄、赤芍、红花活血化瘀；佐少量枳壳理气，以助活血之功。

支气管肺炎恢复期，往往出现气阴两虚，肺脾不足之象，症见间断咳嗽、纳少、易汗、舌红、苔剥，脉数无力，均宜沙参麦冬汤、六君子汤滋养气阴，调理中州。

7. 风痰郁肺（毛细支气管炎）

小儿毛细支气管炎是2岁以内婴幼儿常见的下呼吸道感染性疾病，主要由呼吸道合胞病毒引起。发病前有感冒症状，突然发作喘憋，伴烦躁不安，呼吸、心率增快，严重者鼻煽、三凹征、发绀等，发热程度高低不一，也可以不发热。两肺听诊可及广泛哮鸣音，不喘憋时可听到中细湿啰音。病情易反复，并最终导致支气管哮喘。中医辨证属风痰郁肺者，宜用定喘汤加减。缓解后用六君子汤缓调。

五、五脏辨证，注重肺经

五脏辨证是儿科主要辨证方法。病在肺当治其肺，但五脏是相互关联的整体，其间有生克制侮的关系，且各家学术观点及临证经验不同，故亦有"病在肺而不治肺"之说、"不治肺而肺病自愈"之验。突出从肺论治不但可以治疗肺经本身疾病，而且可以治疗肺经以外的疾病，并能预防疾病的传变。

（一）提壶揭盖法

小便不通，膀胱胀满，病在下，法当淡渗利尿，若不效，可用"提壶揭盖"之法，宣其上而利其下。

验案举例 姚某，男，10个月。

首诊：2011年3月3日。主诉：小便不解，少腹胀满半天。伴有发热、咽干、口渴多饮，咳嗽气短。外阴无殊，小腹胀满，按之哭闹不安，听诊两肺呼吸音粗，未及干湿啰音，舌红，苔薄白，脉细数。此起病急，病程短，正气未虚，兼有肺系症状，实为肺热所致癃闭，拟清肺揭盖，宣上通下，方用三拗汤合清肺饮（《证治汇补》方）。

处方：炙麻黄1g、杏仁4.5g、茯苓6g、黄芩4.5g、桑白皮4.5g、车前子（包煎）6g、栀子4.5g、生甘草2g。煎100ml，分3～4次服。

第二汁药后小便即解30～50ml，少腹胀满顿减。送尿常规检验未见异常，继服2剂而诸症均愈。

点评　小儿不明原因之尿潴留，利尿药不一定能利尿，宣肺药反能将小便利出。此方的作用关键是取麻黄之宣肺，肺为水之上源，宣上可以通下，肺气得宣，小便自利。《素问·五常政大论》曰："病在下，取之上。"

（二）逆流挽舟法

腹痛，大便下痢赤白，身热不解，此乃表邪入里，热结大肠，气滞血腐，法当使由表入里之邪，仍由里出表，如逆流挽舟。方用人参败毒散、葛根芩连汤。

验案举例　唐某，男，3岁。

首诊：2002年11月11日。主诉：发热2天并伴有蛋花样稀水样大便10余次1天。腹痛，里急，纳呆，偶尔呕吐，咽红，大便常规提示有少许白细胞，大便轮状病毒抗原测定阳性，舌红，苔中薄黄，脉浮数。病前曾因支气管肺炎住院治疗，此为出院第2天，出院后又发热、腹泻，要求中医药治疗。此为外感风热邪毒，热结大肠而成协热下利，法当使内陷之邪仍由表而解，方用葛根芩连汤加味。

处方：黄连3g、黄芩4.5g、葛根12g、炒赤芍6g、焦山楂6g、炒枳壳4.5g、炙甘草2g。

服药后热平利减，纳稍增，继续服用2剂而平。

点评　此例为秋季腹泻，病原为轮状病毒，属于中医学"外感泄泻""秋泻"之属。葛根芩连汤中四倍葛根为君，黄芩、黄连、甘草为佐，其意为解肌表，兼清里热，是为表里双解之剂。

（三）肝病治肺法

"诸风掉弦，皆属于肝"（《素问·至真要大论》），多发抽动病在肝。眨眼、皱眉、噘嘴、伸颈、摇头、甩手、蹬脚、腹肌内收、喉中异声之怪异动作皆责之于肝风内动之状。但本病每在外感时加重或复发，此时当责之于肺，平肝中兼以清肺方能收效。常用天麻钩藤饮。

验案举例 钱某,男,10岁。

首诊:2011年4月12日。主诉:时时眨眼、摇头、转颈3个月,加重1周。1周来因感冒上述抽动诸症加剧,咽喉不利,喉中有吭吭异声发出,时有单声咳嗽,鼻塞,有少许清涕,心情急躁不耐,舌质红,苔薄白,脉浮数。此乃外风引动内风之征,法当平肝之中兼以清肃肺气,疏风缓急。

处方:天麻6g、钩藤(后下)9g、桔梗6g、蝉衣3g、白蒺藜6g、沙苑子6g、生地黄12g、制首乌12g、炒赤芍6g、全蝎3g、白菊花6g、淮牛膝6g、炙甘草3g。

二诊:上方服5剂后感冒症状逐渐消失,抽动诸症趋缓,异声渐消,心情开始活跃。

处方:上方去桔梗、蝉衣、菊花,加北沙参6g、铁皮石斛(先煎)6g、决明子9g。

守方服用2个月,诸症渐平。

点评 多发性抽动属于中医学"肝风内动"之症,重在平肝息风,但因外感风邪,内外相合,导致病情加重,治疗尤当注重肺经,疏散外风,若外风与内风不相结合,势必孤矣,此之谓也。

(四)肾病治肺法

外感风邪,风水相搏。水气泛滥,周身水肿。此时当疏风利水,使风与水不相搏,小便自利。常用麻黄连翘赤小豆汤。当紫癜及肾,尿检有红细胞,感冒后加重,常见扁桃体肿大,法当从肺论治。

验案举例 李某,女,10岁。首诊:2011年4月12日。患儿1年前因过敏性紫癜住院治疗,愈后继续上学,尿常规正常,未加注意。但近日感冒,咽红,扁桃体Ⅱ°肿大,有陷窝,皮肤未见新鲜出血点,尿常规示红细胞2+,舌红,苔薄白,脉浮数。此乃风邪伤络,紫癜及肾之象,法当疏风清咽,凉血安络,方用银翘散加减。

处方:银花12g、连翘9g、淡竹叶6g、荆芥6g、大力子6g、桔梗4.5g、女贞子9g、白茅根12g、牡丹皮6g、生地黄12g、浙贝6g、山海螺12g、三叶青6g、黄芩6g、炙甘草3g。

二诊:上方服2周后,咽红消退,扁桃体肿大明显缩小,尿常规少许红细胞。

处方:继服2周后用六味地黄丸加白茅根、三叶青、女贞子、怀牛膝、山海螺继续调理，巩固疗效。

点评 紫癜性肾炎症状隐匿，但尿常规提示肾损害，日久难愈，故当及早预防。本例感冒后尿红细胞2+，与过敏性紫癜相关，咽喉不清，肾络终不得安宁，故用银翘散轻清在上，后用六味地黄丸清补于下，待其青春发育之际，助其强壮而痊愈。

（五）心病治肺法

外感风寒、风热之邪，邪毒侵心，心脉失养，悸动不安，脉结代。此时当清肺复脉，使邪毒廓清，心脉得宁。方用银翘散加减。

验案举例 钱某，男，11岁。

首诊：2012年8月。素有哮喘病史，每因感冒诱发。近2周来出现四肢无力，胸闷叹息，面色苍白，舌淡红，苔薄白，脉浮数无力不整。心电图示窦性心律不齐，西医拟诊疑似病毒性心肌炎，中医辨证为风热邪毒内侵心脉，血脉受损，法当清热解毒，宁心复脉，方用银翘散加味。

处方：银花9g、连翘9g、竹叶9g、荆芥6g、大力子6g、豆豉12g、桔梗6g、鲜芦根20g、黄芩6g、苦参6g、瓜蒌皮6g、杏仁6g、浙贝6g、丹参6g、太子参6g、炙甘草3g。

上方服2周后体力开始好转，能坚持上学，后用《伤寒论》炙甘草汤调理半年，病情稳定，哮喘未发作，心电图、心肌酶谱均正常，已参加学校足球队。

点评 病毒性心肌炎病在心，反以治肺。邪毒从肺系而入，郁而不解，内侵心脉，伤及心阴心阳，邪毒不能廓清，病情难以稳定，只有邪去方能正安。故用清肺解毒，疏风宣肺之味取效。由于导致邪毒侵心的重要因素是体质虚弱，故在清心之中必兼护心活血之味，如太子参、丹参等。邪毒廓清后，方可用补益心气，滋养心脉收功。古方参苏饮、人参败毒散中用人参就是这个道理。

总之，五脏辨证，注重肺经，是从脏腑之间互相影响，互相制约，以及肺常不足，形气未充，易为外邪侵袭，肺经受邪之后又极易传变，易传心、碍脾、伤肝、侵肾。注重肺经，从肺入手，不仅可以治疗肺系本经的病证，将疾病消灭在萌芽状态，清除肺系病灶，已病防变，又能治疗与肺系有关的其他脏腑的病证。不失为儿科治疗的一大法门。

（俞景茂）

第三节 腺样体肥大论治

腺样体又称咽扁桃体、增殖体，位于鼻咽顶后壁中线处，为咽淋巴环的组成部分，属于人体的免疫器官，含有各个发育阶段的淋巴细胞。如B细胞、T细胞、浆细胞和吞噬细胞等。腺样体既有体液免疫作用，又有细胞免疫作用。正常情况下，6～7岁时腺样体发育最大，青春期后逐渐萎缩，成人则基本消失，部分成人仍有残留。腺样体肥大是儿童时期的常见病，出生3天即可发病，严重影响小儿身体健康。据统计，腺样体肥大患儿90%以上合并扁桃体肥大，81%存在睡眠打鼾或合并呼吸暂停，20%伴复发性鼻窦炎，18%伴卡他性中耳炎，14.9%出现腺样体面容，8%出现鸡胸。有研究表明，腺样体肥大患儿头颅侧位X线片显示患儿头颈成角增大，硬腭变长，前中切牙间角变小，上、下颌角成角增大，审美线失衡，可见腺样体肥大对小儿的生长发育有诸多不利影响。因西医学多主张手术剥除，但扁桃体和腺样体对儿童（特别是3～5岁的小儿）咽部和整个上呼吸道的局部免疫功能有重要的作用，手术对患儿免疫功能的影响不容忽视。极少数患儿手术后还可能出现寰枢关节脱位，若不及时治疗将导致颈椎稳定性丧失，并可引起严重的神经系统后遗症。不少家长和患儿对手术有恐惧感，担心全身麻醉的副作用，并且手术多采用刮出术非摘除术，存在手术后腺样体可能继续肥大的隐患。故而运用中药内治疗法，也不失为治疗本病的另一蹊径。

一、发病机制

中医学认为鼻为气体出入之门户，司嗅觉，助发音，为肺系所属。《素问·阴阳应象大论》云："肺主鼻……在窍为鼻。"肺与鼻关系最为密切；另外，因脏腑的经络所属、表里关系、功能配合等因素，还与脾胃、肾等关系密切。鼻咽同司呼吸，由肺维系，共御外邪。儿童为稚阳之体，脏气未充，易为外邪侵袭，若失治或治疗不当，邪留鼻咽交界之处（颃颡），痰气结聚，腺样体增殖，颃颡不开，堵塞鼻窍而为病。幼儿期卫外不固，体质不坚，为抵御外邪入侵，腺样体自然增大，以防病抗病，此为生理性肥大。但在身体抵抗力低下时，经常受到附近器官及组织的炎症影响和急性传染病的

浙江中医临床名家·俞景茂

感染，腺样体又出现为病理性肥大。肥大后阻塞呼吸及鼻腔引流，鼻腔空气交换不利，副鼻窦发育不良出现颌面及口腔发育障碍，形成"腺样体面容"。清阳不升，呼吸不利，故精神不振，智力减退，记忆力差。由于阻塞咽鼓管，故有导音性听力下降。咽淋巴环受感染传给环外，故颌下淋巴结、颈淋巴结及枕部淋巴结肿大。平时肺部扩张不全，久而出现"漏斗胸"。鼻分泌物长期刺激，故前鼻孔及上唇发红浸渍。

小儿系稚阴稚阳之体，形气未充，脏腑娇嫩，肺脾肾常不足，本病的发生多与肺脾气虚、肺肾阴虚和痰瘀阻滞有关。

小儿肺卫不固，若玩耍过累，易感风寒风热之邪。风寒之邪从口鼻皮毛而入，内犯于肺，郁久化热，热郁不散，上蒸颃颡，或风热从口鼻而入，首先犯肺，肺经壅热，清肃失降，夹热循经蒸灼颃颡，致颃颡开阖不利，肺气失司；脾常不足，脾虚运化失司，津液化成痰浊，阻于颃颡，亦可致颃颡开阖不利，肺气失司；小儿阴不足，阳有余，肾常虚，加之感邪后易化火，虚火上灼，痰瘀阻于颃颡，而成本病。

二、临床征象

本病主要临床表现为鼻塞、睡眠打鼾，常并发反复上呼吸道感染；厌食、消化不良及营养不良；中耳炎，甚至听觉障碍；日久可出现增殖体面容（常张口，厚嘴唇，鼻唇沟浅，上唇短而上翻，上门齿暴露而突出，面容呆笨无表情）；鸡胸及漏斗胸；大脑缺氧而智力受限；睡眠呼吸暂停综合征，肺动脉高压及肺源性心脏病等危险病种。

因本病的发病部位比较隐蔽，中医古代文献中没有确切病证记载，根据其临床表现，与中医学"伤风鼻塞""慢乳蛾""鼻息""鼻窒"等病证相似。《灵枢·忧恚无言》说："颃颡者，分气之所泄…人之鼻泪涕出不收者，颃颡不开，分气失也。"这里所说的"颃颡"是指咽后壁上方的后鼻道，相当于鼻咽部，是人体与外界进行气体交换的主要通道。足厥阴肝经达于此处。"颃颡不开""涕出不收"可能与腺样体肥大有关。故本病的中医学病证名可为"痰瘀互结颃颡"。

三、诊断依据

根据病史、症状体征，对于合作的儿童应用鼻内镜或纤维鼻咽镜检查，可发现肥大的腺样体表面黏膜的分泌物，即可做出诊断。对于不合作的幼儿摄鼻咽部侧位X线片，在鼻咽部自然对比下，能清晰显示腺样体增大程度和气道受阻情况。

四、辨证论治

（一）急性期

症见鼻窒鼻堵，夜间呼噜声响，张口呼吸，甚则呼吸暂停，X线片提示腺样体肥大，堵塞4/5以上，常伴有扁桃体炎，舌红，苔薄白，脉浮数。法当急则治其标，拟疏风通窍、散结消肿。宜宣通散（自拟经验方）治之。

药用：辛夷、荆芥、细辛、炙麻黄、蝉蜕、牛膝、丹参、牡丹皮、生地黄、浙贝母、山海螺、黄芩、三叶青、北沙参、铜皮石斛、甘草。

方解：辛夷、蝉蜕、炙麻黄、细辛疏风散寒、宣通鼻窍；浙贝母、山海螺豁痰散结；丹参、牡丹皮活血化瘀；三叶青、黄芩清热解毒；北沙参、铜皮石斛、生地黄养阴润燥；怀牛膝引火下行；甘草调和诸药。苔白根腻者去铜皮石斛、生地黄，加炒鸡内金、焦六曲；兼有咳嗽者加杏仁、炙紫菀。

（二）迁延期

该期的临床表现较为复杂，大致分为三种征象。

1.肺脾气虚

症见鼻塞，涕色白，咳痰白黏，增殖体触之较软，神疲乏力，面色㿠白，表情淡漠，腹胀纳呆，易罹感冒，夜间打鼾，舌淡胖，有齿痕，脉细无力。治拟：益气健脾，化痰散结。方用玉屏风散合二陈汤加味。

药用：黄芪、太子参、炒白术、防风、半夏、陈皮、柴胡、升麻、浙贝、僵蚕、山海螺、茯苓、甘草。

方解：六君子汤合玉屏风散补气固表，柴胡、升麻升提疏散，僵蚕、山海螺化痰散结。腹胀纳呆不思饮食者加山楂、砂仁、鸡内金、谷芽、麦芽。鼻塞重、涕清者加细辛、白芷、辛夷。

2.肺肾阴虚

症见鼻塞，涕黄白，夜间打鼾，颅颞部干燥不适，增殖体肥大久而不消，扁桃体肿大，兼见头痛，健忘，夜卧不安，夜寐鼾声持续不断，多汗，磨牙，舌红少苔，脉细无力。治拟滋阴补肺、益肾填精。方用麦味地

浙江中医临床名家·俞景茂

黄汤加减。

药用：生地黄、怀山药、铜皮石斛、茯苓、牡丹皮、泽泻、玄参、麦冬、桔梗、百合、炒枣仁、象贝、地骨皮、山海螺等。

方解：麦味地黄汤去五味、萸肉之酸收，合玄参、百合、地骨皮清浮游之火，象贝、山海螺散结化痰。鼻塞重者加白芷、细辛、辛夷。健忘者加益智仁、女贞子、枸杞子。头痛者加川芎、杭菊花。

3. 气滞血瘀

症见鼻塞明显，增殖体肿大，质硬难消，日久不愈，夜间打鼾，呼吸困难，常张口呼吸，甚则呼吸暂停呈窒息状，或伴耳中闷胀，听力下降，舌质暗红或有瘀斑，脉涩。治拟活血化瘀、散结消肿。方用会厌逐瘀汤加减。

药用：赤芍、生地黄、川芎、丹参、柴胡、桔梗、枳壳、皂角、山海螺、僵蚕、甘草。

方解：赤芍、生地黄、川芎、丹参活血化瘀，柴胡、枳壳、桔梗理气行滞，皂角刺、山海螺、僵蚕消积化痰。咳痰量多，加浙贝、玄参、天花粉。有中耳积液者加泽泻、茯苓。涕黄者加黄芩、连翘。

4. 缓解期

症见鼻塞已宣，呼噜声已消，夜间能闭口呼吸，但易受凉，易感冒，病情易反复，面少华，食量偏少，形体较瘦弱，舌红，苔薄白，脉浮数无力。法当补气固表，扶正祛邪。宜柴桂汤加味。

药用：柴胡、川桂枝、炒赤芍、太子参、黄芩、姜半夏、蝉蜕、生黄芪、炙甘草、大枣。

方解：柴胡、黄芩、太子参和解表里，桂枝、赤芍、甘草、大枣调和营卫，生芪补气固表，蝉蜕疏风脱敏。纳少者加生山楂、鸡内金；咳嗽者加杏仁、象贝；扁桃体肿大者加山海螺、三叶青、皂角刺。

五、证治体会

中医药内治腺样体肥大优势突出，可使部分患儿免受手术之苦。反复上呼吸道感染是本病的主要发病机制。环境污染、雾霾侵袭是本病的外因；肺卫不固、藩篱疏薄是本病的内因。鼻窍堵塞，眠中打鼾，张口呼吸是临床主症，以此可以判断疾病的轻重缓急。急则治标，缓则治本是本病的基本治则。宣通鼻窍是治标之策，为了消肿，清热化痰、散结消瘀也不可少。扶正固本、养血疏风、消补兼施是治本之要。由于本病往往兼有哮喘、过敏性鼻炎、鼻窦炎、扁桃体炎（肥大）等病症，要分清主次缓急，恰当配伍，才能起到卓效。又由于本病与外感风寒关系密切，所以治标时宜辛温疏散为主，不宜苦寒凉遏。为防郁热化火，可稍佐辛凉之品，意即辛温辛凉并剂。宣通散是治疗本病的验方，在辨病的基础上按症适当加减，可用于各期腺样体肥大。山海螺、山慈菇、天花粉是散结消肿的要药，三叶青是清热解毒的专药。诸药的特点是味甘不苦，适合小儿久服。疗程宜掌握在1～3个月。前2周治标，后数周治本。防寒保暖是预防复发的重要一环。

（俞景茂）

第四节　论毛细支气管炎

小儿毛细支气管炎是2岁以内婴幼儿常见的下呼吸道感染性疾病。按病理病因分类，属于病毒性肺炎，主要由呼吸道合胞病毒引起，其次是腺病毒、副流感病毒。发病前有感冒症状，突然发作喘憋，伴烦躁不安，呼吸、心率增快，严重者有鼻煽、三凹征、发绀等。发热程度高低不一，也可以不发热。两肺听诊可及广泛哮鸣音，不喘鸣时可听到中细湿啰音，严重患儿可以出现呼吸性酸中毒、呼吸衰竭、心力衰竭等并发症。病情缓解后往往因为呼吸道再次感染而复发。约有1/3以上的患儿发展为支气管哮喘。

毛细支气管炎在我国古代医籍中没有专门论述，但有很多类似的记载。若以咳嗽、喘憋、哮鸣为主症时，将其归属于"哮喘"中；若兼有发热等外感表证时，则又归属于"风温犯肺""肺风痰喘"中；若发病急骤，暴喘胀满，三凹征明显时又可归属于"马脾风"中；若自初生至百日内咳嗽痰鸣者，又称"百晬内嗽"、"百日嗽"等。

一、证候病名溯源

《素问·通评虚实论》中有"乳子中风热，喘鸣息肩者，脉如何？岐伯曰：喘鸣息肩者脉实大也，缓则生，急则死"的记载，实为毛细支气管炎证候的最早描述。"乳子"当指哺乳的婴儿，外感风热邪毒，导致喘鸣肩息，呼吸困难，与毛细支气管炎发病年龄及主症相符。由于病情重笃，邪毒炽盛，正气亢奋，脉实大是脉证相符，若缓则胃气尚存，心气尚实，体温不高，故生；急则胃气将绝，心脉受损，高热不退，故危。

《伤寒论·辨太阳病脉证并治》中有"发汗后不可更行桂枝汤，汗出而喘，无大热者，可与麻黄杏仁甘草石膏汤"。虽未指出发病的年龄，但其"喘"与"身无大热"与毛细支气管炎主症接近，所用麻杏甘石汤至今仍是治疗本病的效方。

《幼科金针》云："小儿感冒，风寒入于肺经……遂发痰喘，喉间齁齁，咳嗽不得舒畅，喘急不止，面青潮热，啼哭惊乱。若不早治，惊风立至矣。唯月内芽儿犯此即肺风痰喘。"因此可以说肺风痰喘是类似于毛细支气管炎的中医学病名。

《医宗金鉴·幼科杂病心法要诀·喘证门》中有"暴喘传名马脾风，胸高胀满胁作坑，鼻窍煽动神闷乱，五虎一捻服最灵"的歌诀，所指出的五虎汤即麻杏石甘汤加细茶，是当时治疗多种肺炎的效方，合一捻金（即大黄、槟榔、炒黑白丑、人参等各等份）泻下腑实，是治疗重症毛细支气管炎的一大法门。肺与大肠相表里，泻下大肠的积滞，使邪毒从里而下，可迅速缓解肺气之壅实，也即上病下取之意。

《幼科要略·春温风温》云："春日暴暖而冷，先受寒邪，继为冷束，咳嗽痰喘最多……夫轻为咳，实为喘，喘急则鼻掀胸挺"，记述了毛细支气管炎病机演变由轻到重的过程。

《幼幼集成·百晬嗽论》云："……或出胎暴受风寒，或浴儿为风所袭，或解换裸裳，或出怀喂乳，而风寒得以乘之，此病由外来者；或乳汁过多，吞咽不及而呛者；或啼哭未定，以乳哺之，气逆而嗽者；此病出于内生者，皆能为嗽"，指出护理不当是本病的重要发病原因。

《婴童百问》曰："百晬内嗽，此名乳嗽，实难调治，亦恶症也，当审虚实而施治焉。实者散之，虚者补之"，说明百晬内嗽不是一般的咳嗽，病情较为严重，治疗较为困难，预后不良。可见百晬内嗽与毛细支气管炎、支气管肺炎、新生儿肺炎相关，不能等闲视之。

二、病因病机探讨

毛细支气管炎的病因病机与肺炎喘嗽大致相同，外因责之于外感风寒、风热邪毒，侵袭肺卫；内因责之于肺气屡弱，卫外不固。病位在肺卫，痰浊是其主要病理产物。

1. 护理不当，风邪外袭

小儿初生依赖于家长的呵护，若室温过低，衣衫单薄，外出吹风，哺乳急躁，或乳母感冒，感受风寒、风热之邪，风邪不论从皮毛而受，抑或从口鼻而入，均可及于肺，致肺气郁闭，宣降失司，清肃之令失职，痰浊阻于气道，从而出现咳嗽、气急、痰喘、哮鸣、发热诸证。西医学中的各种致病病毒多涵括于中医学的"风"邪之中。

2. 肺脾气虚，痰湿中阻

小儿肺脾不足，卫外不固，呼吸道的防御功能薄弱，特别是早产儿、低体重儿、双胞胎、试管婴儿等，出生时肺尚稚嫩，感邪之后由肺及脾，脾失健运，化湿为痰，痰湿中阻，气失宣降，使咳喘痰鸣诸证迁延不已，或已后又作。西医学中的过敏因素与此种体质的患儿关系密切。

3. 气滞血瘀，心阳虚衰

肺主气而朝百脉，心主血而运行营阴，气为血帅，气行则血行，气滞则血瘀。邪气郁肺，肺气闭阻，百脉运行不畅，血脉瘀阻，累及心血，轻者心气不足，重则心阳虚衰。此类患儿多为重症患儿，需见微知著，防微杜渐，挽病机于初起之时。

三、毛细支气管炎与哮喘、肺炎的中医学差异

西医学中的毛细支气管炎是肺炎的一种类型，病变的部位主要在毛细支气管，中医学认为这与风邪入络，孙络闭阻有关。肺炎大多表现为发热，甚至高热；毛细支气管炎不一定发热，或热不甚高。肺炎感冒症状较著，毛细支气管炎较肺炎发病更为急骤、喘憋明显、易致肺气肿。本病大多由呼吸道合胞病毒等引起。不论何种病毒引起，侵袭人体后，随着个体差异，会导致寒热虚实的多种变化。由于毛细支气管炎的发病年龄仅见于2周岁以下的婴幼儿，2~6个月为发病高峰，80%在1岁以内，就诊时往往是首次发作，或发作次数屈指可数。若初次未治愈，可导致日后反复发作，遂成支气管哮喘。所以毛细支气管炎是支气管哮喘的初始阶段，及早防治毛细支气管炎，避免反复，是降低哮喘发病率的关键之一。

毛细支气管炎患儿大多系过敏性体质，平时眼鼻作痒，连续打嚏，有婴

儿湿疹史、哮喘家族史的患儿日后更易导致哮喘。但毛细支气管炎因为是初次罹患，尚未反复多次，病情尚轻浅，年龄尚幼，病机尚单纯，只要治疗得宜，往往容易根治，不像哮喘有伏痰、宿根那样难以根治。

四、分证论治

毛细支气管炎的治疗重在治标，标症一解，随着蓬勃生机、充沛活力，康复也快，不必长期固本治疗，年龄越小，越容易截断。

由于婴幼儿时"证不可言语取，脉难以消息求"（《小儿药证直诀·钱乙后序》），故当以辨病为是，以病识证。一旦诊断明确，先治其标，后调其肺脾，务必于寒热虚实中求之。重症毛细支气管炎应中西医结合住院治疗，及时抢救。待病情缓解后可单纯中医中药治疗。目前门诊中遇到的毛细支气管炎病例，大多急性症状初步缓解，或经西医西药治疗仍未见明显好转、迁延不已的患儿，也有家长意识到病情易反复，为防其反复而前来预防性治疗。临证常见以下四种证型。

1. 风痰郁肺

症见咽红，发热，咳嗽气急痰鸣，哭闹不宁，纳减，听诊两肺可及哮鸣音或细小湿啰音，X线检查全肺有不同程度的梗阻性肺气肿，肺纹理增粗，散在小实变等。舌红，苔薄白，脉浮细数。拟疏风豁痰，平喘降逆。发热不高，咽红不甚，肢末不温，面色苍白者可用小青龙汤加减治疗；若发热较高，面色红赤，咽红较甚者可用定喘汤加减。

2. 痰浊郁肺

症见咳嗽气急痰鸣，体胖，有湿疹史，听诊可及哮鸣音，实验室检查：总IgE升高，嗜酸粒细胞计数升高。舌红，苔薄白，脉数细，指纹紫，治当化瘀消积，方用二陈汤合三拗汤加减。

3. 脾虚湿阻

症见咳嗽迁延不已，气喘痰鸣初平，喉中有痰，精神倦怠，纳少，平时易感冒，有湿疹史，听诊呼吸音粗，偶及少许干啰音，实验室检查：总IgE升高，嗜酸粒细胞计数升高。舌红，苔薄白或白浊，脉浮数无力，指纹淡紫，治当健脾化湿，方用六君子汤加味。

4. 气滞血瘀

症见咳嗽迁延，时缓时著，多次咳喘哮鸣，皮肤湿疹日久不已，多嚏，平时易感冒，形瘦，X线片提示肺纹理增粗、肺气肿等。舌红，苔薄白，脉浮数。治当活血化瘀，方用活血解毒汤加减。

五、验方与验案

（一）验方

鉴于上述认识，结合多年来的临证实践，对临床上常见的证候类型拟定了一个基本方，名毛支饮。其处方如下：炙麻黄1g、杏仁6g、浙贝4.5g、款冬花4.5g、川贝2g、制半夏4.5g、桑白皮4.5g、黄芩4.5g、葶苈子4.5g、地龙4.5g、丹参4.5g、炙甘草2g。

方中炙麻黄宣肺平喘，杏仁化痰降逆，浙贝化痰止咳，款冬花下气宁嗽，川贝润肺化痰，制半夏化痰燥湿，桑白皮下气泻肺，黄芩清肺，葶苈子下气降逆，地龙解痉豁痰，丹参活血化瘀，炙甘草和中缓急。咳剧者可加百部、紫菀；热高者可加杠板归、三叶青；风盛者加荆芥、蝉衣；湿疹较著者加白鲜皮、蛇床子；纳少食积者加炒莱菔子、砂仁。

可以看出该验方系《摄生众妙方》中定喘汤加减而成，加葶苈子协助降逆化痰，加川贝、浙贝协助桑白皮、黄芩、款冬花清热润肺、止咳豁痰，加地龙、丹参解痉活血，去白果者，肺感外邪，肺气壅实，病程短暂，不必收敛，去苏子性温，降气稍逊，不若用葶苈子苦寒泻肺力宏。故全方有清肺降气，豁痰平喘之功，恰合小儿易寒易热、易虚易实之病理特点。

（二）验案

余某，男，7个月。

首诊：2011年2月11日。

因毛细支气管炎（重症喘憋型）已住院6次，病原检查为巨细胞病毒感染，经西医药治疗后咳嗽初缓，气尚平，大便溏，日4～5次，母乳不足，混合喂养，胸片提示肺气肿。舌红，苔薄白，脉浮数。昨日刚出院，家长考虑其病情易反复而急来就诊。症见略咳，喉中有痰声，哭闹时气短稍喘，纳少，听诊两肺呼吸音粗，未及哮鸣音。此乃余邪未清，痰浊郁肺之证。法当清肃肺气，疏风豁痰，方用毛支饮。

处方：炙麻黄1.5g、杏仁6g、浙贝6g、款冬花6g、川贝3g、制半夏4.5g、桑白皮4.5g、黄芩4.5g、葶苈子4.5g、地龙4.5g、橘络2g、陈皮4.5g、百部4.5g、炙甘草2g。

服14剂后，病情尚稳定，但四诊时咳嗽又作，痰声又起，烦躁哭闹，夜寐不宁，听诊无殊，舌红，苔薄白，脉浮数。病情有反复之势，仍拟原法加减，继服7剂。

五诊时因大便溏薄，日数行，如蛋花汤样，大便常规检查找到轮状病毒（＋），在原方的基础上加乌梅炭6g、葛根9g、焦山楂6g、砂仁（后下）4.5g。炒白术6g、茯苓6g。连服4周后渐复，大便2日一行，较干秘，多口水，咳嗽未作，头汗，肢凉，活泼多动，余无殊。旋即开始调理脾胃，育阴生津。处方：北沙参6g、炒白术6g、茯苓9g、炒麦芽12g、生山楂6g、火麻仁6g、铜皮石斛（先煎）6g、麦冬4.5g、生地黄9g、川贝3g、杏仁6g、黄芩4.5g、制半夏4.5g、炙甘草2g。服2周后，咳嗽又作，午后气急，头汗肢冷，听诊无殊，舌红，苔薄白，脉浮数。病情又有反复之势，急予清肃肺气，疏风豁痰。处方：炙麻黄1.5g、杏仁4.5g、款冬花4.5g、川贝3g、制半夏4.5g、桑白皮4.5g、黄芩4.5g、葶苈子（包煎）4.5g、地龙4.5g、百部4.5g、蝉衣2g、炙甘草2g。服1周后，咳渐平，痰渐消，气尚平，继服4周后，病情又趋稳定，诸症又消，继从中调。处方：杏仁6g、制半夏4.5g、陈皮4.5g、桑白皮4.5g、川贝3g、款冬花4.5g、太子参4.5g、炒白术6g、茯苓6g、地骨皮6g、稽豆衣6g、黄芩4.5g、砂仁（后下）4.5g、炙甘草3g。服2周后病情稳定，生长渐快，体重明显增加，先后服药4月余，末次就诊时间6月10日，渐趋肥硕，仍在继续观察中。

点评 本例为重症毛细支气管炎，因喘憋严重而6次住院，虽能控制症状，但极易反复，经毛支饮加减治疗后，病情渐趋稳定，中途2周轮状病毒感染而腹泻，仍用中药治疗而得愈。后又因多汗着凉，咳嗽又起，气短似喘，似有复发之势，再用原方调治而趋平稳。方中炙麻黄为必用之味，勿因年幼而畏之，但剂量宜轻，1岁以内婴儿宜用1～2g，平均1.5g。炙麻黄合葶苈子一升一降，宣肃肺气；百部、地龙镇咳解痉，能迅速缓解喘憋症状；浙贝豁痰，川贝润肺，二贝合用，取其豁痰而不伤津，润嗽而不碍湿。关于疗程，当视病情而定，轻症1～3个月，重症3～6个月，方能截断。

（俞景茂）

第五节　小儿脾胃论纲要

脾胃论是研究脾胃的生理病理特点，注重脾胃功能的健全，从而防治疾病发生发展的医学理论，是中医学中脏腑病机理论的重要组成部分。脾胃的健全与否，对于小儿来说是生长发育所依赖的物质基础是否充实及体魄是否健壮的重要标志。儿科学上的脾胃学说正是围绕这个"后天之本"展开的。

一、历史源流

脾胃论源于《黄帝内经》《难经》，其经典之论有"饮食自倍，肠胃乃伤"（《素问·痹论》）、"损其脾者，调其饮食，适其寒温"（《难经·十四难》）等。后来《伤寒论》《金匮要略》等均有发展，但多以成人立论。而钱乙则承上启下，将《黄帝内经》及宋以前的脾胃学说首先运用于儿科，在小儿脾胃的生理、病理及辨证论治的运用等方面，有许多精辟的论述及独到的见解，对后世儿科学的发展及李东垣的脾胃学说的理论启示甚大。钱乙说："脾主困""脾胃虚衰，四肢不举，诸邪遂生"（《小儿药证直诀·腹中有癖》）。

钱乙重视脾胃的学术观点，经张元素而影响于李东垣，所著传世名著《脾胃论》提出了"内伤脾胃，百病由生""欲人知百病皆由脾胃衰而生也"（《脾胃论·脾胃胜衰论》）的观点。认为心肺肝肾的升降浮沉运动，多以脾胃为枢纽，故胃气一虚，五脏受病，阳气下陷，阴火上乘。元气旺则阳气升而阴火降，故创补中益气汤甘温除热。这些脾胃论的核心理论与钱乙之论如出一辙。钱氏认为小儿食积发热的病机是"脾胃虚而热发"（《小儿药证直诀·腹中有癖》），所拟白术散，实为儿科补气升提，甘温除热之剂。以上均被李东垣采纳，如"胃虚不能食，易大渴不止者，不可用淡渗之药，于白术散补之"（《脾胃论·肠癖下血论》），治疗伤津渴泻，也用白术散倍葛根。因此李东垣的脾胃学说可以说是在钱乙的影响下充实完善的。虽然钱乙从小儿的病因特点出发，提出注重调益脾胃，而李东垣从成人劳倦饥饱着眼，善于生发脾胃之气。二家虽各有所据，但也不难看出其中的源流。而钱乙《小儿药证直诀》早于李东垣《脾胃论》约130年。

明代万全提出"脾常不足"之说，其特别重视饮食调节对脾胃的重要性，提出节戒饮食也是小儿防病的主要手段，指出"胃者主纳受，脾者主运化，脾胃壮实，四肢安宁，脾胃虚弱，万病蜂起。故调理脾胃者，医中之王道也；节戒饮食者，却病之良方也"（《幼科发挥·原病论》）。

清代叶桂在《脾胃论》的基础上，进一步阐发了脾胃升降并创立了胃阴学说，既重视脾升，又重视胃降，善用甘平或甘凉濡润以养胃阴，适用于脾阴不足，胃有燥火之证，使脾胃分治之说更为彰明。

二、基本理论

脾胃论强调人以胃气为本，有胃气则生，无胃气则死。脾胃是人体气血生化之源。元气的充沛、脏腑的健壮与脾胃功能是否健全息息相关。

（1）"脾为后天之本"。明代李中梓从小儿脾胃特点出发，由博返约，指出"盖婴儿既生，一日不食则饥，七日不食则胃肠涸绝而死。经云：'安谷者昌，绝谷者亡'，胃气一绝，百药难施。一有此身，必资谷气，洒陈于六腑而气至，和调于五脏而血生，而人资之以为生者也，故曰：后天之本在脾"（《医宗必读·肾为先天之本脾为后天之本论》）。

（2）"四季脾旺不受邪"（《金匮要略·脏腑经络先后病脉证并治》）。脾胃之气既伤，则元气不能充，疾病之所由生。所以可以说脾胃（消化系统）是人体最大的免疫系统。脾胃失调，百病丛生。脾胃健全与否在儿科发病学及治疗学上至关重要。因此，重视和善于调治小儿脾胃，是脾胃学说的特色所在，而这种学说的形成又与脾胃在小儿时期重要的生理作用及脾胃病在儿科临床上有较高的发病率密切相关。

（3）"脾主困。实则困睡，身热，饮水；虚则吐泻生风"（《小儿药证直诀·五脏所主》）。钱乙用"困"涵盖脾经虚实两大证候类型，是脾气疲惫，脾失健而困遏的概括，是脾湿胃燥、脾升胃降、脾运胃纳失调的另一表述。其治疗重在运其精微，化其水谷，斡旋中气，解除湿困，以复其坤静之德，乾健之运。

（4）"脾常不足"（《幼科发挥·调理脾胃》）是万全在钱乙"脾主困"的基础上提出的小儿生理特点之一。小儿生机旺盛，发育迅速，但脏腑幼嫩，气血虚弱，脾胃的运化功能尚未健全，形成了营养需求大而消化负担重的矛盾，加之小儿饮食不能自节，生活不能自理，一旦冷热饥饱无度，则脾胃纳运之功能更易紊乱而出现纳呆、吐泻而导致消化不良、营养吸收不良的积滞、疳证、泄泻、虫证等脾胃病，所以小儿脾胃疾病尤多。现代研究显示，小儿时期胃酸和消化酶分泌不足，酶活力差，胃肠道分泌型免疫球蛋白（SIgA）低，正常肠道菌群尚未建立，胃肠动力易于紊乱等，这些客观指标佐证了小儿脾常不足之说。

（5）"小儿易为虚实，脾虚不受寒温，服寒则生冷，服温则生热"（《小儿药证直诀·虚实腹胀》）。因此调治小儿脾胃，力求攻不伤正，补不碍邪，冷去不热，热去不冷，采用攻补兼施、寒热并投，以通为补、力求柔润等法，以适应小儿脾胃的虚实寒热变化。

（6）"脾健不在补而在运"，这是江育仁教授在总结前人学术成果的基础上，结合自己的临证经验，概括而成的心得名言。也可以说是从钱乙补脾散（又名益黄散）、异功散方中悟出来的。"益黄不用补益中州，反用陈、青二橘辟除陈气，其旨最微。婴儿久泻，连绵不已，乳食积滞于内，故需二皮专理肝脾宿荫。即兼诃子以兜涩下脱，丁香以温理中州，甘草以和脾气，深得泻中寓补之法"（《张氏医通·婴儿门》）。

三、基本方剂

治疗脾胃病之方药较多，或补脾阳，或补脾阴；或从下泻，或从上散；或从中消，或从下消；或补中寓泻，或泻中寓补，或寒温并剂。恽树珏认为："《颅囟经》失传之后，能略存古意者，当以《小儿药证直诀》一书为巨擘矣，古经方失传之后，一二存者胥在《千金方》中，《颅囟经》失传后古意一二存者胥在《药证直诀》之中"（《保赤新书》）。可见钱乙所拟方剂可谓儿科之经方。现分述如下：

实则宜泻，这主要是针对胃热脾湿，食积痰火而立。如泻黄散（又名泻脾散），是钱氏泻脾代表方，为脾胃伏热而设。方以山栀、石膏泻其积热，更用防风、藿香疏散伏火，甘草和中，使不伤胃气，名曰泻黄，实是宣散脾家伏火之方。若脾胃实热在里，不宜外透者，则宜苦寒泻下，可用大黄丸。因大黄能泻阳明之热，黄芩能清肺胃之火，二味配合，使中州实热积滞得去，则诸热得平，又因此方为内疏之剂，小儿脾常不足，故用蜜丸以缓下之。若脾胃有热，不宜外透，则从里清，可用玉露散。此方为脏腑内热而设，取石膏入阳明，寒水石入少阴，分解中下焦之热，使下焦之热不上冲，中焦之热不旁流，而伤热之吐泻能解。合甘草者，甘以和之，勿损中气。若胃中有形之食积宿食，是因脾阳虚损，无温运之力，则先宜消积丸温下之。药用丁香、缩砂仁芳香悦脾、理气化滞之外，佐以少许巴豆荡积消滞，因小儿阴常不足，若温下太过，胃津易伤，故用乌梅涩肠生津以佐之。若脾阳虚馁，中气不足，寒气凝聚于中，则可用塌气丸之温运中消之；药用胡椒温中散寒，蝎尾逐邪下趋，木香理气、莱菔子消食导气。

虚则宜补，这主要是针对脾胃之气衰，中阳不振，胃津不足，体液耗损而言。如益黄散（又名补脾散），是钱氏补脾之代表方，为脾虚气滞、湿胜久泻而设。方中陈皮、青皮、丁香调气温中又能燥湿，诃子肉涩肠止泻，甘草甘缓守中，诸药相合治气滞于中、滑脱泻利之证。脾喜燥而恶湿，此方芳香温燥，有悦脾之性以复其用，故曰补脾。若胃有虚热、津液亏耗、中气下陷、渴泻不止，则须白术散。方以四君补中，木香、藿香芳香悦脾而健胃，葛根升清止泻，又能生津止渴，实为临床治疗渴泻之佳品，疳证初起之妙剂，唯多服则佳。若胃虚而有热，钱氏在《金匮要略》麦门冬汤基础上，加减化裁了藿香散。药用麦冬、石膏（据聚珍本）清胃热、滋胃津，半夏、藿香升清气、燥脾湿，甘草和中，使二者并行不悖。若脾虚气滞者，可用异功散，药用四君补益脾气，加陈皮以行气理滞，是为补而不滞、温而不燥之剂，加姜枣同煎，则能温调脾胃。若中气虚寒者，则宜调中丸、温中丸，补气温中，此二方与《伤寒论》理中丸相同，唯调中丸中炙甘草用量减半，温中丸用姜汁曲而不用干姜，故温中之力较调中丸稍逊，当视小儿中寒程度而选用之。

四、临证运用

（一）运用总则

小儿脾胃病的证候表现多端，然不外虚实寒热。其辨别之法，虽与成人同，但其症状表现又与成人有殊也。"囟门者，系于脾胃"，囟门应合不合，脾运不健耳；脾主眼胞，睡时露睛者胃气虚；喜伏卧者，尤如脘腹喜按也，故主胃弱。目下之地属肉轮地廓，承泣穴足阳明经别所过之处。小儿脾胃虚损，目下皮肉松弛而现暗斑。面有白斑者虫积或胃不和；寐中汗出者阳浮而阴弱，所谓胃怯出汗是也。大便色绿者惊泻，脾虚肝旺，肝木乘脾；地图舌者脾之气阴两虚；夜间磨牙者，虫积，也主胃气不和。虫疳羸瘦者脾胃久病，慢惊搐弱者脾虚生风。诸般证候，又为儿科所独有，或多见于儿科耳!

调治之法，以平为期，以运为贵，勿虚虚，勿实实。因"小儿易为虚实，下之既过，胃中津液耗损，渐令疳瘦"（《小儿药证直诀·诸疳》）。若有非下不可之证时，当量其体质之强弱、病情之轻重而下之。下之后当健脾。对于大苦大寒、大辛大热、滋腻滞补及毒性猛烈之品，尤应慎用。

（二）药味运用

调治小儿脾胃的药物众多，作用各异。概言之：补脾者以甘为主，以酸为次；泻脾者以苦为主，以辛为次。

"五味入胃，各归其所喜""甘先入脾"（《素问·至真要大论》），"脾欲缓，急食甘以缓之，以甘补之"（《素问·脏气法时论》）。甘温药有补气助运作用，用于脾胃气虚证，如人参、党参、太子参、黄芪、白术、山药等；阳虚者又须酌加辛热之品，如干姜、肉桂、川椒、菟丝子等。甘寒者具有养阴生津作用，主要用于胃阴虚证，如玉竹、黄芪、麦冬、沙参、生地黄等。呕家忌甘，中满属实者亦忌。

酸入肝。小儿肝常有余，酸以柔肝敛肝以防其侮脾。酸味药与甘味药合用，又具有"酸甘化阴"之妙，可以养阴益胃。酸味药有促进胃酸分泌的作用，可以帮助消化，所以酸甘之剂常用于积滞疳证、厌食、肝病乘脾之证。诚如吴瑭所言："调小儿之味，宜甘多酸少，如钱仲阳六味丸是也"（《温病条辨·解儿难》）。

苦味药有燥湿泻火的作用。脾为阴土，喜燥恶湿，对湿困脾胃者宜苦燥化湿之品；苦味药的燥湿作用，尤以苦温为著。药如苍术、厚朴花、陈皮、半夏等。苦而性寒者，则以泻火清热为主，兼以燥湿，多用于胃热胃火之证，或脾胃湿热，暑湿伤中之证。药如黄连、龙胆草、大黄、黄柏、黄芩等。苦寒伤胃，小儿稚阴稚阳，久用或用之太过"最伐生生之气"（《温病条辨·解儿难》），又难喂服，故用量宜轻，用之宜慎，又不宜久用。

对于暑湿困中者，宜选用芳香化湿药，如藿香、佩兰、苍术、砂仁、蔻仁等。对于湿困脾胃者，除用苦燥化湿法外，还须配用淡渗利湿之品，如茯苓、苡仁、泽泻、冬瓜仁、扁豆花等。

辛味药具有辛开行气的作用。主要用于中焦气滞、湿阻、食滞、痰喘、胀满、疼痛、吐泻诸证。除针对病因用化湿、消导、祛痰之品外，均需配合辛味理气药，如陈皮、枳壳、木香、砂仁、蔻仁等。辛散耗气，阴伤津乏者慎用。

消导药有消食助运的作用，主要用于食积厌食之证。脾胃怯弱者，食难磨化，宜消而导之。常用的消导药物为焦神曲、炒麦芽、焦山楂、鸡内金、炒莱菔子等。但应有所选择：哺乳婴儿奶积及由牛羊肉引起的积滞，宜选用砂仁、焦山楂；经常食米饭面食的小儿食积，宜选用焦六曲、炒麦芽、炒稻芽（南方称谷草）；多食生冷瓜果引起的积滞，宜选用焦山楂、鸡内金、公丁香、官桂；还可用所伤之物烧炭服之，谓之"朔原汤"，民间称谓"原汤化原食"。

胃以喜为补。所谓喜者，喜食之物耳。即从喜食之物来诱导胃气，待其食欲增进后，再按需补给。

以上略述调治小儿脾胃之大端。脾胃一健，肺气得养，心血得滋，肾水得制，肝阳得御，则不治咳而咳自愈，不治喘而喘自平，不治肿而水得利，不安神而寐自宁。所谓"补肾不若补脾"是也。然调五脏也可以安脾胃。脏腑得平，脾胃乃复。所谓"补脾不若补肾"是也。故对每一个病证尚需周密考虑。

除药物治疗以外，调治小儿脾胃病，还可采用推拿治疗，推拿疗法中，尤以捏积为最佳。

民谚曰："若要小儿安，须有三分饥与寒"，意谓父母不宜过分溺爱耳！当今小儿尤为可贵，但"过爱小儿反害小儿""肥者令人内热，甘者令人中满"。"乳贵有时，食贵有节"，调护得宜，生化有齐，胜过药饵。

（俞景茂）

第六节　小儿腹泻话诊治

腹泻是儿科的常见病、多发病，是我国列入重点防治的小儿疾病中的四病之一。腹泻在中医药中称为泄泻。凡是大便次数明显增多（一日超过3次），质稀如水，但又不伴有脓血者，称之腹泻。因为小儿营养需求大，消化负担重，不但要满足生命活动所需，还要满足生长发育所求。但小儿消化系统发育尚未完善，功能尚未健全，免疫能力尚未达到成人水平，胃肠sIgA低，酶的分泌不足、活力差，正常肠道菌群尚未建立，或虽已建立而易破坏，胃肠功能易于紊乱，肠蠕动时固定差，加上小儿不知自洁，易被污染的食品伤害，导致病毒、细菌、真菌、寄生虫等病原体从口而入，感染胃肠道而致腹泻。此外，在食物质和量的变化中，过量、过硬，难以消化，或乏乳早断、人工喂养，或腹部受凉均可导致小儿腹泻。

一般来说，细菌感染引起的腹泻，或腹泻导致不同性质、不同程度的脱水，使用抗生素及液体疗法，是西医药的优势，但对于伤食腹泻、秋季腹泻、乳糖不耐受腹泻、抗生素诱发的肠炎腹泻等，中医药治疗有相当优势，现将体会分述如下。

一、伤食腹泻

中医学中对伤食引起的腹泻，是指因食量过多、食物不易消化或腹部受凉等非感染因素引起者。主要采用健脾和胃、消食化积的治疗方法，提高脾胃的运化功能，使食物消化吸收，将营养输送到全身。诸如保和丸、伤乳丸、木香槟榔丸、五味异功散、六君子汤、参苓白术散等，都是治疗这类腹泻的良方，这类方药能有效提高小儿消化系统的免疫功能，增进食欲，消化乳食，吸收营养，使大便次数减少，质地变硬，腹泻会逐渐康复。若能细微辨证，适当加减，疗效更捷。如伤食泻中巧妙地运用神曲、谷芽、麦芽、山楂、莱菔子、鸡内金、砂仁、丁香、官桂等消导药则疗效会进一步提升。如婴幼儿伤乳用砂仁、焦山楂、草果仁；伤食则用神曲、麦芽、莱菔子；常食大米的小儿则用神曲、谷芽；因伤牛肉引起者则用草果仁、焦山楂；因多食生冷瓜果者则用焦山楂、鸡内金、丁香、官桂。食消积除，脾运得健，不治泻而泻自愈。诚如张景岳所言："胃不伤不吐，脾不伤不泻"，消补兼施，消不伤正，补而不滞，是伤食泻的最佳选择。

临证中会遇到一种特殊类型的婴幼儿腹泻，以大便色清（又称"绿便"）、黏稠不化，伴有泡沫，日3～4次到十余次，常伴有胆怯易惊、睡卧不安等症，称之"惊泻"，多见于2岁以内维生素D缺乏症或维生素B$_1$缺乏症的患儿。可用益脾镇惊散（人参、白术、茯苓、钩藤、朱砂）合痛泻要方（白术、防风、白芍、陈皮）加减（去朱砂）治之颇有效验。

二、秋季腹泻（轮状病毒肠炎）

秋季腹泻（轮状病毒肠炎）多发生于秋末冬初，6～24个月婴幼儿易感染，先有发热等上呼吸道感染的症状，病初1～2天常发生呕吐，大便呈黄色稀水样或蛋花汤样，有少许黏液，量多，无腥臭味。大便镜检仅有少量白细胞，可分离出轮状病毒，或直接用电镜可检测到该病毒，有一定的流行性。由于起病急，初起有感冒症状，属中医学"外感腹泻"，亦称"秋泻"，根据症状辨别系风寒泻抑或风热泻。风寒者宜藿香正气散加减，风热者宜葛根芩连汤加减，这类治法又称"逆流挽舟法"，也就是说使内陷之表邪仍由表而出。如藿香正气散中的藿香、苏叶、白芷、桔梗，葛根芩连汤中的葛根均是解表之剂，表解里清，腹泻可愈。外感症状不著者，亦可用七味白术散。由于本病是自限性疾病，病程为3～8天（少数较长），故中医药的疗效在于及早识别，及早干预方能突显其优势。此外，在改善症状、缩短病程、避免后遗症方面，能起到一定的作用。

三、乳糖不耐受腹泻

由于患儿乳糖酶缺乏以致母乳或牛奶中的乳糖不能完全分解，乳糖在肠腔被正常肠道菌群分解成短链有机酸（如醋酸、丙酸、丁酸等）和气体（如 CO_2、H_2、甲烷等），这些物质共同刺激肠壁，促进肠蠕动引起肠鸣、腹泻，直肠气体和渗透性腹泻，多见于2岁以内小儿。

乳糖酶的缺乏通常可分为两类。一为先天性乳糖酶缺乏，指自出生时机体乳糖酶活性即低下或缺乏，是人体常染色体隐性基因遗传变异所致；二为继发性乳糖酶缺乏，多继发于肠道轮状病毒感染引起腹泻，肠黏膜受损，导致产生和分泌乳糖酶的绒毛外膜损伤最重，该酶的产生减少引起腹泻。

由于本病是有乳糖酶缺乏所致，抗生素及止泻药物的效果不佳。目前采用无乳糖婴儿配方奶粉或鲜牛奶、豆奶及酸乳等不含乳糖的食品代替母乳、牛乳。而乳糖酶制剂因价格昂贵难以普及应用。

中医学对本病虽无专题论述，但按其临床表现可隶属于"小儿泄泻"一证中。可将本病分为脾胃湿热与脾胃虚弱两个证候类型进行辨治。结合现代对继发性乳糖酶缺乏症的病因认识，重在修复受损的绒毛外膜，廓清病毒，促进乳糖酶分泌，使本病得愈。

脾胃湿热证见大便稀溏或多泡沫，或伴黏冻，色黄酸臭，便次频数，肛周红赤或伴发热、口渴、呕恶、溲黄，舌红，苔黄或腻，脉细数。治拟运脾清热，化湿消积。常用苍术、车前子（包煎）、焦山楂各6g，黄芩4.5g，生谷麦芽、煨葛根各9g，砂仁（后下）2g。

脾胃虚弱证见大便稀溏夹有不消化食物残渣，久泻不愈，乳食减少，形体较瘦弱，面色少华，舌淡红，苔薄白或薄腻，脉细弱。治拟运脾和中，理气化湿。常用苍术、白术、茯苓各6g，生麦芽、煨葛根各9g，砂仁（后下）、太子参各4.5g，陈皮3g。取苍术善行助运燥湿，走而不守；白术善健脾渗湿，守而不走，二者相兼而用，可补运兼施。砂仁、麦芽善消乳食之积。葛根升提举陷，解肌生津。此外可根据证候之寒热虚实适当选用乌梅（或炭）、生山楂（或炭）、黄连、黄芪等味，以提高疗效。由于此类腹泻的病程较长，并非数剂可愈，应守方缓调1～2个月，待大便成形后恢复普通奶粉喂养，再巩固2～4周，方可停药。

四、抗生素诱发的肠炎腹泻

长期使用抗生素，导致肠道菌群失调，耐药菌生长，易引起肠炎腹泻。如伪膜性小肠结肠炎。黄绿色水样便，有伪膜，少数大便带血，可伴有腹痛、腹胀，严重者可休克。这种腹泻病情往往错综复杂，病程较长，寒热虚实均可见到，治疗较为困难，除停用各类抗生素外，可用《伤寒论》厥阴篇中的乌梅丸。该方取乌梅敛肝涩肠，生津止泻；黄柏、黄连清伏热；细辛、川椒散寒燥湿；桂枝、附子、干姜温中；人参、当归补虚。故《伤寒论》中此方又主"久痢"，颇合小儿易虚易实、易寒易热的病理特点。但剂量之孰轻孰重，当随寒热虚实的不同程度权衡用之。

此外，真菌性肠炎大多也因长期使用多类广谱抗生素所致，多见于2岁以下的婴幼儿，常伴有其他感染，病程迁延，常伴有鹅口疮，大便黄稀有泡沫，呈豆腐渣样，粪便镜检有真菌孢子和菌丝。这种腹泻属于中医学"脾肾阳虚泻"，是一种虚寒性的脾胃病，宜桂附理中汤。重在扶助中气，温化寒湿，清除阴霾。

五、轻度脱水

腹泻轻度脱水时世界卫生组织（WHO）仍建议用口服补液方法纠正脱水。儿科宗师钱乙，在北宋时纠正脱水的方法是用七味白术散或玉露散。渴泻时用七味白术散，热泻时用玉露散，当中重度脱水时服药已十分困难，频频呕吐滴水难进，口服补液已难实施，此时"留得一分津液，便有一分生理"，液体疗法解决了中医学中伤津脱液这一大难题。若受条件限制，此时

浙江中医临床名家·俞景茂

中西医结合，静脉补液与口服中药汤药双管齐下，也是可行的。

当湿热泻兼有伤阴变证轻度脱水时，可用酸苦泄热、酸甘化阴之连梅汤加减。取黄连苦寒泻火，清热燥湿以治泻；生地黄、麦冬、阿胶甘润生津，滋养阴液；乌梅酸收，与黄连合用，酸苦泄热，与生地黄、麦冬、阿胶共剂，酸甘化阴。值得指出的是：腹泻之时，脾胃失健，运化失司，何以能用生地黄、麦冬、阿胶等滋腻之味？王孟英曾指出"痢不因寒，润药在所不忌"。此语确系心得之言，临床用之，既无滞中碍湿之弊，又确有渴止泻停之妙！

当脾气下陷，运化失司而复津液耗损，虚热内炽，口渴不止者，可用钱乙七味白术散加减，盖白术散乃渴泻之圣药，早期脱水之妙剂。倘若渴甚者，以此当茶饮，时时服之。方中人参、白术、黄芪、茯苓、甘草，补脾气之虚；葛根升下陷之气，使津液上承；藿香疏表；木香理中。全方健脾养胃，升清止泻。渴者可去木香加天花粉。故此方能专治脾虚气不化水之渴泻，可以作为早期轻度脱水时的口服补液剂，代茶水频频口服，与口服补液盐（ORS）有异曲同工之妙！

值得注意的是，临证必须识别小儿腹泻轻、中、重。首先要注意观察眼窝、前囟、皮肤弹性及气血津液运行的情况，其次要注意精神状态及尿量的多少与口渴的程度。若仅见眼眶及前囟凹陷，啼哭有泪，皮肤稍干燥，弹性尚可，精神稍差，略有烦躁不安，口渴，尿量略减少，此为轻度伤津脱水，可以口服补液；若见眼窝及前囟明显凹陷，哭时少泪，口唇黏膜干燥，精神萎靡或烦躁不安，尿量明显减少，或眼窝及前囟深陷，两眼凝视，露睛，哭时无泪，皮肤发灰或有花纹，干燥，弹性极差，口唇黏膜干燥，精神极度萎靡，表情淡漠，昏睡，甚至神志昏迷者，为重度脱水，口服补液已难以奏效，急需采用静脉补液，西医西药中的液体疗法只要施救及时，可挽生命于顷刻之间。

（俞景茂）

第七节　巧用膏方补儿虚

膏方是最具中医特色的滋补品。一般认为传统膏方只适合中老年人服用，但近年来儿童膏方、青少年膏方异军突起，占膏方总数的2～3成。

这是因为小儿病症中有一部分是虚证,需要进补。"冬令进补,来年打虎""三九补一冬,来年无病痛"的谚语说明了膏方的神奇。进补一年四季均可进行,但以冬天最为适宜,冬令是收藏的季节,人与自然是一个整体,天人相应,效法自然,因时制宜,巧用膏方补虚是一种不错的选择。

立冬一过,家长们就陆陆续续前来开膏方,说是去年服了膏方后,这一年内感冒明显减少了,咳喘不发作或偶尔有小发作了,遗尿从此治愈了,体格强壮了,个子长高了等,都归功于膏方的疗效,对膏滋药寄托深厚的期望,在长三角和珠三角地区尤为盛行。但是不是所有的小孩都可以服用膏方,能用膏滋药补益的小儿毕竟是少数。那么,哪些小儿需要冬令进补呢?

一、儿科膏方的适应证

大体说来,先天不足,后天失调,久病不愈,体质虚弱,生长发育迟缓的小儿都可以在冬令用膏方进补。

先天不足包括早产、双胎、多胞胎、低体重、试管婴儿等。这一类小儿先天不足,生机活力不够充沛,脏腑娇嫩,形气未充,以后天补先天,方能强健体魄,未病早防,已病早治,起到治未病的作用。

久病不愈的病种,如反复呼吸道感染、支气管哮喘、营养性贫血、再生障碍性贫血、白细胞减少、肾病综合征、病毒性心肌炎、慢性腹泻、矮小症、隐睾或睾丸下降不全、异位皮炎等,或没有确切的疾病,但见面黄肌瘦、身体矮小、汗出过多、食量偏少、时而低热、头发早白等症状,这一类病症的小儿,由于调护失宜,抵抗力弱,容易感染、过敏,导致各种虚证,需要滋补气血,强壮体魄,稳定病情,可以用膏方进补。由于久治不愈,久病必虚,病情错综复杂,处方相对庞杂,可以说一剂膏方是一个大型复方。这就是《素问·标本病传论》中所说的"间者并行,甚者独行"的道理。

二、儿科膏方的禁忌证

膏方是治疗虚证的中医传统剂型,古代人吃得差,用膏方滋补适应面广,现代人营养过剩,所以膏方除了滋补之外还要驱邪排毒,治病与调理并重。由于小儿具有生机蓬勃、发育迅速、活力充沛的生理特点,如果营养均衡,睡眠充足,积极锻炼,健康作息,不必再补益。又由于小儿具有易虚易实、易寒易热的病理特点,因此在进补的时候要特别注意虚实寒热的变化。

浙江中医临床名家·俞景茂

那么，哪些小儿不宜吃膏滋药呢？

首先要注意生长发育偏快，身高体重超标的小儿不宜进补，即使有虚的一面也要严格控制，切勿轻易进补，以免"误补益疾"，导致过度肥胖甚至性早熟等。

其次要注意脾胃消化吸收功能是否健全。如果厌食、脘腹饱胀，大便溏泄，舌苔厚腻的患儿不能服膏滋药。因为膏滋药大多为滋腻之品，妨碍消化，进补令适得其反。肥甘过度，虚不受补，加重病情。只有等消化吸收功能基本正常后方能试用膏方缓补。

再次感染性疾病在急性期不宜用膏方，重在治病，病愈体渐复。

最后年龄掌握在3周岁以上，最好超过5周岁。

三、儿科膏方怎么开

一张高水平的膏方，最能反映一位中医师的学术水平和文化底蕴。因此需要处方医师具有扎实的中医功底，理法方药贯通一气。杂而有章，考虑周全，在精准辨证的基础上量身定制，一人一方，使之针对性强、剂量适当、药效持久、味甘可口、简便久服等优点发挥到极致，达到既能补虚防病，增强体质，又能疗疾祛病。处方中要有足量滋补剂，占50%～70%；适量的祛邪剂，占20%～30%；少量的运脾和胃剂，约占10%；必要的矫味与赋形剂，一般用250g胶类、等量冰糖、适量黄酒等。

此外还要注意以下几点：

（1）宜小补、清补，不宜大补蛮补。像野山参、鹿茸、虫草、海马、蛤士蟆油等大补元气、壮阳滋阴、促进性早熟的贵重药均不宜儿童使用，要慎之又慎。"气有余便是火"。避免药过病所，适可而止，恰到好处。

（2）宜消补兼施，寒温并投，阳中生阴，阴中生阳，消中有补，补中有消，温而不燥，补而不滞，以平为贵，以和为上。处处固护小儿脾胃之气，"执中央而灌四旁"。

（3）膏滋药是医药中的奢侈品，是一种健康投资，也是一种享受，因此口味要求也很重要。味甘适口，酸甘为主，不宜用大苦大寒，气味燥烈腥臭之味，加入黄酒、冰糖、蜂蜜、芝麻、核桃仁等都是为了使膏滋药口感更好，便于小儿服用之故。

（4）荤胶为主，素胶为辅。荤胶是以动物的胶类熬成的膏滋药（一说是药方中有动物药，如鹿角、龟板等）。素膏没有用动物胶质，而是蜂蜜、饴糖、冰糖、枣泥、莲泥、赤豆泥制成的浆状的稠膏，便于脾胃吸收。但是素膏的补益作用不及荤胶，这是与阿胶等动物膏类的特殊作用相关。

阿胶是膏滋药中的君药，只有适合服阿胶的小儿方可用膏方。阿胶除了收膏必用外，还有补肺养血、滋阴润燥的功用。阿胶是血肉有情之物，既能补虚，又能治病。由于"肺主皮毛"，阿胶以皮补皮，对于久治不愈的皮肤病，如异位皮炎（顽固性湿疹）可以配合疏风利湿药，往往起到意想不到的效果。黄明胶作用与阿胶接近而稍逊，价廉，收膏效果不及阿胶。鹿角胶只有在肾阳虚衰、命火不足的病症中才可应用，较阿胶温热而助阳。因小儿纯阳之体，易从阳化热，故宜少用或少佐为佳。龟甲胶、鳖甲胶滋阴潜阳，收膏效率低是其不足之处。

（5）小儿膏方进补前，可根据每一患儿的不同情况，先治病，后调理，开好"开路方"，使之稳定病情，脾运健全，便于吸收，提高疗效。一般需1~3周时间。

四、膏方的制作与服法

膏方的疗效一定程度上要看制作工艺，而其制作工艺又十分繁杂，一般需要以下几个过程：配方—浸泡—煎汁（三次，分别取汁过滤、沉淀）—浓缩—收膏（拌入、兑入细料，食料）—装罐（或切片、小包装）。膏方宜早晚空腹服，每次半勺左右。一料膏方可服30~45天。尽可能在立春前服完，忌食萝卜。若遇感冒、发热、哮喘发作、呕吐腹泻则停服，愈后可继服。

五、小儿膏方自评自议

（一）哮喘案

王某，男，9岁。

首诊：2016年11月17日。已服5年膏方滋补，体质明显改善，哮喘基本稳定，感冒减少，鼻塞咽红仍有，间断咳嗽未已，扁桃体时而肿大，纳偏少，形体消瘦，体重未达标，舌红，苔薄白，脉来浮数小弱。法当补益肺气，健运中州，疏风养血，清化痰浊。

处方：生黄芪200g、党参150g、炒白术120g、茯苓120g、生晒参（另煎

浙江中医临床名家·俞景茂

兑入）30g、制玉竹150g、辛夷60g、蝉衣30g、生地黄200g、熟地黄200g、炙冬花90g、炙紫菀90g、川贝粉（冲）30g、南沙参120g、北沙参120g、象贝90g、生山楂90g、炒鸡内金60g、菟丝子120g、巴戟天90g、参三七片30g、炒赤芍120g、玫瑰花（后下）30g、东阿阿胶（烊）400g、东阿鹿角胶（烊）100g、炙甘草30g、大枣250g、冰糖（烊）500g、黄酒（兑入）250ml。

以上依法制膏，小包装，早晚服，忌食海鲜、辛辣、碳酸饮料，本料约一个半月内服完。若感冒发热、哮喘发作、伤食吐泻则停服，愈后可继服，余面嘱。

点评 患儿自幼体弱多病，咳喘反复发作。不觉到了上学年龄，已推迟了一年，眼看仍难以就读。为难之际，选择膏方进补。全方标本兼顾，消补兼施，肺脾同治，疏风祛痰。服后第一年病情开始稳定，哮喘发作次数减少，程度减轻，体重增加，可以坚持上学，已服膏方5年，体质明显改善，哮喘长期缓解。

（二）哮喘合并顽固湿疹案

沈某，女，12岁。

首诊：2016年12月21日。体质过敏，哮喘屡发，皮肤顽湿缠绵难愈，平时易感冒，咳嗽咽红，鼻塞时作，经调治十年，诸证渐平，自服用膏方后体质逐渐强壮，哮喘缓解，湿疹吸收，已届青春发育期。舌红，苔薄白，脉数。法当补益肺脾，疏风养血，清解郁热。

处方：生黄芪250g、北沙参150g、北沙参150g、太子参150g、生晒参（另煎兑入）40g、炒白术120g、茯苓120g、苡仁120g、生地黄200g、熟地黄200g、制首乌120g、白鲜皮60g、荆芥60g、牡丹皮60g、当归60g、蝉衣30g、辛夷60g、炙紫菀90g、生山楂120g、炒白芍120g、三叶青30g、炙冬花90g、铁皮石斛（另煎兑入）60g、川贝粉（冲）30g、乌梢蛇120g、火麻仁90g、东阿阿胶（烊）250g、炙甘草30g、大枣250g、冰糖（烊）250、黄酒（兑入）125ml。

以上依法制膏，罐装，早晚服。本料一个月内服完，忌食萝卜，余面嘱。

点评 患儿过敏体质，除哮喘外，兼有顽固湿疹。两病病因相同，均为风邪为患，故可以同治。阿胶除滋肺育阴之外，尚可润泽皮毛，养血疏风，切勿因为滋腻而忽略之。

（三）遗尿合伴荨麻疹案

田某，女，4岁。

首诊：2016年11月9日。脾肾两虚，气血不足，平素纳少形瘦，外感屡受，咽常稍红，大便易秘，小便失约，有荨麻疹病史，舌红，苔薄白，脉来浮数无力。法当补益脾气，健运中州，清化痰浊，养血滋阴，疏风化湿，拟十全大补汤方缓调。

处方：生黄芪120g、太子参120g、炒白术120g、茯苓120g、生地黄150g、熟地黄150g、制玉竹150g、菟丝子120g、巴戟天120g、生山楂90g、炒鸡内金60g、三叶青30g、火麻仁60g、当归60g、炒白芍90g、桑螵蛸120g、砂仁（后下）30g、牡丹皮60g、蝉衣30g、陈皮30g、参三七片20g、炒枣仁90g、铁皮石斛（另煎兑入）30g、玫瑰花（后下）30g、北沙参120g、东阿阿胶（烊）250g、炙甘草30g、大枣250g、冰糖（烊）250g、黄酒（兑入）125ml。

以上依法制膏，切片，早晚服少许，本料一个月内服完，忌食萝卜，余面嘱。

点评　这是治疗遗尿的膏方，是脾肾两虚，膀胱虚寒所致遗尿的效方，在平时汤剂的基础上改为膏滋药。方中适当加鹿角胶以补肾阳，壮督脉，阴中生阳，阳中生阴，遗尿可已。

（四）血小板减少性紫癜案

徐某，男，5岁。

首诊：2011年11月8日。血小板减少性紫癜半年余，2次住院治疗，口服泼尼松后血小板一度上升，停药后又下降，骨穿提示巨核细胞成熟障碍，血小板少见，颜面及肩部常见针尖样出血点，咽常红，纳不佳，生长发育尚可，舌红，苔薄白，脉来浮数。法当补肾填髓，育阴壮骨，凉血疏风。

处方：生地黄250g、熟地黄250g、怀山药150g、制萸肉60g、北沙参200g、太子参120g、生山楂90g、铁皮石斛（另煎兑入）30g、龟板（先煎）120g、牡丹皮60g、菟丝子120g、巴戟天90g、枸杞子90g、女贞子120g、参三七片30g、忍冬花120g、白茅根120g、怀牛膝90g、茯苓120g、水牛角片（先煎）150g、鹿角胶（烊）50g、东阿阿胶（烊）250g、炙甘草30g、大枣250g、冰糖30g、黄酒（兑入）150ml。

以上依法制膏，早晚服，本料一个月内服完，忌食萝卜，余面嘱。

点评 这是治疗血小板减少性紫癜的一张膏方。重在补肾壮骨生髓以治其本。既可避免糖皮质激素的副作用，又可补益骨髓，促进骨髓产生血小板。膏滋药在这里具有源泉不竭，生化无穷的效力。

黄酒是必备的辅料，味甘、辛，性大热，具有行药势、散寒、矫味矫腥的功能，是良好的有机溶剂，与阿胶的比例约1：0.5，在收膏时加入。冰糖是调味品，亦可协助阿胶收膏，阿胶与冰糖比例约为1：1。面嘱时要基本设定在1个月到1个半月内服完（冬至～立春），每次0.5～1匙（10～15g），宜早晨空腹服及睡前服用，亦可根据病情择时而服不拘时间。在服用膏方阶段可能出现感冒发热、伤食腹泻、哮喘发作、胸闷纳呆、鼻衄、牙龈肿痛、舌苔厚腻等现象，可能是病情有变化，需要先治疗新病；也有可能是膏方的不良反应，应注意停服，待上述病症解除后再服。

面嘱时要交代忌口。服用人参、生熟地、首乌者不吃白萝卜，不喝浓茶、咖啡、可乐，生冷滋腻之品均在禁忌之列。用匙取药时一定要把匙洗干净，切勿发生霉变，若膏滋药面上出现白花霉点，可除去表层，重新加水煎熬，再放入干净容器内冷却，盖好保存。

总之，开膏方时要详细询问病史、当前症状和曾经患过的疾病，查看各种化验单及检查报告，运用中医中药理论，识病、辨证、处方，指导或配合作坊熬制一张高质量的膏方。使小儿膏方成为既休闲可口，又能防病治病，强壮体魄的中医药特色疗法。

（俞景茂）

第
六
章

薪 火 相 传

第一节　风正为范乐传承

俞景茂全国名老中医药专家传承工作室成立于2012年，由一支具有中医临床、科研、教学及信息管理等合理结构的团队组成，建立初期共有工作室成员12人，经过数年建设，工作室规模及影响力逐步扩大，至今共有工作室成员30余人，并建立了衢州工作室分站。工作室建设期间，收集建室前俞师医案集18部、各类学术稿件60篇，收集并整理建设期内俞师典型医案141例，教案、讲稿、医话55篇。发表继承人总结俞师学术经验的论文25篇，主持研究挖掘俞师临证经验的各级各类课题8项，获得科研成果奖励3项，总结形成具有俞师诊疗优势特色的儿科病种诊疗方案5个，编写相关著作6部，先后接收各级进修生、研修生50余名。

一、俞景茂全国名老中医药专家传承工作室建设概况

（一）老师倾心传授，学术地位不断提升

自2012年工作室建设项目启动以来，俞师悉心教学、倾心授业，将其潜心50余年钻研中医理论和临床医术积累的丰富经验，通过专题讲座、临证带教、师生答疑互动、继教班培训等方式，从经典理论学习到临床诊疗思路等，对师承人员进行悉心指导。同时，也通过工作室建立基层分站，与省内及全国各地著名中医儿科专家工作室开展协作交流，发挥了良好的学术引领与辐射作用。经过工作室建设，俞师的学术思想得到了全面总结，在全国中医儿科界的学术地位也得到了进一步的提升。

1. 总结7个方面学术思想

（1）重基础，致力于《小儿药证直诀》的研究。

（2）集百家，重视中医儿科各家学说研究。

（3）重临证，强调病机学说是辨证论治体系的核心。

（4）治未病，提倡先证而治是辨证论治的充实和发展。

（5）汇中西，注重取长补短推动学术发展。

（6）深研究，提出多元多靶点防治小儿哮喘反复发作。

（7）创新意，养血疏风乃治疗小儿过敏性疾病之总治则。

2. 形成5种临床诊疗方案

结合俞师的学术经验及临床诊疗优势，已经形成具有工作室特色的五大诊疗方案，包括小儿支气管哮喘、反复呼吸道感染、遗尿、多发性抽动症和腺样体肥大，诊疗方案部分内容已编入中医儿科研究生规划教材《中医儿科临床研究》中，其中和解少阳法治疗反复呼吸道感染、温肾壮督法治疗遗尿、散结化瘀法治疗腺样体肥大等特色治疗方法，临床疗效显著，被广泛运用于儿科临床。

3. 获得多项特殊荣誉

俞师现任世界中医药学会联合会儿科分会副会长、中国民族医药学会儿科分会名誉会长、浙江省中医药学会儿科分会顾问，中华中医学会儿科专业委员会顾问。2013年获得第四批全国老中医药专家学术经验继承工作优秀指导老师。2014年获得国医大师候选提名，作为浙江省三位选送者之一，成为全国105位首轮国医大师候选人，是唯一的中医儿科专家。2017年获得浙江省首批国医名师称号。鉴于俞师对我国中医儿科发展做出的卓越贡献，2014年获得了中华中医药学会颁发的"中医药发展突出贡献奖"，交流论文在2014年昆明举行的32届全国中医儿科学术年会上，被授予优秀论文一等奖。基于其在中医儿科的学术成就，被聘为国家中医儿科技术标准制定专家委员会副组长，《中华百科全书·儿科分卷》副主编。

（二）学生努力继承，建设取得显著成效

工作室积极开展俞师学术经验继承工作，通过专题学习、验案讨论、跟师临证、经典研读、开展课题研究等，挖掘和凝练俞师学术思想；广泛收集回顾性和前瞻性医案，分析俞师临床辨证思维规律，总结其临证经验特色。取得成效如下：

1. 整理、装订建室前手稿集18册

继承人整理并装订了2003~2012年俞师各类经典医案稿18册，其中包括普通医案集和膏方集各9册，系俞师中医临证手稿的珍贵资料。

2. 完成141例临床典型医案收集上传工作

继承人完成了建设期内俞师诊治支气管哮喘、反复呼吸道感染、遗尿、多发性抽动症等优势病种800余病例的收集和整理工作，总结分析其中141例临床典型医案资料，归纳录入信息数据库，并上传至工作室信息系统。

3. 发表经验传承论文25篇

继承人发表总结俞师学术特色及临床经验的相关论文25篇，其中2篇为SCI收入，7篇一级杂志，余均为核心期刊。

4. 撰写读书笔记和心得体会共235篇

继承人通过跟师临证学习、经典古籍研读，撰写各类读书笔记和心得体会总计218篇。其余部分内容收入于国家级继续教育项目学习资料中，继承人作大会专题发言和交流，获得同行的一致好评。

5. 编写著作6部

继承人总结俞师学术思想和临证经验，并在老师指导下研读经典、撰写体会，编写专著《俞景茂学术经验传薪录》《俞景茂治疗小儿肺系疾病经验》《小儿药证直诀临证指南》《儿科心悟》《浙江省中医儿科特色技术研究荟萃》《儿科各家学说及应用》。

6. 制作影像和音频资料7部

继承人采集、制作影像资料、音频资料7部，内容包括《小儿药证直诀临证指南导读》《中医儿科临床研究·反复呼吸道感染解读》《小儿脾胃论》《温阳与寒凉学说》《儿科各家学说及应用》《毛细支气管炎证治体会》《杏苑传薪——俞景茂》。

7. 接纳外单位进修人员50余人

工作室接纳外单位进修人员，来源于全国各地、各级各类中医人才培养项目。通过接纳外单位进修人员，进一步拓展了工作室在省内外的影响力，也有效地提升了基层医院的中医儿科医疗水平。

8. 举办继续教育学习班4次

连续3年每年举办国家级继续教育学习班，分别为2013年5月在杭州举办的《俞景茂名老中医治疗小儿肺系疾病经验和学术思想传承研修班》、2014

浙江中医临床名家·俞景茂

年5月在嘉兴举办的《儿科各家学说及应用》研修班和2015年5月在杭州举办的《小儿药证直诀》研读及《中医儿科适宜技术推广》学习班，每次参会人员达150余人。

（三）创新传承方式，发挥引领辐射作用

工作室按照建设计划完成各项传承任务，在开展建设工作中，拓展思路，积极创新传承方式，为更好地加强名中医学术指导辐射作用发挥引领示范。

1. 师生同诊室服务临床

树立工作室品牌，俞师与继承人以工作室诊室为临床窗口，以优势病种为特色，同一天分上、下午，师生共同服务患者。既解决了患者看名医难的问题，又快速提升了继承人的学术水平和知名度。

2. 建立工作室基层分站

为更好地开展俞师学术传承研究及临床经验推广运用，2016年4月俞景茂工作室设立了衢州工作站，通过学术辐射、技术帮扶、人才下沉，带动基层中医药综合服务能力有效提升。

3. 开展工作室之间交流

为充分发挥俞师在全国中医儿科界的学术地位，工作室与省内及上海、南京、甘肃等地著名中医儿科专家的工作室加强联系，互派继承人学习，赴上海曙光医院、上海市中医医院、南京中医药大学、甘肃中医学院、成都中医学院、温州市中西医结合医院、杭州市中医院等进行经验交流，使学生博采众长，工作室建设模式取长补短、不断创新。

（四）传承团队建设

本传承团队拥有中医临床、科研、教学及信息管理等专业人员，结构梯队合理，具有极强的凝聚力。工作室负责人为第三批全国优秀中医临床研修人才，教授、主任中医师，硕士生导师，浙江省名中医，从事中医儿科临床、教学、科研工作30年。工作室传承团队中现有正高级职称6人，副高级职称5人，中级职称1人，初级职称1人，硕士生导师3人，博士2人，硕士8人。

在工作室建设过程中，各级中医人才受益颇丰，2名副主任医师晋升主任医师，3名主治医师晋升副主任医师，多名住院医师晋升主治医师。培养中医儿科研究生11名、留学生5名。多名传承人在建设期内在各学术团体任职，陈华主任中医师任中华中医药学会儿科分会副主任委员，浙江省中医药学会儿科分会副主委；陈健主任中医师任中华中医药学会儿科分会委员，浙江省中医药学会儿科分会副主委；吴芳主任中医师任中华中医药学会儿科分会青年委员，浙江省中医药学会儿科分会委员；李岚副主任中医师任中华中医药学会儿科分会青年委员，浙江省中医药学会儿科分会常委，青年委员副主委；任昱副主任中医师任浙江省中医药学会儿科分会青年委员副主委。工作室每月开展1次学术活动，活动内容形式多样，包括名老中医讲座、传承人读书报告、病案讨论等。

（五）科学研究

工作室建设过程中，重视对名老中医学术经验的深入研究。通过选择优势病种，开展了各层次的科学研究，包括基础研究、名老中医临床特色研究、与"大数据"分析结合的经验传承研究、工作室运行模式研究等，不仅为传承名老中医的学术经验总结提供了有力支持，同时也运用现代科技手段进行了阐释与说明，验证其理论创新点的科学性和有效性，探索体现中医特色诊疗经验的评价方法。在建设期内，围绕传承工作共承担了8项科研课题，其中浙江省自然科学基金3项，浙江省中医药科技计划5项。

二、工作室建设取得的经验

1. 传承共努力，不断提升学术地位及团队形象

继承人努力学习，挖掘、总结名老中医学术经验，创新传承方式，开展传承模式研究与实践，学术继承工作成效显著，工作室负责人被推荐在全国名老中医传承工作室建设经验交流会及全国中医儿科学术年会上进行工作室建设经验交流，为推出名中医传承工作室"浙江模式"发挥了积极作用。

2. 师生同临床，有效加强名中医工作室品牌建设

建设品牌团队，师生共临床，一方面能使工作室成为临床服务技术优势的集聚窗口，可为更多患者提供便捷的高质量医疗服务；另一方面以工作室品牌为载体可加强学生的学术传承，快速提升学生知名度，发挥名中医团队效应。

3. 建立工作站，有力促进基层中医药服务能力提升

俞景茂名老中医工作室在建设好所在依托单位工作室的基础上，为更好地开展学术传承研究及临床经验推广运用，形成学术传承研究及传播网络，更好地提升基层中医药服务能力，扩大群众受益面。工作室开展了基层工作站建设，制定了工作站管理办法，在衢州市中医医院首先建立了俞景茂名老中医工作室基层工作站，通过开展学术指导、技术帮扶、传承研究等，发挥名中医团队的优势特色，传播名老中医学术经验，带动基层中医药综合服务能力得到有效提升。

4. 各层次推广，不断推进中医药学术及文化传播

以名中医工作室优势病种诊疗特色为基础，俞师在意大利、英国、美国、马来西亚、西班牙、新加坡等国际学术会议上进行学术演讲，开展名中医学术经验交流，推动中医药走向世界，并将中医特色技术和方法向国外学者推广，让世界认识中医、体会中医、了解中医，推进中医药在世界各地发扬光大。继承人努力传承名中医学术优势，以名中医团队形象，深入社区、幼儿园、学校，将中医药知识及技术向社区基层普及，提升中医药在基层的认知度，充分发挥中医药简、便、验、廉的特色，助力儿童预防、保健与康复，促进儿童健康水平不断提高。

（邬思远）

第二节　星星之火播浙地

为了推广俞景茂全国名老中医药专家的学术经验和技术专长，发展创新中医药学术，培养造就热爱中医药事业、中医理论深厚、中医药技术精湛、品德优良、医德高尚的中医药临床工作者；进一步加强学术辐射、技术指导和人才培养，更好地提升基层中医儿科临床服务能力，扩大群众受益面，带动基层中医药综合能力有效提升。2016年3月俞景茂全国名老中医药专家继承工作室衢州工作站，在衢州市中医医院成立。

工作站主要依托于衢州市中医医院儿科，负责人为邱根祥主任中医师，系俞师传承弟子，衢州市名中医，浙江省名中医，浙江省中医药学会儿科分会副主任委员，衢州市中医药学会副会长。工作站团队成员共7人，其中主任中医师2人，副主任中医师1人，主治中医师2人，中医师2人。团队强调"学术为先"的建设理念，开展工作室老师经验传授、跟师临证学习、经典古籍研读、老师医案整理、老师临床特色挖掘和学术思想总结、儿科各家

学术研究、继承人经验分享、优势病种方药应用、举办各级继续医学教育等活动。

建站以来，富有朝气的工作站年轻人，深受俞师的人格魅力、医德医风、精湛医术影响，执着于中医事业，已做出良好成绩。

（1）医院儿科人才梯队素质得到提升：自工作站成立起，已先后派出3位工作人员长期跟师学习，从未间断，学员的临床、教学、科研、管理等能力明显提高；学成回来的学员又通过传帮带，帮助科室其他成员提高了综合能力。特别是建站以来，俞师及工作室负责人陈华教授多次来衢州授课、临床坐诊、病例讨论，帮助衢州团队开展业务，提高技术本领。

（2）学科框架基本成型：以工作站负责人为学科带头人，形成了高中初搭配，以呼吸病、脾胃病、肾病、脑病、生长发育、综合外治等专业发展方向，成为衢州市中医医院儿科特色。中医儿科成为医院"十三五"规划重点发展学科和衢州市中西医结合重点专科。

（3）学科业务良性增长：俞师治疗的优势病种如反复呼吸道感染、哮喘、毛细支气管炎、腺样体肥大、慢性咳嗽、多动症、抽动症、遗尿症、紫癜等逐渐增多，俞师自拟的和解表里方、毛支饮、二黄五子汤、止嗽方得到广泛应用。2017年，团队收治患者323人，门诊29 135人次，外治8408人次，业务收入1080万元。

（4）学术活动广泛开展，科研成果丰硕：建站以来，团队主办了3个省级、5个市级继续医学教育项目。主持科研项目有省部级课题《衢州地区新安医学的传承发展与临床应用》1项，浙江省中医药管理局基金课题《浙派中医·衢州雷氏医学儿科精华及应用》1项；参与浙江省中医药管理局立项的《浙江省学龄前儿童血清铅水平调查及降铅颗粒临床疗效研究》1项；杭州市科技局立项的有《生犀散合万氏胡麻丸治疗过敏性紫癜的临床观察及淋巴细胞的表达意义研究》《万氏胡麻丸脐疗治疗小儿湿疹》《推拿治疗小儿先天性肌性斜颈疗效观察》研究3项。主要科研成果《中西医结合治疗小儿支原体肺炎临床疗效观察》获衢州市科技进步二等奖；《新加香薷饮加味治疗小儿暑湿发热临床研究》《衢州市院前院内无缝隙急救链接模式探讨》获衢州市科技进步三等奖；《衢州雷氏医学源流、学术特色及应用》获衢州市科技进步一等奖，《艾条灸对不同压疮风险患者预防作用的疗效观察及机理探讨》获2017年衢州市科技进步三等奖。团队成员积极总结临床经验，撰写学术论文，先后在国家核心期刊发表学术论文：《生犀散合万氏胡麻丸治疗儿童过敏性紫癜36例》《龚香圃儿科学术思想初探》《林钦甫儿科临证特色》《露蜂房治疗儿科病医案7则》《衢州雷氏医学源流与学术特色初探》《调理肝脾方治疗小儿腹泻型肠易激综合征的疗效观察及其对GGRP、NPY和VIP水平的影响》《温肺饮佐治小儿风寒犯肺型咳嗽42例临床观察》等。

（5）带教能力显著提升：工作站团队承担了浙江省中医药规培基地、浙江中医药大学、江西中医药大学、江西医学高等专科学校、衢州职业技术学院的临床带教任务。团队负责人是浙江中医药大学兼职教授、硕士生导师，江西中医药大学兼职教授。团队年带教规培生23人，进修生2人，实习生33人。

（6）把实用技术服务于基层：衢州工作站自成立以来，不仅在名老中医药专家学术传承方面取得了一定的成效，还加强了中医药的基层服务能力，多次至衢州周边县级医院如龙游县湖镇中心卫生院、常山县何家卫生院、江山长台卫生院及社区进行义诊，更好地将工作室的临床经验惠及每位患儿，并普及了常见疾病的防治等科学知识。

（邱根祥）

第三节　弟子承薪渐有成

一、陈华

（一）个人简介

陈华，浙江中医药大学教授、主任中医师、硕士生导师，浙江省名中医，第三批全国优秀中医临床人才，全国老中医药专家俞景茂学术经验继承人，全国首届百名杰出女中医师。中华中医药学会儿科分会副主任委员、医院管理分会委员，中国民族医药学会儿科分会常务理事，浙江省中医药学会儿科分会副主任委员、中医医院管理分会副主任委员。

陈华从事中医儿科临床及科研、教学工作30余年，擅长小儿肺系疾病与脾胃病的临床诊疗及基础研究，尤其对小儿反复呼吸道感染、哮喘、毛细支气管炎及厌食、泄泻、便秘等疾病的治疗具有丰富的经验。发表学术论文50余篇，主编及参编专著6部，参编教材4部。主持科研课题10余项，研究成果获得奖励8项，获得国家发明专利2项。

（二）学习感悟

俞师肺脾同治小儿疾病的经验浅析

俞师认为小儿脏腑娇嫩，肺脾功能薄弱，由于肺脾两脏在生理病理上的密切关系，导致儿科疾病常表现为"肺脾同病"。因此在临床上俞师强调治疗小儿疾病需谨守病机，用药轻灵，兼顾肺脾，补虚固本。常常运用"肺脾同治"法治疗小儿疾病，现将俞师临证验案总结分析如下。

病案1. 咳嗽

张某，女，5个月。

首诊：反复咳嗽、气急2月余。患儿系早产儿，出生体重2.3kg，曾患新生儿肺炎、败血症。近2月来反复咳嗽，时有气急，母乳喂养，食乳量少，生长偏缓，体重不增。患儿面色苍白，咽稍红，听诊闻及少许痰鸣音，舌红，苔薄白，脉浮数而细。

诊断：支气管炎。辨证为咳嗽，脾虚痰蕴证。

治法：健脾化痰，清肃肺气。

处方：制半夏、茯苓、浙贝、僵蚕、杏仁、生山楂各6g，陈皮、葶苈子、地龙各4.5g，鹿角霜12g，炙麻黄1.5g川贝、炙甘草各3g。以二陈汤健脾化痰；三拗汤加葶苈子、僵蚕、地龙清肃肺气，豁痰平喘；鹿角霜温肾壮骨；生山楂健脾助运；浙贝、川贝清肺化痰。

二诊：咳嗽气急好转后，以六君子汤健脾化痰，和中助运。因患儿又出现腹泻，属脾虚运化失健，故加葛根、山楂炭、乌梅炭以运脾理气，涩肠止泻。

点评 本例为咳嗽，脾虚痰蕴之证，首诊治疗当健脾化痰为主。但患儿咳嗽反复迁延，肺气失宣，升降失司，故当肺脾同治，合三拗汤清肃肺气，豁痰平喘。由于患儿为早产儿，生长偏缓，素体虚弱，肺脾不足，肾虚骨弱，治疗需注重治本，加鹿角霜温肾壮骨，同时因脾虚之体酌加生山楂以健脾助运。本例患儿治疗中俞师始终注意调理体质，增强其抗病能力，预防反复呼吸道感染。尤其重视壮骨培本，始终用鹿角霜温肾壮骨，外感时以培本扶正而增加驱邪能力，邪去后以壮骨促进生长；同时注重调理脾胃，用二陈汤健脾化痰，六君子汤益气健脾，使脾运得健，后天得养，气血生化充足；由于小儿素体虚弱，用药需谨慎不可过用，麻黄为小儿咳喘治疗中的良药，但在使用麻黄宣肺时需掌握药量，量不宜大，尤其是体质虚弱的小婴儿，起效后应逐渐减量，中病即止，以防耗气伤正。

病案2. 哮喘

倪某，男，6岁。

首诊：咳喘反复发作3年余，再发1周。患儿自3岁起哮喘反复发作，每年4～5次，以冬春季节为主。1周前受凉后咳喘又起，阵咳气喘，喉间痰鸣，夜间尤甚，经西药治疗后好转。近日咳嗽阵作，痰出黄稠，无气喘，鼻流清涕，纳少，时诉腹痛，位于脐周，咽稍红，两肺呼吸音粗。舌红，苔薄白，脉浮数。

诊断：哮喘发作期，属表寒里热证。

治法：清肃肺卫，疏风豁痰。

处方：炙麻黄、川贝、蝉衣、炙甘草各3g，杏仁、黄芩、炙冬花、辛夷、法半夏、桑白皮、丹参、炒赤芍、白鲜皮、鸡内金各6g，浙贝、生山楂各9g。

三诊后好转，喉间有痰，治拟清肃肺气，豁痰运脾。

五诊后咳平、痰消，治宜益气固表，健脾养血而愈。

点评 本例患儿病情反复3年余，因肺气不足，卫外不固，易为外邪所侵；脾气虚弱，运化失司，则易聚湿生痰。俞师认为患儿素体肺脾不足，内蕴伏痰，外感风邪，引动伏痰，故发为咳喘。初为哮喘发作期，治疗当攻邪以治其标，以定喘汤加减外散表寒，里清痰热。因患儿病程日久，津液凝聚成痰，血行不畅致瘀，痰瘀互结于内而为"宿根"，故酌加丹参、炒赤芍等以活血化瘀，浙贝、川贝等清肺化痰，辛夷、蝉衣、白鲜皮等以疏风抗敏，加强活血化痰散风作用，以利祛除致病因素。咳喘初步控制后治宜标本兼顾，在祛邪的同时要兼顾患儿肺脾不足之本，佐以益气健脾、调和中州、疏风养血之法。尤其是治疗过程中咳喘症状控制后又反复者，不能专于攻邪治标，因痰随去随生，正气不足，遇邪极易触发。进入缓解期后应以治本为主，患儿肺脾不足，当补益肺脾，调整脏腑功能，稳定机体内环境，增强机体耐寒、抗过敏及适应环境的能力，本例患儿经过治标、标本兼顾及治本三个阶段，使哮喘减少减轻发作，随访10个月未见发作。

病案3. 泄泻

王某，男，3岁。

首诊：3天前因暑热难耐露天乘凉入睡，醒后又进食冰西瓜数块，次日起出现低热、稍咳、吵闹不安，不思饮食，伴有腹泻，大便日解5次，自服抗生素后未见好转，腹泻呈稀水样，色青绿，日行7～8次。平素易感，神疲倦怠，面色少华，双目轻度凹陷，尿量较平日减少。舌淡红，苔白腻，指纹淡紫位于气关。

诊断：泄泻，属肺脾不足证，气阴初伤。

处方：太子参、炒白术、砂仁（后下）、陈皮、桔梗、焦六曲、焦山楂、乌梅各6g，茯苓、山药、生米仁、车前子（包煎）各9g，炙甘草3g。

服1剂后即腹泻顿减，每日2～3次，其便色转黄成形，前方去桔梗、乌梅，加炒扁豆9g，继服3剂告愈。

点评 本例泄泻，系肺脾不足，气阴初伤。俞师强调本病为暑湿困脾，健运失司，清浊升降失常而致，故当肺脾同治，分利三焦。药用桔梗，宣畅肺气，以清上源；茯苓、生米仁、车前子淡渗利湿，健脾利水，分利止泻；山药、太子参、砂仁、陈皮甘温助脾，健运中州。俞师认为小儿乃稚阴稚阳之体，用药贵在清轻灵动，故方中不用壅遏呆滞之党参，而用太子参、山药健脾益气；不用耗气消导之木香，而用砂仁和中理气；不用收涩固便的诃子、赤石脂，而用车前子、茯苓以利小便，实大便。

病案4. 遗尿

徐某，男，6岁。

首诊：夜间小便尿出不觉3年余。有间断尿床史，寐较深，需唤醒起床小便。平素易感，每月1～2次，时有夜咳，动则汗出，纳食尚可，目下暗。舌红，苔薄白，脉细。

诊断：遗尿，属肺脾气虚证。

治法：益气健脾，固摄下元。

处方：党参、炒白术、生黄芪、巴戟天、补骨脂各6g，山药、菟丝子各9g，龟板（先煎）、生地黄、桑螵蛸、淫羊藿各12g，炙麻黄、五味子、炙甘草各3g。以补中益气汤补益肺脾，桑螵蛸散固摄止遗；炙麻黄开窍醒神，淫羊藿、巴戟天、补骨脂、五味子、菟丝子温补肾阳、固摄下元。

守方加减共八诊后愈。

点评 本例为肺脾气虚、气不摄津之证。俞师认为患儿平时易感，肺气虚则治节不行而水道制约无权，气虚下陷，固摄无权，决渎失司，膀胱不约，津液失藏即所谓上虚不能制下也。素体肺脾气虚，气不摄津，水道约束无权。故治当益气健脾，固摄下元。首诊用补中益气汤合桑螵蛸散加减为主，患儿又见反复呼吸道感染，病久肺脾气虚及肾，治当兼顾益肾，加淫羊藿、巴戟天、补骨脂、五味子、菟丝子温补肾阳、固摄下元。患儿睡眠较深，以灸麻黄开窍醒神。用药1周后患儿遗尿减少，八诊后患儿遗尿渐约，治疗显效。

小　结

肺为主气之枢，脾为生气之源，肺主气，脾益气，两者相互促进，形成后天之气。肺主通调水道，脾主运化水湿，肺脾在人体的水液代谢中也相互协调为用。肺脾关系密切，生理上肺脾相生，功能上相互为用。由于肺脾在生理上密切联系，故在病理上亦相互影响。肺病可以传脾，脾病亦可及肺。

小儿为稚阴稚阳之体，五脏六腑成而未全，全而未壮，尤其表现为"肺常不足""脾常不足"。因此，小儿时期最多见肺、脾两脏疾病，临床上感冒、咳嗽、哮喘、厌食、泄泻、呕吐等为常见多发病。由于肺脾在生理病理上的密切关系，儿科疾病也常有"肺脾同病"表现。当小儿感受外邪时，往往同时侵犯肺脾两脏，临床表现为发热、头身疼痛、咳嗽、鼻塞流涕，伴有呕吐、厌食、腹痛、腹泻等；如外感迁延损伤正气，使肺气虚弱，精气不布，导致脾气虚弱，运化失司，又可造成食欲不振，营养吸收障碍，机体抵抗力下降，导致反复感染，周而复始，恶性循环。

俞师临证注重调理脾胃，认为小儿发病症状复杂多变，常是肺脾两脏同见，肺卫外邪未尽，脾土已伤，其发展变化又较迅猛而重笃。因此，临床用药若偏执一端，往往容易延误病情。临床上须多方配合，灵活化裁。上治肺，中调脾。治肺以轻灵为要，治脾宜健运为宜，肺脾同治、标本兼顾。

（陈　华）

二、李岚

（一）个人简介

李岚，女，1971年10月出生，浙江舟山人。任职于浙江中医药大学第一临床医学院儿科，副主任中医师，副教授，医学博士。1990年考入浙江中医学院（浙江中医药大学前身），1995年取得学士学位，于宁波市医学信息研究所工作。1998年考入浙江中医药大学攻读中医儿科研究生，师从俞景茂教授，2001年获医学硕士学位，同年8月起入浙江中医药大学第一临床医学院儿科工作至今。2008年成为第四批全国老中医药专家俞景茂教授学术经验继承人，并获国家中医药管理局第四批全国老中医药专家学术经验继承工作优秀继承人。2012年获上海中医药大学中医儿科师承博士学位。现任浙江中医药大学第一临床医学院中医儿科教研室副主任，中华中医药学会儿科分会委员，全国中医药高等教育学会儿科教育研究会常务理事，浙江省中医药学会儿科分会常务委员，分会青年委员副主任委员，浙江省医学会儿科分会青年委员，国家中医药管理局中医师资格认证中心命审题专家，系"俞景茂全国名老中医药专家传承工作室"主要传承人员。

陈岚坚持儿科临床、教学及科研一线近20年，治学严谨，熟读中医经典、中医儿科各家学说，撷取各家之长，中、西医基础扎实。严遵师训，重视小儿的生理病理特点，临证强调辨证论治、整体观念、先证而治。采用中西医结合治疗小儿反复呼吸道感染、哮喘、毛细支气管炎、多动症、抽动症、遗尿症、性早熟、矮小症等疑难杂症，在传承基础上结合自己的临床经验治疗，疗效显著，深受患者好评；对导师的临床效方进行深入研究，主持及参与省部级、厅局级课题多项，参与课题获浙江省中医药科学技术奖多项；在SCI及一、二级期刊发表论文多篇；参编多部著作；教学业绩突出，连续多年被评为优秀授课教师。

（二）学习感悟

俞景茂教授应用麻黄治疗小儿疾病的经验

麻黄，始载于《神农本草经》，味辛、微苦，性温。归肺、膀胱经。具有发汗解表，宣肺平喘，利水消肿的功效。基于其性味及功效，麻黄被历代医家广泛用于成人风寒感冒、咳嗽痰喘、水肿脚气、风湿痹证、腰腹冷痛、阴疽痰核等的治疗。但由于小儿的体质特点，麻黄在儿科的主治范围、使用方法及剂量与成人不尽相同。在跟俞师学习过程中，发现老师善用麻黄治疗小儿疾病，除了用于风寒感冒、咳嗽痰喘、透疹、水肿等病证外，尚用于过敏性疾病、遗尿等病证的治疗。

1. 熟识现代药理，洋为中用

俞师认为学习中药，不仅要在中医理论的指导下，掌握其性味、归经及功效特点，还要充分学习现代药理研究的进展，掌握其作用及不良反应，以此来指导临床应用，拓宽临床思维。

现代药理研究证实：麻黄的有效成分有麻黄碱、伪麻黄碱、麻黄次碱、麻黄挥发油等，具有发汗解热、平喘镇咳，解除支气管痉挛、利尿、升压、抗病原体、抗炎、抗血栓、兴奋中枢、抗过敏等作用。麻黄中提取的主要化学成分麻黄碱，可用于治疗支气管哮喘、过敏性反应及低血压等。但如果应用不当，可引起心率加快、血压升高、口干、大汗、兴奋、失眠、尿潴留等不良反应。亦有用麻黄碱不当而致死的报道。

2. 善于辨病辨证，巧妙配伍

由于麻黄的诸多不良反应，使部分医者及患者颇多顾虑，在儿科更甚。俞师认为不可因噎废食，麻黄成分复杂，与单一的麻黄碱有别。麻黄在儿科应用，如果辨证准确，即可大胆应用。古人有云"有是病用是药，则病受之；无是病用是药，则元气受之"。可见药物的毒与效完全掌握在医者的手中。俞师认为麻黄辛温，其作用以发散与宣肺为主。因此临床应用定当辨证准确，并且根据小儿体质特点及病情，合理进行配伍，方可取其功效而去其不良反应。根据麻黄的功效常用于儿科以下疾病的治疗。

（1）小儿哮喘：麻黄为小儿哮喘的治喘要药，常与杏仁为伍，一升一降。哮喘发作期，哮鸣气促，喉间痰鸣，此时需要开宣肺气，止咳平喘。如《金匮要略·肺痿肺痈咳嗽上气病脉证治》曰："咳而上气，喉中水鸡声，射干麻黄汤主之。"射干麻黄汤治疗属寒饮郁肺的咳喘证，寒性哮喘亦可选用三拗汤、小青龙汤，热性哮喘可选用麻杏石甘汤、定喘汤，外寒里热选用大青龙汤。方中均以麻黄为君药，其所含的麻黄碱对支气管平滑肌有松弛作用，以取其平喘解痉的功效。哮喘缓解期，此时哮鸣气促虽已平，但气道仍处于高反应状态，仍须用麻黄，此时用麻黄可抗炎，解痉，降低气道高反应，用量应较发作期稍轻，且宜逐渐减量。

（2）肺炎：小儿肺炎的病机关键为肺气郁闭，因此用麻黄起到开宣肺气的作用。风寒闭肺常选用三拗汤。而临床常见痰热壅闭，症见身热烦渴、喘咳气粗、鼻翼煽张者，常选用麻杏石甘汤或五虎汤加葶苈子、桑白皮、黄芩、鱼腥草等。

（3）毛细支气管炎：是小儿肺炎的特殊类型，多于冬季发病为主，发病年龄多为6个月至1岁半的婴幼儿，临床表现为喘憋，痰鸣，西药抗病毒、平喘化痰治疗常疗效欠佳。患儿喘息可持续较长时间，与哮喘的发病关系密切。俞师认为治疗毛细支气管炎患儿要大胆运用麻黄平喘，切勿顾忌其幼小而舍之，但必须掌握剂量，一般1～2g即可，小剂量长时间服用炙麻黄，配合健脾理气化痰中药的协同作用，可以起到显著疗效。

（4）风寒感冒：《伤寒论》麻黄汤，由麻黄、桂枝、杏仁、甘草组成，用于外感风寒，恶寒，无汗，头痛，身疼等表实者。药理实验证明，麻黄挥发油具有发汗作用，在体外对流感病毒具有强大的抑制作用。但俞师认为由于小儿纯阳之体，即使感受风寒之邪，也易从阳化热，且江南之地，气候多温热。因此，此型感冒较少见。加之，小儿易虚易实的体质特点，不宜过度发汗，但如辨证准确，确为风寒表实证，患儿体质较好，亦可使用，但要中病即止，不宜过剂。

（5）疹出不畅：小儿多出疹性疾病，如麻疹、风疹等，遇有风寒束表，疹出不畅者，常可在蝉蜕、升麻、牛蒡子等透疹药中酌加麻黄。因肺主皮毛，麻黄入肺经，加麻黄有助于开腠理，透毛窍，解肌表之邪。亦可采用麻黄煎汤外洗以透疹。

（6）水肿：治疗肾小球肾炎多以麻黄组方，如风水证一身悉肿，治以疏风泄热，发汗利水，《医学衷中参西录》云："受风水肿之症，金匮治以越婢汤，其方以麻黄为主，取其能祛风兼能利小便也。"故常选用麻黄、石膏、茯苓皮、泽泻、白术、防己、甘草、生姜等加减；肾病综合征水肿兼有表证者，治以解表除湿、清热利水，选用麻黄、连翘、杏仁、赤小豆、桑白皮、泽泻、白茅根、车前草、扁蓄、玉米须等药，即麻黄连翘赤小豆汤化裁。药理研究证明，伪麻黄碱具有显著的利尿作用，为麻黄利水消肿作用提供了依据。

除了以上麻黄的常用病证以外，俞师还根据麻黄的现代药理研究，拓展了其治疗范畴，如用于小儿遗尿症、过敏性疾病等的治疗。

（7）遗尿症：《诸病源候论·小儿杂病诸候·遗尿候》曰："遗尿者，膀胱有冷，不能约于水故也。"俞师认为遗尿患儿大多属于脾肾亏虚型，治疗以温补脾肾，缩泉固摄为主。但在此基础上，俞师善于加用麻黄以提高疗效。麻黄性温，可去冷也，归膀胱经，能促进膀胱的气化功能，从而使水液有所约束，达到治疗遗尿的目的。药理研究提示，麻黄能使膀胱三角肌和括约肌的张力增加。麻黄碱可使排尿次数减少，其次麻黄可透过血脑屏障，有中枢兴奋作用，以起到醒神使睡眠变浅而不失眠的作用。俞师认为无论夜间抗利尿激素分泌不足，还是睡眠觉醒障碍，或是膀胱容量偏小，骶尾椎隐裂而致膀胱功能障碍的遗尿，均可用较大治疗剂量的麻黄。因此，前人虽无麻黄治疗小儿遗尿的专门记载，但结合现代研究，拓宽了麻黄的治疗范围，取得显著疗效。

典型案例 沈某，男，7岁。

首诊：2009年2月。遗尿4年，夜间小便不约，尿出不觉，难以自醒，纳少形瘦，食后腹胀，多矢气，脊椎骶1隐裂，无尿频、尿急、尿痛等。平时体质较差，易感冒。症见面白，神疲乏力，舌红，苔薄白，脉浮数。患儿素体肺脾肾三脏不足，平时易感，易腹泻，故肺脾气虚，上虚不能制下；肾气不足，下焦虚寒，气化失调，不能固摄膀胱，夜间频频遗溺。故为脾肾两虚证。治以温补脾肾，壮督醒神。

处方：党参6g、炒白术6g、山药12g、黄芪9g、补骨脂6g、菟丝子9g、韭菜子6g、巴戟天9g、桑螵蛸12g、铁皮石斛（先煎）6g、龟板（先煎）12g、炙麻黄3g、生山楂9g、鸡内金6g、砂仁（后下）6g、炙甘草3g。

方中党参、黄芪、白术、山药、甘草等补气健脾。菟丝子、巴戟天、桑螵蛸、补骨脂、枸杞子、韭菜子等温补肾阳以暖膀胱。龟板、铁皮石斛滋肾阴并防过于温热。患儿寐深，难自醒，故加炙麻黄，提高大脑皮质的兴奋性，可使睡眠深度减弱，容易自醒，或被唤醒，从而避免了遗尿。患儿药后1周即渐能自醒，巩固治疗后遗尿得愈。

（8）过敏性咳嗽：是儿童慢性咳嗽的主要原因之一，近年发病明显上升，其特点是反复咳嗽，多因外感或内伤饮食诱发而咳。中医可辨为风咳。风性善行而数变，患儿除咳嗽外，常兼有鼻痒、目痒、肤痒等证候。因此治疗时应注意祛风抗过敏。俞师对此类患儿咳甚时常给予止嗽方加小剂量麻黄宣肺抗过敏，以降低气道的反应性。

典型案例 姜某，男，6岁。

首诊：2008年12月。反复咳嗽3月余。晨起及夜间易咳，阵发性咳嗽，痰少，无气促，无喘息，无发热，伴鼻塞有涕，西医诊断为过敏性咳嗽，曾服用头孢类、阿奇霉素、开瑞坦等药，仍反复咳嗽，时有目痒，鼻痒等，胃纳尚可，呼吸平，咽稍红，两肺听诊无殊，舌红，苔薄白，脉浮数。治以清肃肺气，祛风抗敏。

处方：炙麻黄2g、桔梗6g、炙紫菀6g、荆芥6g、百部6g、陈皮4.5g、白前6g、杏仁6g、浙贝6g、姜半夏6g、川贝3g、黄芩6g、炙甘草3g。

方中以止嗽散为主加减，百部润肺止咳，紫菀止咳，二者性温而不热，润而不寒；桔梗善开宣肺气，白前降气化痰，荆芥疏风解表，亦有抗过敏作用；陈皮理气化痰，甘草缓急和中，调和诸药。全方起到止咳化痰，疏表宣肺的作用。因患儿咳久，现咳甚，故用少量麻黄宣肺，降低气道高反应，杏仁降逆，浙贝清肺止咳，川贝润肺，黄芩清肺。药后患儿咳嗽渐平，症状缓解后，以补肺固表，疏风养血之法缓图以改善过敏体质。

（9）过敏性鼻炎：小儿过敏性鼻炎发病有增多的趋势，多表现为喷嚏、鼻流清涕，尤其在受凉后易发。俞师治疗本病多采用辛温辛凉并用的方法，方中常用麻黄，以宣通鼻窍，祛除风寒。药理学研究证实麻黄有抗炎、抑制过敏递质释放的作用。

典型案例 朱某，男，5岁。

首诊：2009年4月。主诉：鼻塞流涕喷嚏2年余。现病史：患儿患过敏性鼻炎，鼻塞有涕，有时涕清，有时涕浊，受凉后多喷嚏，反复易感冒，曾服抗生素及多种中成药治疗，并做过交替疗法治疗，疗效均欠佳，胃纳欠佳。症见鼻塞流清涕，面色少华，形较瘦，咽稍红，舌红，苔薄白，脉浮数。治拟辛温辛凉并用。

处方：炙麻黄3g、北细辛2g、辛夷6g、白芷6g、生地黄15g、乌玄参6g、炒麦芽12g、炒赤芍6g、鲜石斛（先煎）20g、黄芩6g、金银花9g、蝉衣3g、怀牛膝6g、黄芪9g、炙甘草3g。

方中炙麻黄、北细辛、辛夷、白芷辛温以散风寒，通鼻窍，生地黄、乌玄参、鲜石斛养阴生津，炒麦芽健脾，炒赤芍活血，黄芩清热，金银花、蝉衣辛凉疏宣，怀牛膝利湿热，黄芪补气，炙甘草调和诸药。辛温辛凉并剂，以疏通鼻窍，消补兼施；既清湿热，又补肺脾。服药1个月后患儿鼻窍渐通，后又从本图治，补益肺脾之气，以防感冒多发而致鼻炎反复。此患儿治疗后鼻窍疏通，感冒减少，随访一年余鼻炎未再发。

3. 慎思细微之处，突显功底

历代医家均注意到麻黄发散力强，为峻汗药，表虚自汗、阴虚盗汗者均当慎用。《药品化义》有云："麻黄，为发表散邪之药也。但元气虚及劳力感寒或表虚者，断不可用。若误用之，自汗不止，筋惕肉瞤，为亡阳证。"《本草经疏》云："表虚自汗，阴虚盗汗；肺虚有热，多痰咳嗽以致鼻塞；疮疱热甚，不因寒邪所郁而自倒靥；虚人伤风，气虚发喘；阴虚火炎，以致眩晕头痛；南方中风瘫痪，及平日阳虚腠理不密之人皆禁用。"俞师认为麻黄虽善于宣肺气、散风寒，为肺经专药。但其为发汗之峻剂，尤其对虚证、多汗的患儿要慎用。若属表虚自汗，肺燥虚喘者慎用，以免过于发散而致肺之气阴两伤，若用则当配合白芍、五味子、龙骨、牡蛎等酸敛重镇之品。形

浙江中医临床名家·俞景茂

体不足和体虚哮喘者，可佐用黄芪、太子参等。

麻黄有生麻黄及蜜炙麻黄两种，解表宜生用、平喘宜蜜炙。但在儿科临床俞师主张用炙麻黄，不用生麻黄。生麻黄服用后能使人出汗，而经过蜜炙后，则性温偏润，辛散发汗作用缓和，宣肺平喘力胜，是由于其中起发汗作用的挥发油含量显著降低，而麻黄碱含量减少甚微。因此蜜炙麻黄发汗力小而平喘止咳的效果较好。

药理研究证实：麻黄碱有快速耐受性，若长期使用，可引起依赖，受体敏感性下调，产生耐药，故麻黄不宜久用，久用往往疗效减弱。俞师在治疗中常采用逐渐减量或停用一段时间再用的方法而减少耐药。

关于儿科麻黄的使用剂量，文献报道不尽相同。药物存在量效关系，中药亦如此，俞师认为应因人、因病、因时、因地制宜。首先要考虑小儿的体质状态，体虚多汗、年幼小儿剂量应偏小。不同疾病，如毛细支气管炎，多见于婴儿，故麻黄剂量在1～2g为宜，辨治小儿遗尿量可略大，多3～6g，因遗尿者多气化失常。不同季节，一般夏季少用，以防汗出过多。至于地域用药，如《医学衷中参西录》中"陆九芝谓：麻黄用数分，即可发汗。此以治南方之人则可，非所论于北方也。盖南方气暖，其人肌肤薄弱，汗最易出，故南方有麻黄不可过钱之语。北方若至塞外，气候寒冷，其人之肌肤强厚，若更为出外劳碌，不避风霜之人，又当严寒之候，恒用至七八钱始得汗者。夫用药之道，贵因时、因地、因人，活泼斟酌，以胜病为主，不可拘于成见也。"总之，根据俞师长期的临床经验，麻黄用于小儿时剂量不宜过大，以1.5～3g为宜，不超过6g，如小剂量能起效，即无须增大剂量而徒增其副作用。

综上所述，麻黄可广泛用于儿科临床，但需充分掌握其功效及不良反应，充分发挥其药效，并通过炮制、配伍等以减轻不良反应。

（李　岚）

三、邱根祥

（一）个人简介

邱根祥，男，1963年8月出生，浙江衢州人，主任中医师，硕士生导师，衢州市名中医，浙江省名中医。1988年7月毕业于浙江中医学院中医系中医专业，学士学位。现任衢州市中医医院党委副书记，中国中医药研究促进会综合儿科分会常务理事，中国民族医药学会儿科分会常务理事，浙江省中医药学会儿科分会副主任委员，衢州市中医药学会副会长。曾在学生时代、主治医师提高班、副主任医师知识更新班、在职硕士研究生课程进修班中多次跟随俞师学习，特别是在2016年4～10月，又跟师抄方学习7个月，获益良多。迄今年门诊人次逾万人，发表专业学术论文30余篇。主持省部级课题1项，浙江省中医药管理局科研项目1项。获衢州市科技进步一等奖1项、三等奖1项。2018年被评为衢州市"医学事业发展最具影响力医师"。

（二）学习感悟

俞景茂教授运用和法治疗儿科疾病经验撷萃

1. 和解少阳法治疗反复上呼吸道感染

患儿，女，6岁。

首诊：2016年7月6日。主诉："反复感冒1年余，低热、咳嗽5天。现病史：患儿自上幼儿园后，反复发热、鼻塞、流涕、咳嗽。1年来，曾因"支气管肺炎"住院2次，平时每月感冒、咳嗽1～2次，每次发病用西药治疗，均需半个月左右才好转，无法正常上学，家长痛苦不堪。此次发病后转中医诊治。刻下：患儿低热，手足不温，鼻塞涕少，咳嗽有痰，痰白量少，容易咳出，纳差呕恶，夜寐尚安，大便偏干。体温38℃，咽稍充血，两乳蛾I°肿大，双肺呼吸音粗。舌尖略红，苔薄白，脉细。

中医诊断：感冒（正虚邪恋型）。西医诊断：急性上呼吸道感染。

处方：拟方小柴胡汤加减。药用柴胡9g、黄芩6g、半夏6g、生姜6g、桔梗6g、炒枳壳6g、浙贝6g、太子参6g、甘草3g。3剂。

二诊：患儿热退，咳嗽、咳痰减少，胃纳差，夜寐尚安，大便尚可，舌尖略红，苔薄白，脉细。处方：上方减柴胡至6g，加太子参至9g，加入砂仁（后下）3g，5剂。

三诊：患儿咳嗽好转，胃纳渐复，寐安，大小便可，舌淡红，苔薄白，脉细。继续以小柴胡汤合玉屏风散调理2个月。3个月后随访，患儿家长诉仅感冒2次，均以中药调理数天而愈。

点评 反复呼吸道感染是指1年内上呼吸道感染或下呼吸道感染次数超过了一定范围的呼吸道感染，为儿科临床常见病。反复呼吸道感染形成的因素较为复杂。多为先天性因素或机体免疫功能低下或微量元素和维生素缺乏，或喂养方式不当，以及遗传、护理、居住环境等多种因素综合作用的结果。幼儿免疫功能比较低下，易患呼吸道疾病。此外，长期偏食、挑食，以及耐寒力差的小儿易患呼吸道感染，大气污染对易感呼吸道病也有影响。本病属于中医"感冒""咳嗽"等范畴。小儿脏腑娇嫩，形气未充，胆气怯弱，但禀春生之气，生机蓬勃，邪气侵犯常杀阳升之气，故易伤少阳，小儿体质及发病与少阳胆之生理病理极其相似，故小儿呼吸道疾病常从少阳胆经论治。小柴胡汤出自《伤寒论》第98条："伤寒五六日，中风，往来寒热，胸胁苦满，嘿嘿不欲饮食，心烦喜呕，或胸中烦而不呕，或渴，或腹中痛，或胁下痞鞕，或心下悸，小便不利，或不渴，身有微热，或咳者，小柴胡汤主之。"其组成、功用如吴昆《医方考》中所言："柴胡、黄芩能和解少阳之邪，半夏、生姜能散少阳经之呕，人参、甘草能补中气之虚，补中所以防邪之入里也"。

　　本案患儿因反复呼吸道感染，屡治屡发，肺脾之气已伤，卫外不足，此次外感风邪，经4～5天后有入里之趋势，但正虚无力与外邪抗争，致邪留半表半里，故外感之象不著，里虚之证已显，而见低热，手足不温，口干微咳，呕恶纳差，脉细弦。治当和解少阳，故选小柴胡汤为主方，首诊方中柴胡用量大于黄芩，意在散少阳经之邪，加桔梗、薄荷宣肺气，炒枳壳降胃逆，浙贝化痰止咳；二诊热退后，用等量之柴胡、黄芩，重在调理枢机，加大太子参用量，旨在扶正，加入砂仁醒脾开胃。三诊患儿外感之症基本消失，胃纳渐开，本着反复呼吸道感染为正虚邪恋之病机，故用小柴胡汤合玉屏风散加减，消补兼施而善其后。

2. 调和脾肺法治疗腺样体肥大

患儿，男，6岁。

首诊：2016年7月13日。主诉："张口呼吸，夜间打鼾半年。现病史：1周前受凉后引起鼻塞、流涕，伴有发热，咳嗽，咳痰黄绿色，西医治疗后现患儿发热已退，夜间打鼾加重，时有憋醒。特来请中医治疗调理善后。家属诉患儿夜间张口呼吸、打鼾，甚至时有憋醒，刻下：患儿精神疲乏，偶闻及咳嗽，痰白量多，胃纳差，寐不安，舌淡红，苔薄白，脉细滑。双侧下鼻甲肥大，鼻黏膜稍充血，双侧扁桃体Ⅱ°肿大，附着白色分泌物，咽后壁可见淋巴滤泡增生。中医诊断：鼾眠（痰湿凝滞，正虚邪恋型）。

西医诊断：腺样体肥大。

治法：调和脾肺为主，旨在恢脾肺机能，以消除痰湿之邪，拟四君子汤合二陈汤加减。

处方：太子参6g、茯苓6g、陈皮6g、半夏6g、炒白术6g、桔梗6g、杏仁6g、赤芍6g、羊乳6g、蝉衣3g、炒米仁10g、甘草3g。5剂。

二诊：患者咳嗽好转，咳痰量较前减少，仍张口呼吸，夜间打鼾缓解，胃口不佳，大小便尚可，舌淡红，苔薄白，脉细滑。双侧下鼻甲肥大，无充血，扁桃体Ⅱ°肿大，分泌物减少，咽后壁可见淋巴滤泡增生。考虑邪气已散，正气恢复。

处方：去赤芍、蝉衣，加皂角刺6g加强散痰结之功，干姜3g，取"病痰饮者，当以温药和之"之意，砂仁3g醒脾开胃。5剂。

三诊：患儿咳嗽、咳痰明显减少，夜间打鼾明显减轻，呼吸较前顺畅，夜见尚可安眠，胃纳渐复。

处方：前方去桔梗、杏仁，继服5剂。

四诊：鼾声大减，夜间可安睡，胃纳渐佳。为巩固治疗，继续守前方服用，共调理2月而愈。

点评 腺样体又称咽扁桃体或增殖体，位于鼻咽部顶部与咽后壁处，属于淋巴组织，表面呈橘瓣样。腺样体和扁桃体一样，出生后随着年龄的增长而逐渐长大，2～6岁时为增殖旺盛的时期，10岁以后逐渐萎缩。若腺样体增生，并引起相应症状者称为腺样体肥大。本病在儿童中的发病率为9.9%～29.9%。西医治疗腺样体肥大以手术切除为主要手段。在中医古代文献中，对于儿童腺样体肥大及其症候群并没有明确的病名记载。视其临床表现，可归属于中医"鼾眠""鼻窒""慢乳蛾"范畴。中医学认为小儿"肺常不足、脾常不足"，鼻部为"肺之窍"，咽喉又为"肺之门户"。故外邪侵入人体，首先上犯鼻咽。脾为"后天之本"，为五脏六腑提供营养物质，故脾之不足又可加重肺之不足。可见小儿腺样体肥大与肺、脾之功能有密切联系。故治疗本病时应兼顾脾肺。

本案例患儿病症初起时，求西医治疗，首诊时，正气虚弱为本，余邪留恋为标，此时以调和脾肺为主，佐以透余邪、散痰结。拟方四君子汤合二陈汤加减：四君子汤为益气健脾基础方，补中州以运四旁，脾为生痰之源，肺为储痰之器，故健脾可绝生痰之源，补肺气可御外来之邪，加入二陈汤增强化痰湿之力，再加入桔梗宣肺气、杏仁降肺气，一宣一降，恢复肺之功能，蝉衣轻透余邪，羊乳消肿散结，米仁健脾利湿。诸药合用补已虚之正气，散未尽之邪气。纵观本案用药，组方严谨，切中病机，疗效显著。

3. 调和肝肾法治疗多发性抽动症

患儿，男，7岁。

首诊：2016年6月29日。主诉：患儿不自主挤眼、耸肩半年余。现病史：半个月前感冒，症状加重，出现噘嘴，口中异声，上课坐不安定等症状，感冒好转后上述症状未见明显缓解，特慕名来诊。刻下：患儿坐立不定，时时挤眼、耸肩、噘嘴，患儿家长诉患儿平时兴趣易转移，脾气急躁，易激怒，紧张时症状加重，夜间盗汗，大便干，舌红苔少，脉细。

中医诊断：惊风（水不涵木，肝风内动型）。

治法：以滋水涵木，平肝息为风为则，拟六味地黄丸加减。

处方：生地黄10g、山药6g、山茱萸6g、泽泻6g、赤芍6g、牡丹皮6g、当归6g、牛膝6g、枸杞子6g、决明子6g、白菊花6g、全蝎3g、甘草3g。5剂。

二诊：抽动症状较前稍缓解，夜间盗汗减少，舌红苔少，脉细。

处方：上方减去菊花，加生地黄至15g，钩藤9g，继续服用5剂。

三诊：挤眼、耸肩频率较前明显减少，较前安静，大便可，舌红苔白，脉细。守上方继服5剂。

四诊：抽动症状基本好转，纳眠尚可，舌淡红，苔薄，脉细。

处方：上方减生地黄至9g，继续调理2个月而基本痊愈。

点评 小儿抽动症是一种慢性神经精神性障碍的疾病，又称多发性抽动症、小儿抽动秽语综合征。表现为患儿某部分肌群不自主、突然的多发性抽动。肢体、面部抽动为运动性发作，而另一种抽动在发作时会伴有爆发性发声和辱骂脏话行为。中医称为"惊风"，惊风的症状，临床上可归纳为八候。所谓八候，即搐、搦、颤、掣、反、引、窜、视。八候的出现，表示惊风已在发作。但惊风发作时，不一定八候全部出现。由于惊风的发病有急有缓，证候表现有虚有实，有寒有热，故临证常将惊风分为急惊风和慢惊风。凡起病急暴，属阳属实者，统称急惊风；凡病势缓慢，属阴属虚者，统称慢惊风。

本例患儿慢性起病，"不自主挤眼、耸肩半年余"属"慢惊风"。结合患儿病史特征与小儿"肝常有余，肾常虚"的体质特点，辨证属水不涵木，肝风内动，治疗以滋水涵木，平肝息风为则，拟方六味地黄丸加减。方中生地黄滋肾水，涵肝木；赤芍、当归、牛膝活血祛风，仿李中梓"治风先治血，血行风自灭"之意；山药、枸杞平补肝肾；决明子平肝润肠通便；全蝎搜剔内风；稍佐菊花透散外风，加强祛风之力；甘草调和诸药。二诊时，治疗有效，舌红少苔，故加大生地黄用量以补真阴，加钩藤增强平肝息风之功。四诊，患儿抽动明显好转，纳眠安，故减生地黄用量，继续守方调理数月而愈。

4. 调和表里法治疗哮喘

患儿，男，10岁。

首诊：2016年7月6日。患者自幼即有哮喘病史，素体虚弱，近一周发作频繁，夜间喘剧，甚至憋醒，喉间有痰鸣音，痰多色白，形寒肢冷，鼻流清涕，恶寒无汗。双肺可闻及哮鸣音，未闻及湿啰音，三凹征明显，面色淡白，舌淡红，苔白，脉浮滑。

中医诊断：哮病（外寒内饮型）。

西医诊断：哮喘。

治法：以表里双解法，外以散寒平喘，内以温中化饮，拟小青龙汤加减。

处方：炙麻黄6g、干姜6g、杏仁9g、冬花9g、半夏9g、陈皮9g、茯苓9g、旋覆花（包煎）6g、细辛3g、炙甘草3g。5剂。

二诊：患儿哮喘发作较前稍缓解，喘咳较前缓解，咳痰量减少，夜间尚能安眠，听诊双肺仍可闻及哮鸣音。

处方：加入桂枝9g、白芍10g、五味子6g。7剂。

三诊：患儿哮喘发作大减，咳痰减少，怕冷好转，舌淡红，苔薄白，脉滑。患儿外寒已退，素体虚弱，怕冷。

处方：前方加入鹿角片（先煎）10g以温元阳。7剂。

四诊：患儿精神可，上方服药期间哮喘基本缓解，偶有咳痰，怕冷较前好转，改方为六君子汤加减，调理3个月而愈。

点评 哮喘是小儿时期的常见肺系疾病，以发作性喉间哮鸣气促，呼气延长为特征，严重者不能平卧。哮指声响言，喘指气息言，临床上哮常兼喘。本病包括西医学所称"喘息性支气管炎、支气管哮喘等"。本病发作有明显的季节性，以冬季及气温多变季节发作为主，年龄以1~6岁多见。95%的发病诱因为呼吸道感染，发病有明显的遗传倾向，起病越早遗传倾向越明显。我国古代医籍对哮喘记载甚多，金元之前，多列入喘门，元代朱丹溪所著《丹溪心法·喘论》首先命名为"哮喘"。其所著《症因脉治》又指出："哮病之因，痰饮留伏，结成窠臼，潜伏于内，偶有七情之犯，饮食之伤，或外有时令之寒，束其肌表，则哮喘之证作矣"。

本例患儿自幼有哮喘病史，素体虚弱，外感风寒后哮喘突发，证属外寒内饮，治疗宜表里双解，外以散寒平喘，内以温中化饮，拟小青龙汤加减，小青龙汤出自《伤寒论》"伤寒表不解，心下有水气，干呕，发热而咳，或渴，或利，或噎，或小便不利，或少腹满，或喘者，小青龙汤主之"。伤寒表不解五字，即寓恶寒、发热、无汗、脉浮紧、或头痛身痛在内。水气之成，缘于水气积蓄在体内，影响所在脏器的功能，射肺则咳、喘；留胃则噎、干呕；蓄于中，则阻遏气化，津不上承而渴；在下则小便不利，而少腹满；水聚于肠，则下利（水泻），变证多端，不一而足。外寒与水气，同属阴邪，内外合邪而为小青龙汤证。表邪宜温散，故用麻桂，水饮宜温化，故用半夏、干姜、细辛温散之品以行水饮；而又恐辛散太过，又用白芍以监麻桂，五味子收敛肺气，正是组方心思缜密处。徐灵胎因此而说"此方无微不利，真神剂也"。本案用药直中病机，双解表里。

5. 调和营卫法治疗小儿汗证

患儿，女，5岁。

首诊：2016年10月12日。其母代诉：自幼多汗、容易感冒。现来诊：形体消瘦，面色少华，素体偏弱，易出汗，头面、颈背部尤甚，头发、衣服常汗湿，活动后尤甚，纳食欠佳，无恶心呕吐，夜寐不宁，睡中磨牙，盗汗，大便尚可。咽不红，扁桃体无肿大，舌淡红，苔薄，脉细弱。

中医诊断：汗证（营卫失调，肺卫不固型）。

治法：调和营卫，益气固表，拟黄芪桂枝五物汤加减。

处方：炙黄芪10g、桂枝3g、炒白芍6g、炒白术6g、稽豆衣6g、浮小麦12g、炒谷麦芽各12g、铁皮石斛（先煎）6g。7剂。

二诊：汗出减少，活动后汗出仍明显，精气神较前好转，纳食欠佳，舌淡红，苔薄，脉细弱。

处方：上方加砂仁（后下）3g、五味子6g、防风3g。7剂。

三诊：患儿汗出明显减少，胃纳渐复，舌淡红，苔薄，脉细。效不更方，继续服上方2周。

点评 小儿汗证是指不正常出汗的一种病证，即小儿在安静状态下、日常环境中，全身或局部出汗过多，甚则大汗淋漓。多发生于1～5岁小儿。《素问·阴阳别论》所说："阳加于阴，谓之汗。"心主血，汗为心之液，阳为卫气，阴为营血，阴阳平衡，营卫调和，则津液内敛。反之，若阴阳脏腑气血失调，营卫不和，卫阳不固，腠理开阖不利，则汗液外泄。小儿汗证的发生，多由体虚所致。其主要病因为禀赋不足，调护失宜。

本案患儿体质偏虚，卫外不顾，时常外感，病久伤及脾胃正气，内不能濡养脏腑，外不能充实营卫，故见"时常汗出、神倦乏力、面色少华、纳食欠佳"诸症。故拟黄芪桂枝五物汤加减，此方出自《金匮要略·血痹虚劳病脉证并治》，该方用于营卫气血不足之人，又外受风邪，导致阳气不通，血行不畅，即"阳不足而阴为痹"，以肌肤麻木不仁或酸痛为临床特征。虽然《金匮要略》用于治疗血痹虚劳之病证，但其病机与本案相似，此异病同治也。本方中用黄芪补肺健脾，益气固表；桂枝温经解肌，白芍和营敛阴，两药合用，一散一收，调和营卫；白术健脾益气，加强黄芪益气固表之力，佐以浮小麦、稽豆衣敛阴止汗；加入炒谷麦芽消食开胃增加患儿食欲。诸药合用，补中兼疏，散中有收，营卫调和，气旺表实，则汗不外泄，邪不内侵。

6. 调和肝肾法治疗性早熟

患儿，女，7岁。

首诊：2016年8月21日。患儿于半年前发现乳房增大，测骨龄提前，无月经来潮，近感乳房增大明显。现来诊：乳房可触及多个小硬块，偶有疼痛，胃纳佳，睡眠尚可，舌红，苔少，脉细数。咽略红，双侧乳房B2/V期，乳晕未见明显加深，未见阴毛，舌红少苔，脉细数。

中医诊断：性早熟（阴虚火旺型）。

治法：滋阴降火，调和肝肾，拟知柏地黄丸加减。

处方：知母9g，黄柏9g，生地黄9g，山药9g，山萸肉9g，泽泻9g，茯苓9g，牡丹皮9g，柴胡6g，黄芩6g，麦冬6g，玉竹6g，浙贝10g，夏枯草10g，生麦芽15g，醋鳖甲（先煎）12g，铁皮石斛（先煎）10g。7剂。

嘱家长少给孩子吃牛肉、羊肉等，勿滥服滋养补品，如反季食物、蜂王浆、鸡胚等，营养均衡，荤素搭配。

二诊：患儿乳房硬块质地较前稍软，疼痛减轻，乳房未有增大，舌红，苔少，脉细数。

处方：前方减夏枯草、麦冬，继续服用7剂。

三诊：乳房硬块较前稍减小，质地软，基本无疼痛，纳眠尚可。舌红，苔薄白，脉细数。效不更方，守方再服2个月。

点评 性早熟一病在中医历史著作中并未有记载，与之相关的论述最早见于《素问·上古天真论》在论述人体的阶段性发育时："女子……二七而天癸至，任脉通，太冲脉盛，月事以时下，故有子……七七任脉虚，太冲脉衰少，天癸竭，地道不通，故形坏而无子也。丈夫……二八肾气盛，天癸至，精气溢泻，阴阳合，故能有子……七八……天癸竭，精少，肾脏衰，形体竭极"。明代著名儿科医家万全提出小儿"肝常有余，脾常不足，心常有余，肺常不足，肾常虚"的体质特点。肾常虚，故肾脏的热证多为肾阴虚，虚热内生而致虚火证。肝常有余，肝为刚脏，喜调达，恶抑郁，肝郁则气滞，气有余便是火，易从火化，故肝脏的热证多为肝气郁滞、郁久化火而致的实火证，而小儿肝阴虚所致的虚火证则十分容易被临床忽视。《素问·阴阳应象大论》曰："肾生髓，髓生肝"，肾为肝之母，肾藏精，肝藏血，精血同生，肝肾同源，并且肾为一身阴之根本，故肾阴虚常累及肝阴虚，临床需引起重视。

本例患儿乳房提前发育，骨龄提前，舌红苔少，脉细数，辨证属肝肾阴虚，内火由生。故拟用知柏地黄丸为主方，其出自张景岳所著《景岳全书》，其中知母、黄柏清热降火，滋肾养阴为君药；生地黄、山药、山萸肉加强滋阴降火之力，补其不足以治本；茯苓、牡丹皮、泽泻渗湿泄浊，平其偏盛以治标，又加入黄芩、麦冬、石斛、玉竹增加养阴清热之功；佐以柴胡、生麦芽降肝火，疏肝气；配合夏枯草、浙贝、醋鳖甲软坚散结，诸药合用共奏滋阴液、和阴阳、降郁火、通滞气、散结块之效。组方切合病机，疗效甚著。

7. 调和阴阳法治疗小儿夜啼

患儿，3岁6个月。

首诊：2016年7月6日。其母代诉：患儿夜寐不安一年余，深夜时哭闹10多分钟，哭闹时神志不清楚，哭闹后又缓缓睡去。近几天加剧，哭声响亮，啼哭多烦，喜蹬衣被。白天不啼，平素多动，脾气急躁，挑食，喜食荤，口气重，大便2～3天一解。面赤唇红，心腹俱热，舌质红，苔薄黄，指纹紫滞，扁桃体无肿大，腹部无压痛、反跳痛及肌紧张。

中医诊断：夜啼（心肝郁热，阴阳不和型）。

治法：以清心凉肝，调和阴阳为法，拟导赤散合孔圣枕中丹加减。

处方：生地黄6g、麦冬6g、钩藤（后下）6g、火麻仁9g、生山楂9g、鸡内金6g、焦山栀3g、淡竹叶3g、灯心草2g、蝉衣3g、铁皮石斛（先煎）6g、龟板9g（先煎）、远志3g、龙骨（先煎）9g、石菖蒲6g。7剂。

二诊：服药后第三天患儿夜寐逐渐正常，啼哭较前缓解，夜间能寐2～3

小时，脾气躁，大便秘，2天一解，舌红，苔薄黄，指纹紫滞。

处方：上方加决明子6g。7剂。

三诊：夜啼大减，夜寐平稳，大便较前易解。效不更方，继续以上方调理半个月而愈。随访3个月未见反复。

点评 夜啼是小儿常见病证，指婴儿白天尚能安静入睡，入夜则啼哭不止，时哭时止，或每夜定时啼哭，甚则通宵达旦。多见于新生儿及婴儿。

本案患儿夜啼昼寐，白天阳浮于外，加之小儿活动较多，邪热得以宣泄，故白天不啼，至夜则阳入于阴，夜为阴，阴盛于外，阳搏于内，邪热无从宣泄，内扰神明，故烦躁而啼。拟泻心导赤散清心除烦，养阴泻热；孔圣枕中丹调和阴阳、安神定志而治之。方中生地黄清心凉血，龙骨阳物之至灵者也、龟板阴物之至灵者也，二者合而调和阴阳，三药共同为君；淡竹叶、灯心草清心火、利小便，引心经郁热从小便而去，栀子清三焦之烦热，石菖蒲开心孔而利九窍，远志通肾气上达于心而神安；佐以钩藤、蝉衣平肝定惊；鸡内金、山楂、火麻仁消食润肠通便，大小便畅通可分消中焦之热，热为阳邪，多伤阴液，故加石斛、麦冬以顾护阴液耗损。二诊时，患儿夜寐逐渐正常，大便秘，故加决明子6g，既能平肝又能润肠通便，一举两得。三诊患儿夜啼大减，夜寐平稳，守方继服半个月而愈。

8. 体会

"法于阴阳，和于术数"，和法的本质，是针对人体上下表里失和，营卫气血阴阳失调，寒热互结错综复杂而采用健运人体枢机、调和病机的一类治法。枢机是气之升降、表里出入、气血调达、五脏六腑安和水火既济的关键，一旦失利，阴阳气血、上下表里将失去和谐，导致少阳表里失和、太阳营卫不和、五脏六腑气机失和、心肾水火升降失和、气血失和、寒热错综复杂等症情。运用和法治疗小儿疾患，俞师有如下特点：

一是治病必求于本。俞师认为，儿科临证，"谨守阴阳"为基本法则。不管病证任何表现，临床治法不同，归根结底要在于"调整阴阳"。《素问·生气通天论》所言："阴平阳秘，精神乃治，阴阳离决，精气乃绝。"总结历代诸医家论述小儿生理特点，最肯定的就是"纯阳之体""稚阴稚阳"之说，就是从阴阳立论。"纯阳之体"指小儿生长发育迅速、生机蓬勃而言，并非阳气有余。若过分强调小儿受邪易于化热、化火而滥投苦寒之药，反戕生机。"稚阴稚阳"之说指小儿脏腑柔弱，阴阳之气均较稚嫩，但不可因小儿"稚阴稚阳"而不敢攻伐而导致病邪留恋而成顽疾。故调阴阳者，当用则用，当止则止，"以和为贵"。

二是用"和"法标本同治。俞师经过多年临证，发现小儿之病症多寒热并见，虚实夹杂。有小儿骤感风热而素体虚寒者，亦有外感风寒而内郁痰热者，或上热而下寒。此时用温药恐助其热，用凉药清之又恐增其寒。为不使寒热之邪，互为犄角纠缠之势，斟酌病机，宜寒热并行。此时用"和"法最切中病机，通过和解、调和或缓和等作用治疗疾病。《医学心悟》有云："有清而和者，有温而和者，有消而和者，有补而和者，有燥而和者，有润而和者，有兼表而和者，有兼攻而和者，和之义则一，而和之法变化无穷焉。"如俞师使用"表里调和法"治疗哮喘，外散风寒，内化水饮；"调和肝肾法"治疗小儿抽动症，下滋肾水以涵木，上息肝风以定惊；"调和营卫法"治疗小儿汗证，外固卫气以布腠理，内行营血以濡五脏。然证无定型，治无恒法。甚者独行，间者并行。俞师擅用"和法"，攻补兼施、寒热并用，阴阳兼顾，不少顽疴痼疾，竟获显效。

三是和法制方多选对药，用药不刚不柔。俞师认为和法针对的疾病，主要是机体气血、脏腑、阴阳、上下、表里、寒热的对立统一失衡，治疗的手段就是运用药物四气五味、归经来纠正失衡，故在制方时往往需要药性和归经相对的对药来发挥作用，如柴胡和黄芩，一透一清；柴胡与枳壳，一升一降；半夏与黄芩，辛开苦降；麻黄和杏仁，一宣一肃；熟地黄与泽泻，一滋补一泄浊；山茱萸和牡丹皮，一温涩一清泄；龙骨和龟板，一至阳一至阴，等等。在选用药物方面，俞师一直强调小儿用药一是安全、二是有效、三是味正、四是价廉。在运用和法时，一般均选用药性较平和的药品，不刚不柔，作用和缓。极少投以大苦之黄连、黄芩，大热之附子、吴茱萸亦不多用。

四是用和法不忘调护小儿脾胃。俞师认为，小儿生机勃勃，生长发育迅速，如旭日东升，草木方萌，古人称之为"纯阳之体"。基于这一特点，小儿对水谷精微的需要较成人尤为迫切。然而水谷精微全靠后天之本的脾胃供给，是以脾胃在小儿阶段中处于举足轻重的地位。

另一方面，小儿脏腑娇嫩，全而未壮，无论在物质基础与生理功能方面，都处于幼稚脆弱阶段。作为担负后天给养的脾胃，同样具有幼稚、脆弱、运化不全的特点，往往跟不上生长发育的需要，呈现"供不应求"的局面，形成生理上的"脾常不足"。加之小儿饥饱不能自节，寒温难以自调，一旦护理失当，喂养不周，极易损伤脾胃，造成运化失常，升降失司，从而显示了病理上的"脾常不足"。在临床上,小儿脾胃失调的症状除了见于消化系统疾病外,亦常见于呼吸、循环、泌尿等各个系统之疾病,可见脾胃在儿科临床上的重要性。故运用和法治疗儿科疾病时,尽管治法用药都相对平和,仍应处处顾护脾胃,方可立于不败之地。故俞师运用和法时,常加运脾之白术、陈皮,消食之山楂、神曲,养胃之玉竹、石斛等。

(邱根祥)

四、徐宇杰

(一)个人简介

徐宇杰,男,1967年10月出生,浙江龙泉人。主任中医师,医学硕士,中医师承博士。1986年考入浙江中医学院(浙江中医药大学前身),1991年取得学士学位。同年7月进入浙江省龙泉市人民医院中医科工作,1997年取得主治中医师资格。1997年9月考入浙江中医学院,导师系俞景茂教授,2000年取得中医儿科硕士学位。2000年7月进入浙江省邮电医院中医科工作,2006年取得副主任中医师资格。2008年12月浙江省邮电医院并入浙江中医药大学附属第三医院后,历任门诊办公室副主任、中医科副主任职务。2012~2015年成为第五批全国老中医药专家学术经验继承人,从事中医内科的学术继承工作,2015年10月获得师承博士学位。现任浙江中医药大学附属第三医院中医(经典病房)科主任,国家中医药管理局"十二五"重点专科培育项目"治未病中心"主任,浙江省中医药学会第六届理事会理事,浙江省中医药学会体质分会委员。为"俞景茂全国名老中医药专家传承工作室"成员。

徐宇杰从事中医药诊治内、儿科脾胃病、肺系疾病的临床与基础研究。主持和参与"'通腑定喘-肺肠同治法'对AECOPD患者气道炎症及MMPs/TIMPs失衡的影响"等科研课题6项,其中省部级以上课题1项。发表学术论文10余篇,参与编著三部。

(二)学习感悟

俞师诊治小儿鞘膜积液经验体悟

鞘膜积液是儿童时期常见的一种泌尿系统疾病。鞘膜积液为鞘膜囊内积聚的液体增多而形成囊肿，其形成的原因是由于腹鞘膜突未能闭合从而形成一个鞘膜腔，导致液体的积聚、扩张而形成梨形的腔囊。鞘膜的分泌与吸收功能失去平衡，如分泌过多或吸收过少，都可形成鞘膜积液。根据囊肿部位的不同可分为精索和睾丸两种鞘膜积液，两种积液既可以单独存在，亦可以同时并存。随着生长发育，多数小儿的积液可自行吸收而病愈，但亦有积液未能吸收而长期存在，慢性鞘膜积液因张力大而对睾丸的血供和温度调节产生不利的影响，可能影响小儿将来的生育能力。为此对于小儿鞘膜积液的治疗，目前分为保守治疗与手术治疗，2岁以前可选择保守治疗，因大多数患儿能在2岁之前自愈，若2岁后积液不吸收，且有其他并发症出现时应及时选择手术治疗。因此，根据患儿的具体情况，及时采取安全有效的方法，是避免后遗症发生的关键。但由于手术治疗存在麻醉、手术损伤和术后复发等风险，导致很多家长更倾向于中医保守疗法。

1. 对小儿鞘膜积液病因病机的认识

鞘膜积液与中医"阴肿""水疝"相关。"阴肿"见于《诸病源候论·小儿杂病诸候·阴肿候》"足少阴为肾之经，其气下通于阴。小儿有少阴之经虚而受风邪者，邪气冲于阴，与血气相搏结，则阴肿也"。"水疝"见于《外科正宗·囊痈论》"又一种水疝，皮色光亮，无热无红，肿痛有时，内有聚水，宜用针从便处引去水气则安"。前者强调外因，即风邪侵袭、气滞血瘀；后者则强调内因，即水湿流注、聚而不散。俞师借鉴两家之言，进一步阐释认为，本病的发生与脾、肾、肝三脏相关，主要病机为脾肾不足，肝郁寒凝。脾失健运，气化不利，三焦水道气机不畅，水湿流注，聚于阴囊而不散；肾为先天之本，素有肾阳不足，则元阳不得温煦周身，水液气化蒸腾无力，流聚阴囊，而成水疝；此外，足厥阴肝经绕阴器、络睾丸，肝经枢机不畅，肝气郁滞，气滞则寒凝血瘀，与本病的发生密切相关。故本病当属本虚标实，其本在于脾肾两虚，尤以阳虚多见，其标在于肝郁气滞，湿、寒、瘀聚于阴囊。

2. 小儿鞘膜积液辨证论治

俞师认为，本病当分为急性期和缓解期。急性期为病程初期，多见阴囊明显肿大，透光试验阳性，并可见脾肾虚、肝气郁的表现。脾气不足则见神息乏力、纳呆便溏、面白少华、动则汗出、舌淡胖嫩等表现；肾阳虚衰则可见畏寒肢冷、肢末不温、完谷不化、小便清长、遗尿、五迟五软、脉沉无力等表现；肝气郁滞则可见喜叹息、脾气急躁、胸胁疼痛不适等表现；缓解期为病程后期，经治疗后阴囊肿大有所缩小，透光试验阴性，但上述脾肾不足之象尚未缓解。急性期重在治标，以利湿、疏肝、化瘀为主；缓解期重在培本，以温阳、健脾、益肾为主。但治标与固本在分期治疗中不应失于偏颇，当相辅相成，急性期不可一味驱邪，以防驱邪伤正；缓解期不可只顾补益，以防扶正碍邪。此外，"病痰饮者，当以温药和之"，鞘膜积液属水湿流注阴囊的痰饮病。寒饮非温则不能行，故在治疗全程中当贯穿"温阳法"，急性期以温散为主，缓解期以温补为主，乃本病治疗的关键。

（1）急性期辨证论治：俞师擅用五苓散化裁治疗小儿鞘膜积液，五苓散出自《伤寒论》，原用于治疗膀胱气化不利，水湿内聚的太阳蓄水证，而本病病机"气化不利、水湿流注"与太阳蓄水证的病机一脉相承，属异病同治。桂枝为温化水饮、通利气机的要药，配合白术、茯苓、泽泻、猪苓健脾益气，淡渗利湿的作用，恢复三焦水液正常的代谢功能。此外，可选用车前子等性味平和的药物加强利水的功效。同时，辅以小茴香、乌药、荔枝核和青皮等入肝经药物，温阳疏肝，取"天台乌药散"之意，起行气疏肝、温阳散寒之效；选用炒赤芍、丹参等药物活血化瘀，起到活血而不伤血的功效。此期在驱邪的基础上，可适时辅以太子参、黄芪等健脾益气，以求正气存内，邪不可干的目的。

（2）缓解期辨证论治：缓解期俞师擅用六君子汤化裁。六君子汤为四君子汤加陈皮、半夏化裁而来，具有补而不滞的功效，小儿脾胃"成而未全、全而未壮"，本方尤为适宜。脾虚明显者，可选黄芪、党参健脾益气；脾虚伴有食积，可加鸡内金、生山楂、枳壳等助以脾运。此期当适时补益肾阳，补先天以助后天，多选菟丝子、补骨脂、巴戟天等性味平和的药物，以求缓缓图之；若伴有五软五迟，合六味地黄丸补益肾精；若有伴有遗尿，合二黄五子汤温壮督脉、固涩下元。此期需避免扶正碍邪、闭门留寇之弊，在补益的基础上当继续辅以利湿、疏肝和化瘀，以达到邪去正安的目的。

3. 临床验案

朱某，男，3岁。

首诊：2015年1月13日。主诉：发现右侧精索睾丸鞘膜积液2月余就诊。现病史：患儿2月余前发现右侧腹股沟隆起，遂至当地医院就诊，行B超示：右侧精索、睾丸鞘膜积液，建议手术治疗，但家长对手术有所顾虑，故求治于中医药治疗。面色欠华，咽稍红肿，生长尚可，右侧精索、睾丸鞘膜积

浙江中医临床名家·俞景茂

液，大小如核桃，舌红，苔薄白，脉浮数。

诊断：右侧精索、睾丸鞘膜积液。证属脾虚湿泛，肝气郁滞。

治法：补肾健脾利水，兼以疏肝理气，予五苓散合四君子汤加减治疗。

处方：太子参6g、炒白术6g、茯苓9g、泽泻6g、车前子（包煎）9g、生黄芪6g、怀牛膝6g、乌药6g、菟丝子6g、猪苓6g、炒小茴6g、荔枝核6g、炒赤芍6g、川桂枝3g、炙甘草3g。7剂。常法煎服。并嘱其尽量少活动，尤其是纵向垂直的剧烈运动。

二诊：2015年1月20日。患儿服药后，右侧精索鞘膜积液有所吸收，咽稍红，舌红，苔薄白，脉浮数。

处方：在原方基础上加小青皮3g、柴胡6g以增加疏肝理气之功。14剂。常法煎服。

三诊：2015年1月27日。右侧精索鞘膜积液吸收，右侧睾丸鞘膜积液仍有少许未吸收，舌红，苔薄白，脉浮数。患儿服药后效果初显，精索积液已吸收，但睾丸处积液未完全吸收，辨证仍属脾虚湿泛，但治疗上以健脾补肾为主，利水祛湿为辅，从而达到治病求本。

处方：党参6g、炒白术6g、茯苓6g、泽泻6g、生黄芪6g、荔枝核6g、青皮3g、小茴香6g、车前子（包煎）9g、菟丝子6g、怀牛膝6g、川桂枝3g、生山楂6g、炒赤芍6、炙甘草3g。7剂。常法煎服。

后经守方治疗3周后，精索、睾丸鞘膜积液均有吸收，囊肿渐消，继续巩固治疗2周后，患儿鞘膜积液基本吸收，随诊半年未复发。

点评　本例患儿年龄超过2岁，自愈率较低，西医建议手术治疗，俞师认为患儿病程尚短，且囊肿无进行性快速增大，无并发症出现，故可采用中医药内科治疗取效。通过对患儿四诊合参，俞师辨证为脾虚湿泛，肝气瘀滞。治疗上采用五苓散合四君子汤加减，五苓散温阳利水，四君子汤益气健脾，在此基础上加小茴香、乌药行气疏肝；车前子健脾利湿；炒赤芍、牛膝活血破瘀，且牛膝补肾利湿，能引药下行，直达病所；患儿素体肺脾不足，加用黄芪补益助水运，合以荔枝核行气散结、祛寒止痛。诸药合用，标本兼治，故能取效。二诊时，患儿鞘膜积液有所吸收，故在前方基础上加小青皮、柴胡以增加疏肝理气之功。三诊时，患儿积液渐吸收，此时当治病求本，治疗上以健脾补肾为主，利水祛湿为辅。经守方调理后患儿鞘膜积液基本吸收，随诊未复发。俞师对于这些药物的取舍，体现出"中病即止"的遣药理念。同时，在方剂和药物的选择中，体现出俞师"选药平和、兼顾口感"的处方特色。中医药对本病的治疗疗效尚为满意，值得进一步挖掘和研究，以期提高临床疗效，免除患儿手术之苦。

除了药物治疗，俞师认为平时的生活习惯也应注意，家长应尽量避免患儿过度活动，尤其是纵向剧烈运动，从而防止病情进展，有利于疾病治疗和愈后恢复。

（徐宇杰）

五、任昱

（一）个人简介

任昱，男，1977年2月出生，浙江三门人。副主任中医师，医学硕士，师承博士在读。三门中学高中毕业后于1997年考入浙江中医学院，就读中医学（中西医临床）五年制本科专业，2002年获医学学士学位，并考取该校中医儿科学硕士研究生，导师系俞景茂教授，于2005年研究生毕业，取得医学硕士学位。同年8月起留校任教，为中医儿科教研室教师，兼浙江省中医院儿科医疗工作。2015年11月起至民营非营利性医院浙江绿城医院中医科工作至今。2017年被选为第六批全国老中医药专家学术经验继承人，2018～2020年重新跟随俞师深造。曾任浙江中医药大学第一临床医学院中医儿科教研室秘书，现任全国中医药高等教育学会儿科研究会理事，浙江省中医药学会儿科分会委员、儿科青年委员会副主任委员，为"俞景茂全国名老中医药专家传承工作室"成员。

（二）学习感悟

俞景茂治疗小儿腺样体肥大用药规律探析

腺样体又称增殖体、咽扁桃体，位于鼻咽顶壁和后壁交界处，两侧咽隐窝之间，属鼻咽部淋巴组织。腺样体因反复炎症刺激而发生病理性增生肥大。近年腺样体肥大发病率较前有所增加，常见于儿童。腺样体随着出生后孩子年龄的逐渐增长而长大，2～6岁时为增殖最旺盛时期，10～12岁逐渐萎缩。问题在于腺样体萎缩之前会出现一系列可能影响患儿终身的症状：如打鼾、张口呼吸、智力低下、生长发育落后，甚至形成"腺样体面容"，导致高血压、肺动脉高压、右室心力衰竭等，给孩子健康造成了极大的危害。本病常与过敏性鼻炎、慢性鼻窦炎、分泌性中耳炎等疾病互相影响，造成恶性循环。

腺样体肥大在中医学上可归于"慢乳蛾、鼻窒、痰核、颃颡不开、鼾眠"范畴。近年研究表明，腺样体是人体的免疫器官，不主张在小儿生长期内轻易摘除。中医药治疗腺样体肥大，可使较多患儿免于手术，也规避了手术带来的风险，避免或减少患儿长期使用激素的依赖性及副作用，相对不容易复发。现将俞师治疗本病处方用药规律总结如下。

1. 分期论治，恪守病机

腺样体位于鼻咽部，中医学上称为颃颡。肺开窍于鼻，咽部为肺卫之门户。《灵枢·经脉》曰："肝足厥阴之脉……循喉咙之后，上入颃颡，连目系，上出额，与督脉会于巅。"鼻咽部又为足厥阴肝经之所过。俞师认为，腺样体肥大，堵塞气道，呼吸不畅，夜寐呼噜声响，为肺气失宣，颃颡失利之征。小儿腺样体肥大成因多责之于内有肺脾肾不足，外因风邪外袭，夹寒、湿、热为患，导致热、毒、痰、瘀互结于颃颡，反复刺激增生肥大而致颃颡不开，呼吸不畅。故本病病位在肺，并与肝、脾、肾相关。病机关键在于痰瘀互结，治法以通窍散结，疏风豁痰，活血化瘀为主。

经过数十年临证经验的积累沉淀，结合小儿生理病理特点，俞师创用验方"宣通散"，药味组成：辛夷、荆芥、细辛、炙麻黄、蝉衣、北沙参、怀牛膝、丹参、生地黄、铁皮石斛、山海螺、皂角刺、三叶青。此方消补兼施，寒温并用，根据具体病情及兼夹症的变化作相应调整。俞师辨治小儿腺样体肥大较早提出"三期分治法"：按外感期、迁延期和缓解期分别论治。外感期大多为风热郁结，或风寒郁而化热，治宜疏风清热，驱邪达表为主，方用银翘散加减，适加解毒散结消肿药味。此期若辨证用药准确，可较快缩小腺样体。对于寒热夹杂者辛温辛凉合用，可明显缩短病程。迁延期大多为少阳不利，症状时轻时著，治宜和解少阳，斡旋枢机，兼以解毒散结、祛痰化瘀，方用小柴胡汤加减。缓解期，若肺脾气虚，反复感冒、鼻炎、鼻窦炎，治宜益肺健脾，兼以解毒散结、祛痰化瘀，方用四君子汤合玉屏风散加减；若肺肾阴虚，则宜养阴清热，兼以解毒散结、祛痰化瘀，方用沙参麦冬汤或六味地黄丸加减；若肾阳不足，则适加温肾药物。

2. 治腺十法，灵活运用

根据俞师用药经验，分析总结，发现俞师治疗腺样体肥大蕴含"治腺十法"：宣通法、化瘀法、豁痰法、疏风法、健脾法、疏肝法、益气法、养阴法、和解法、温阳法。在临证时，常灵活组合运用，效果显著。

（1）宣通法：腺样体增生肥大后容易堵塞局部气道。肺开窍于鼻，咽喉为肺卫之门户，腺样体肥大会导致肺气宣发肃降失常，清肃之令不行，且多兼夹鼻炎鼻窦炎，或出现分泌性中耳炎等，鼻窍不通，耳窍不畅，故治疗以宣通为主。吴鞠通《温病条辨·治病法论》曰："治上焦如羽，非轻不举。"俞师多以苍耳子散加减治之，轻可去实，其中辛夷、白芷入肺经辛温通窍，辛夷为鼻科圣药，白芷乃鼻科要药，且有引药增效的作用；苍耳子有毒性，俞师用药审慎，较少应用，即使应用也控制在3～6g范围内。若鼻塞流涕明显，则加炙麻黄1～6g增强通窍作用。

（2）化瘀法：腺样体肥大患儿病情容易反复，迁延难愈，俞师指出，病久入络，病久成瘀，若舌质偏暗更可加用活血化瘀药物，能加强散结消肿之功。俞师喜用丹参、赤芍、牡丹皮活血散瘀。丹参与皂角刺常作为对药相须使用。俞师尝言皂角刺辛散温通，力宏锐利，擅引药达病所，有攻毒败毒、破结散瘀之效，《本草汇言》论其为开导前锋，通散痰瘀最佳，但容易伤正气，故不宜长期应用，呼噜声减轻后可酌情减量或停用。并常用川芎宣畅气机，调达气血，气行则瘀祛痰消，鼻窍自通，或加怀牛膝活血祛瘀、引热下行。后期患儿气血不足时，又以当归补血活血。

（3）豁痰法：观《丹溪心法·痰十三》"凡人身中有结核，不痛不红，不作脓者，皆痰注也"，腺样体肥大似与"痰核"类似。肺处上焦，为水之上源，通调水道，小儿肺常不足，肺脏娇嫩，由于各种致病因素影响，肺失宣肃，水液未能正常输布，聚而成痰，或因风热犯肺，风寒郁而化热，热病煎熬津液，灼津成痰。脾主运化水湿，小儿脾常不足，素体脾虚或他病导致脾之运化水液功能减退，致使水液停滞，聚湿成痰，痰湿阻于颃颡。痰湿阻碍气机，又可引起气滞血瘀，痰瘀互结是腺样体肥大的基本病机。俞师常用对药浙贝、川贝化痰散结，杏仁降气化痰，山海螺祛痰解毒消肿，山慈菇化痰散结，清热解毒，但需注意不可攻伐太过，避免耗伤小儿脾胃之气。

（4）疏风法：风为百病之长，常夹寒、热、湿为患，外感诸症均责之于风。腺样体肥大外感期风邪外侵，肺卫受邪，咽喉部首当其冲，不堪其扰，腺样体肥大逐渐发生发展，俞师多用荆芥、防风辛温疏风解表。注重清热解毒之品应用，常予银花、连翘疏风清热，三叶青清热解毒、祛风活血。若夹有里热，予黄芩清里。同时注意固护脾胃生生之气，祛邪而不伤正。时下过敏性体质儿童越来越多，多跟风邪作祟相关，俞师常用虫类药抗过敏，如蝉衣疏风，地龙、僵蚕搜风通络，另用丝瓜络祛风通窍活血。治风先治血，血行风自灭，疏风法常与活血法协同作用。

（5）健脾法：脾为生痰之源，脾失健运，则水液聚湿成痰。现因家庭条件优越，家长宠溺，甜腻油腻饮食过多摄入，食积苔厚的儿童常见，也容易酿生痰湿。脾旺则四季不受邪，痰湿体质更容易发生本病。俞师强调，健脾法在腺样体肥大的治疗过程中，应全程运用，特别是缓解期尤为重要。脾健不在补而在运，俞师常选用四君子、六君子、异功散之属随证治之，并注意炒麦芽、炒谷芽、鸡内金、生山楂、六神曲消导药的灵活应用，动静相合。

（6）疏肝法：腺样体位于鼻咽后部，乃肝经循行之处，小儿肝常有余，所欲不遂，或家庭父母不和，亲情疏远，或家长管教过于严厉，而致肝失疏泄，肝气郁结，气血不畅，停聚于肝经所过之处；或因肝火煎灼津液，日久痰核郁结，导致腺样体肥大。对于此类小儿要注意加以调畅气机，适当予柴胡、香附、夏枯草疏肝，白芍柔肝，以解肝脉之郁滞，并作心理疏通。

（7）益气法：《素问·刺法论》说："正气存内，邪不可干。"又《素问·评热病论》云："邪之所凑，其气必虚。"小儿肺气不固，常易藩篱失守，体弱儿更甚，此类儿童容易发生腺样体肥大。在缓解期时对于肺气亏虚者，自汗盗汗，俞师习用玉屏风散加减。常用黄芪益气扶正固表，党参补中益气、健脾益肺，煅牡蛎、瘪桃干、稽豆衣敛汗。

（8）养阴法：本病恢复期常见风热伤津，或热病伤津，常见盗汗、舌红、苔花剥，俞师常用芦根清热生津，玄参凉血滋阴、泻火解毒，北沙参、玉竹养阴清肺、益胃生津，铁皮石斛滋阴清热。或素体肺肾阴虚者，予沙参麦冬汤或六味地黄丸加减。一部分患儿原来就有阴虚体质的，可随证斟酌使用养阴药。在使用辛夷、白芷等辛温药物的同时，应不忘酌加养阴药味反佐，以免过于温燥。

（9）和解法：即儿科常用的和法，和而解之的意思。小儿为少阳之体，脏腑娇嫩，形气未充，患病后易寒易热、易虚易实，和法治疗较为合适。腺样体肥大患儿在迁延期阶段，应和解少阳，方选小柴胡汤加减调和表里，或合桂枝汤调和营卫。

（10）温阳法：小儿肾常虚，一部分患儿为阳虚体质，或睡眠过迟消耗阳气，兼见手足易凉、舌质淡、脉沉细之象。肾阳不足，则无以温化寒湿水饮，从而导致痰湿凝聚，肺气失宣，积于颃颡。俞师处方选用细辛温肺化饮，散寒通窍，菟丝子、补骨脂温补肾阳。

3. 标本兼治，疗程充足

腺样体肥大易反复发生，尤其是感冒后容易再次肥大，呼噜声再现。因此从根本上治疗腺样体肥大还是要提高免疫力，机体正气充足，才能抵抗外邪。感冒、鼻炎、鼻窦炎减少后，腺样体也会逐渐缩小。俞师指出，中医药治疗本病的优势在于预防反复感冒，扶正祛邪，标本兼治，缩小腺样体，症状好转最明显的标志是夜间呼噜声减轻或消失，意味着腺样体正趋消退，不必手术。俞师经多年临床治验体会到，一般年龄越小症状相对轻些，恢复越快，因此应抓紧干预，及早治疗，并且疗程应当充足。常嘱咐患儿及家长应坚持用药，一般2～3个月后大多减轻症状，呼噜声逐渐消失，期间不可妄自停药，否则容易反复，前功尽弃，而且家人也会丧失信心。

（任 昱）

六、许先科

（一）个人简介

许先科，男，1981年2月出生，安徽安庆人。副主任中医师，医学硕士，1999年9月至2004年6月就读于安徽中医学院中西医结合临床专业，取得学士学位，2004年9月至2007年6月就读于浙江中医药大学中医儿科专业，攻读硕士学位，导师为俞景茂教授，取得硕士学位后于2007年7月至今就职于杭州市红十字会医院从事中西医儿科临床工作。为浙江省中医药协会儿科分会青年委员，杭州市中医药协会儿科分会委员，杭州市中西医结合学会儿科分会委员。2017年12月被遴选为第六批全国老中医药专家学术经验继承人，中医师承在读博士，"俞景茂全国名老中医药专家传承工作室"成员。

（二）学习感悟

1. 俞景茂教授应用止嗽散治疗小儿慢性咳嗽经验介绍

儿童慢性咳嗽指反复发作＞4周的咳嗽，可分为特异性咳嗽和非特异性咳嗽。前者病因明确，指咳嗽伴有能指示特异性病因的其他症状或体征，咳嗽是这些诊断明确的疾病症状之一，如肺炎、支气管炎、肺结核和肺间质纤维化等。后者以咳嗽为唯一或主要症状，没有明确的呼吸道疾病或病因不明，胸部X线检查无明显异常者，即通常所说的不明原因的慢性咳嗽。儿科常见慢性咳嗽病因有感染后咳嗽、咳嗽变异性哮喘、上气道咳嗽综合征等。以下举例说明俞师临床应用止嗽散加减治疗小儿慢性咳嗽。

（1）呼吸道感染和感染后咳嗽

夏某，女，3岁。

首诊：因"咳嗽1个月"就诊，1个月前感冒发热，热退后开始出现咳嗽，活动后明显，早晚为多，有痰咳不出，偶有鼻痒，无流涕，舌红，苔薄白，脉浮数，胸片未见明显异常。俞师认为，感染后热邪渐清，正气已伤，驱邪无力，风邪留恋，影响肺之宣肃，引起咳嗽。症状表现为咳嗽迁延难愈，痰多稀薄色白或呈泡沫样，若反复咳嗽日久，阴伤气耗。

诊断：咳嗽（风邪恋肺型）。

治法：疏风宣肺，化痰止咳。

处方：桔梗4.5g、紫菀6g、荆芥6g、百部6g、陈皮6g、白前6g、杏仁6g、浙贝母6g、炙冬花9g、蝉衣3g、黄芩6g、炒枣仁6g、地骨皮6g、北沙参6g、炙甘草3g。7剂而愈。

呼吸道感染是儿童慢性咳嗽的重要原因。感染后咳嗽是指各种病原体如细菌、病毒、支原体、衣原体等致呼吸道感染本身急性期症状消失后，感染得到控制后咳嗽仍然迁延不愈。其中又以感冒引起的咳嗽最为常见，故又称"感冒后咳嗽"，患者多有气道高反应性表现。感染后咳嗽可包含以下几个方面特点：感染控制后咳嗽仍迁延不愈；胸片未见明显异常；易转变为慢性持续性咳嗽，严重时甚至影响日常学习和生活。西医认为本病为自限性疾病，通常能自行缓解或经治疗而向愈，但仍有较多患儿虽经各种西药甚或激素治疗仍然不能痊愈，治疗甚感棘手。

感染后咳嗽多见于过敏体质患儿，临床常见鼻炎、哮喘患儿感冒发热，体温正常后常常出现咳嗽，咳痰症状，如及时治疗可马上缓解，还有些迁延不愈导致慢性咳嗽，考虑其病因可能与病毒、细菌等微生物代谢产物作为一种致敏因素使人体致敏有关。大多数患儿经过治疗后，热邪已清，风邪留恋，影响肺之宣肃，引起咳嗽，热伤津液，灼津成痰，故可见咳嗽咳痰，小儿脾常不足，脾虚失运，痰湿内生，痰阻气道，肺失宣降而咳嗽。若反复咳嗽日久，阴伤气耗，虚热内灼，而成阴虚咳嗽。病机主要有风邪留恋，痰阻气道，久咳伤阴。止嗽散可以祛风止咳，加北沙参养阴润肺化痰，杏仁、浙贝清肺化痰，与本病病机合拍，能有效治疗感染后咳嗽。

（2）咳嗽变异性哮喘

李某，女，5岁。

首诊：反复咳嗽1月余，阵发性咳嗽，晨起及夜间明显，活动后加重，干咳无痰，伴鼻塞有涕，鼻痒，无气促，无喘息，无发热，胃纳尚可。曾服用阿奇霉素、肺力咳合剂、顺尔宁等中西药，未见好转。呼吸平，咽红，扁桃体Ⅰ°肿大，两肺呼吸音粗，未闻及明显干湿啰音，舌红，苔薄白，脉浮数。辅助检查：血常规、CRP均正常；肺功能提示支气管舒张实验阳性，胸片示双肺未见明显异常。

中医诊断：风咳（风邪恋肺型）。

治法：疏风宣肺，止咳化痰。

处方：桔梗4.5g，紫菀6g，荆芥6g，百部6g，陈皮6g，白前6g，杏仁6g，浙贝6g，川贝3g，辛夷6g，白芷6g，炙麻黄2g，炙甘草3g。

7剂后咳嗽明显减少，继续7剂健脾化痰，祛风活血而愈。

咳嗽变异性哮喘是以咳嗽为主要或唯一症状的一种特殊类型的哮喘，又称隐匿性哮喘，是引起儿童尤其是学龄前儿童慢性咳嗽的重要原因之一。该患儿有慢性咳嗽日久，伴有鼻塞、鼻痒等症状，支气管舒张实验阳性，长期口服抗生素及化痰药物未见明显疗效，符合咳嗽变异性哮喘诊断，中医属"风咳"。风性上扬，善行而数变，患儿除咳嗽外，常有鼻痒、鼻塞症状。因此治疗时应注意祛风通窍。咳甚时给予止嗽散方加麻黄、杏仁等以清肃肺气，祛风止咳。"风咳"容易反复，症状缓解后，以补肺健脾化痰，祛风活血之法以改善过敏体质，符合中医"治风先治血，血行风自灭"的治风原则。

俞师认为：咳嗽变异性哮喘的治疗，不同于普通外感咳嗽治疗，本病咳嗽为主要症状，而外感症状不明显，以风邪为主，故治疗上注重止咳药物的选用同时加以祛风药物，止嗽散在使用百部、紫菀等的同时，配伍荆芥、桔梗，祛风宣肺，既能止咳化痰，又有启门驱贼之势。是以客邪易散，肺气安宁。俞师指出祛风宣通鼻窍是治疗咳嗽变异性哮喘的重要方法之一。肺开窍于鼻，遇外邪袭扰，鼻窍不利，气道挛急，喷嚏咳嗽阵作，临床可见咳嗽变异性哮喘患儿常伴有过敏性鼻炎症状。而且现代药理也证实麻黄、防风、白芷、辛夷、蝉衣等祛风宣通鼻窍药物具有减轻机体对过敏因素的应激反应、拮抗组胺、抗过敏性炎症的作用。俞师指出咳嗽变异性哮喘的治疗不同于普通咳嗽，咳嗽好了，病并没有好，其病理基础在于气道的慢性炎症还要长期控制。需要继续巩固预防外感后咳嗽复发。

（3）上气道咳嗽综合征

张某，男，4岁。

首诊：因"咳嗽1月余"就诊。1个月前咳嗽，以晨起、睡前为主，咳时有痰，咳痰不爽，有鼻塞流涕，时清时黄，伴有鼻痒，呼吸不畅，夜间汗多，心肺无殊，舌红，苔薄白，脉浮数，辅助检查X线胸片未见异常，既往有过敏性鼻炎、副鼻窦炎病史。

诊断：上气道咳嗽综合征。证属风痰阻窍。

治法：疏风宣肺，止咳化痰。

处方：桔梗4.5g，紫菀6g，荆芥6g，百部6g，陈皮6g，白前6g，杏仁6g，浙贝6g，川贝3g，冬花6g，黄芩6g，辛夷6g，蝉衣3g，炙麻黄2g，地骨皮6g，北沙参6g。7剂后鼻塞流涕、咳嗽减轻，继续巩固7剂好转。

上气道咳嗽综合征是指因过敏性或非过敏性因素引起的变应性鼻炎、鼻窦炎、咽炎、腺样体炎等上气道疾病而引起的慢性咳嗽。既往称之为鼻后滴漏综合征。上气道咳嗽综合征是学龄期儿童慢性咳嗽的主要原因之一。中医学无上气道咳嗽综合征病名，但与"鼻渊""鼻鼽""喉痹"等病症类似，患儿久咳不愈，咳痰不爽，鼻痒鼻塞流涕，均与风痰阻窍相关。以止嗽散止咳化痰，蝉衣、炙麻黄、辛夷宣肺通窍祛风，久病伤阴，予以北沙参养阴清肺。该类型咳嗽治疗，可以根据病情需要加用抗生素及抗组胺类等药物中西医结合治疗。

俞师认为慢性咳嗽是临床较常见症状之一，对患儿生活及患儿家庭都有较大的影响，对于此类咳嗽，咳止病即愈。因此如何止咳就非常考验中医儿科医生的临床功底。其关键在于明察脏腑、表里、寒热、虚实，不要被西医的病原体所疑惑，要立足于中医中药，发挥中医药的优势，出其不意，立竿见影，才能使患儿家长信服中医中药。

止嗽散方出清代程仲龄的《医学心悟》，由桔梗、紫菀、荆芥、百部、陈皮、白前、甘草组成。开宣肺气用桔梗，降气化痰用白前，升降相伍；紫菀化痰止咳，温润不燥；百部润肺，化痰止咳；陈皮理气化痰；甘草调和诸药。俞师认为此方就是"见咳止咳"，病情在表里寒热虚实不明显时，应用本方就有意想不到的疗效。临床慢性咳嗽还有嗜酸性细胞支气管炎、胃食管反流等因素引起，因此明确病因，辨病与辨证论治相结合，中医与西医相结合是治疗小儿慢性咳嗽的有效方法。

2. 定喘汤的截喘作用

定喘汤，记载于《扶寿精方·痰门》"定喘汤专治齁喘，取效甚速。金陵浦舍真方"；也记载在《摄生众妙方》中。齁喘就是临床常见的喘息性疾病，如支气管哮喘、喘息性支气管炎等。金陵是南京的古称，讲的就是南京浦舍那边流传着一个方子，治疗哮喘效果很好，见效很快。这里讲的是哮喘发作期的治疗。

刚刚步入临床，对于哮喘患儿的感冒常按照中医感冒辨证风寒、风热等论治选方，临床效果不好，往往3天左右又气促、哮喘发作，不得已又按西医雾化吸入化痰平喘治疗，后来一次偶然机会，有一个哮喘患儿家长在感冒初期，要求转方，我一看是以前开的定喘汤，他说他家小孩以前每次都是一流鼻涕，就咳嗽，3天不到就哮喘发作要做雾化，现在每次感冒一开始就用这个方子，能明显减少哮喘的发作次数，这不得不引起了我的重视，难道定喘汤除了能治疗急性发作性的哮喘，还能预防哮喘发作？后来通过近十年的临床应用观察，我发现哮喘患儿感冒初期使用定喘汤确有截喘作用。

一般来说，大部分小儿哮喘的发作，一开始流涕，接着咳嗽，然后喘息发作，从流涕到哮喘发作一般为3～4天，所以给医师的时间窗口就这么几天，以前治疗疗效差的原因是对哮喘缺乏清晰的认识，没有整体看待疾病，认为哮喘患儿感冒仅仅是感冒，按照感冒论治只重视外邪的作用，一味地疏解外邪而没有重视哮喘疾病本身。所谓"弱者易动"，对于哮喘患儿而言，一个感冒往往意味着哮喘导火索的点燃，外邪很容易引动哮喘宿疾。而且时间又很短，因此在治疗此类患儿时，早期在疏散外邪的同时还要"先安未受邪之地"，即酌情加化痰平喘的药物；正如《伤寒论》"喘家作，桂枝加厚朴杏子佳"。定喘汤里有麻黄，能宣肺定喘，发散风寒；有白果，能敛肺定喘而化痰。这两味药一散一收，既能增强平喘的作用，又能防止麻黄耗散肺气。还有杏仁、苏子、半夏、款冬花降气化痰，止咳平喘；桑白皮、黄芩清肺热，再用甘草调和诸药，全方有宣肺降气，化痰定喘的功效。

定喘汤也是治标之剂，热喘用麻杏石甘汤，寒喘用小青龙汤，寒热夹杂、外寒里热用定喘汤，在感冒初期宣肺祛邪的药物可以多用一点。在临床观察中发现，儿科以外寒内热型比较多，所以定喘汤比较适合，处方原则还在于对疾病的认识，重视病史的追问，在辨病的基础上辨证论治，可以事半功倍。减少哮喘发作时雾化次数。诚如《证治汇补·哮病》"内有壅塞之气，外有非时之感，膈有胶固之痰，三者相合，闭拒气道，搏击有声，发为哮病"。当然现在还没有哪种方法可以明确预测感冒后哮喘的发作,临床也有部分哮喘患儿感冒不引发哮喘发作的。只是外感引动宿疾的疾病不在少数,比如哮喘、过敏性紫癜、血小板减少性紫癜、肾病综合征、多发性抽动症等;常常因为感冒引起病情复发或者加重,因此我们不得不重视此类疾病的预防,正所谓"善治者治皮毛",如果我们能有这方面认识,在感冒初期提前使用预防性药物,截断病情发展。这也是俞师常常教导我们的"先证而治"思想,是中医辨证论治的发展,也是中医治未病的体现。

(许先科)

七、李国芳

(一)个人简介

李国芳,男,1985年10月出生,浙江湖州人。任职于杭州市中医院儿科,主治中医师,医学硕士。2004年考入湖南中医学院(现湖南中医药大学),期间师从湖南中医药大学第一附属医院儿科主任、博士生导师王孟清教授,2011年取得硕士学位,同年8月起进入杭州市中医院工作至今。2017年9月考入南京中医药大学攻读中医儿科学博士学位,师从全国名中医汪受传教授。住院医师规范化培训期间,曾在门诊侍诊俞景茂教授数月。系杭州市中医药学会儿科分会委员、世界中医药学会联合会儿科分会理事,"俞景茂全国名老中医药专家传承工作室"传承人员。

(二)学习感悟

俞师临证特色撷要

1. 遣方用药轻灵柔润,注重安全、疗效与口感

小儿为"稚阴稚阳"之体,脏腑娇嫩,形气未充,寒热虚实的转化较成人更为快;小儿"脏气清灵,易趋康复",对于各种治疗的反应较成人更为灵敏。俞师认为,对于小儿,药物起效的关键不在于药量多寡,只要辨证准确、切中病机,即使较小剂量也能够取得"随拨随应"的效果。其遣方用药轻灵柔润,以免矫枉过正,每味药的使用剂量均不重,避免了发生寒热虚实的过快转化和脾胃损伤,在取得预期疗效的同时,保证了用药的安全与口感,可谓一举而多得。

俞师认为，儿科医生应将用药安全摆在首位，有毒性的药物尽量少用或不用，如确需使用，也只宜少量、短期运用，且中病即止。如补肺散中的马兜铃虽具有很好的清肺化痰、止咳平喘功效，但本药在使用过程中容易引起恶心、呕吐，而服药后发生的胃肠道反应最易为家长所忌讳，且现代药理显示，马兜铃所含的马兜铃酸具有一定的肾毒性。尽管本药在古代医籍中常有记载，俞师在临床实践中发现本药容易产生胃肠道反应，本着用药安全为上的原则已对其弃而不用。再如，细辛虽有很好的祛风散寒、通窍、温肺化饮功效，但因具有小毒，宜小剂量（如1～3g）短期使用。同理，苍耳子也具有很好的散风寒、通鼻窍功效，但因其具有小毒，俞师很少使用，剂量不超过6g，更多的时候常以辛夷、白芷、炙麻黄等更为安全的药物代替。

对于肺气郁闭之肺系病，如哮喘、毛细支气管炎、久咳、鼻衄等疾病，或睡眠较深、难以唤醒之小儿遗尿症，俞师喜用麻黄。麻黄虽然无毒，但有加快心率、发汗、不安、失眠等不良反应，故俞师常小剂量使用炙麻黄，幼儿常为1～2g，学龄前儿童常为2～3g，年长儿一般不超过4.5g，并同时配伍养阴之药，以降低其不良反应的发生率。因麻黄能透过血脑屏障，在治疗小儿遗尿症时如需醒神最好用麻黄，可同时配伍石菖蒲、远志等药以监制其副作用。相对来说，小剂量、长疗程使用炙麻黄是安全的。全蝎主入肝经，能起到很好的息风止痉作用，故俞师在小儿多发性抽动症急性期时常常使用。但本药有一定的毒性，故用量宜小。俞师使用时一般从小剂量开始，并将药量控制在3～4.5g，年长儿偶用至6g，同时适当增加滋阴之药以制约其温燥之性，待抽动减少或病情控制后即减量或不用。

俞师在临证时的一贯追求尽可能在短期内显著缓解或改善患儿的主要症状。中药口感差，小儿喂服中药不易，坚持服用则更难。对于每一个前来寻求中医治疗的患儿，俞师均不敢懈怠，认真进行辨证选方，仔细斟酌每味药物，力求短期内见疗效，从而突显中医药的疗效，不辜负患儿及家长的殷殷期盼，赢得更多患者对中医中药的信赖。

小儿患病时不服用中药的主要原因是中药汤剂或颗粒剂味道太苦或气味难闻，患儿难以接受，导致依从性差，以致疗效再好的方药都难以施展其功效。俞师深感现在的小儿多自小娇生惯养，对中药的耐受性往往比成人差很多。为使中药的口感更加适合小儿，俞师尽量选用一些味甘、性淡的药物，苦味较甚或患儿察觉之后容易引起恶心反感的药味如黄连、龙胆草、白僵蚕等，俞师甚少使用，代之以其他功效相似而口味更好的药味，并视病情需要酌加生山楂、炙甘草等味甘之药以使药物的口感变得更好，以尽量避免患儿服用一次后便出现拒服的情况。为使汤药的苦味减轻，俞师在用药时每味药的剂量均不重。根据数十年的临证经验，俞师认为，药味的疗效与剂量的大小并非呈正比，小儿脏腑娇嫩，药味剂量过大易致脾胃受损等副作用的发生。小儿"脏气轻灵"，只要切中病机，小剂量使用大多已能取得较好疗效，无须大剂量使用。也正因于此，在孩子与父母们的心目中，俞师开具的中药往往是"不苦的"，依从性也就更好。

2. 时时顾护阴液

俞师对《小儿药证直诀》和中医儿科各家学说有着深入的研究。小儿生长发育过程中，表现为阳常有余、心常有余、肝常有余之象。小儿体禀纯阳，外感六淫之邪易从阳化热，表现为火热之象，在治疗小儿疾病之时，留得一分津液，便得一分生理。俞师认为，小儿容易出现阴液的相对不足，不管是处于外感疾病的恢复期还是在内伤杂病的治疗过程中，应时时顾护阴液，以甘润之品治之。

俞师常用健脾益肾法治疗小儿遗尿症之脾肾阳虚证，又因补益脾肾之药温燥，能伤阴助火，故在使用辛温之药的同时酌加生地黄、石斛、北沙参、玉竹、麦冬等滋润养阴之品，以制温燥之性。俞师常用疏肝利湿法治疗小儿水疝（鞘膜积液）之肝郁水停证，但利水渗湿之药易劫津伤阴，使用时间过长易造成阴液亏损，俞师在治疗时常以石斛、生地黄、玉竹等滋润养阴之品以顾护阴液。对于小儿多发性抽动症，俞师认为肝风内动、肝肾阴虚为基本病机，平肝息风、补益肝肾为基本治法。全蝎、白僵蚕等虫类药善于搜风，但虫类药物往往具有温燥之性，俞师也常借助滋阴之药以制约其温燥之性。

3. 注意顾护脾胃

《小儿药证直诀》注重五脏辨证，突出从脾论治，《小儿药证直诀·腹中有癖》云："脾胃虚衰，四肢不举，诸邪遂生"，后人总结归纳为小儿具有"脾常不足"的生理特点。俞师认为脾胃为人体最大的免疫系统，在治疗过程中注意调中、时时顾护脾胃。俞师认为："囟门者，虽与肾相关，亦系于脾胃"，故中成药龙牡壮骨颗粒中含有黄芪、党参、白术、山药、茯苓、鸡内金、大枣等补脾药味。"目下暗影"（变应性暗影）除与过敏体质、睡眠不足有关外，亦与脾胃不足相关。"夜间磨牙"除与虫积、肝郁化火有关外，也与食积所致的胃气不和相关。当代小儿如出现"面部白斑"，往往并非腹中有虫，而多与饮食失衡、脾胃功能失调相关。

"脾健不在补贵在运"，调理脾胃应以平为期，以运为贵，勿虚虚，勿实实。苍术与厚朴花、半夏、陈皮等药味具有燥湿运脾的功效，但俞师认为苍术味重、辛辣，刺激性强，对于湿困脾土之证可以使用，但用量不宜过大。北沙参、麦冬、玉竹、石斛等药具有益阴助运之功效，但因其能助湿，对于中满者是忌用的。俞师常用苍术、砂仁、白豆蔻、藿香、佩兰等燥湿醒脾，茯苓、薏苡仁、扁豆花等渗湿健脾，陈皮、枳壳、砂仁、白豆蔻、木香等理气健脾，山楂、神曲、麦芽、鸡内金、莱菔子等消食健脾。

《小儿药证直诀·虚实腹胀》云："小儿易为虚实，脾虚不受寒温，服寒则生冷，服温则生热，当识此勿误也。"俞师认为在遣方用药时需先分清寒热虚实，如太子参和党参同为补脾之药，但太子参性偏寒，党参性偏温，对于阴虚火旺、实热证，宜用太子参，而对于脾肾阳虚证，则宜用党参。"胃以喜为补"，对于厌食的小儿，可先予喜食之物喂食以培补其胃气，随后再以药物进行调理，可取得事半功倍的效果。

4. 擅用和法

对于反复呼吸道感染、鼻鼽、哮喘等疾病，症状常时缓时著，俞师责之于虚中夹实、正虚邪恋、表里失和，此时若一味扶正，则有碍祛邪，一味祛邪，则正气更伤，法当攻补兼施，主张先采用和解少阳之法斡旋枢机、扶正祛邪、和解表里，方用小柴胡汤加减，待邪气已尽，再使用六君子汤、玉屏风散等加减扶正固表。俞师认为，"和"法是治疗反复呼吸道感染的大法，并创制"和解表里方"，其药味包括柴胡、黄芩、太子参、半夏、茯苓、蝉蜕、白花蛇舌草、浙贝母、丹参、玉竹、炙甘草、大枣等。笔者验之以临床，疗效显著。

5. 久病治瘀

随着分娩方式、饮食及居住环境的变化，过敏性疾病的发病率正呈不断攀升之势，鼻鼽（变应性鼻炎）、鼻渊（急慢性鼻-鼻窦炎）等疾病易导致久咳（上气道咳嗽综合征）和鼾眠（腺样体肥大或阻塞性睡眠呼吸暂停低通气综合征）。俞师认为腺样体肥大的病因病机为：外邪犯肺，肺失宣肃，痰湿互结，壅滞日久，久病成瘀，痰瘀阻于鼻咽，而致颃颡不开。治以疏风通窍，散结消肿为主，俞师治疗本病时常用活血化瘀药，如赤芍、丹参、牡丹皮、牛膝、当归、川芎、郁金等。

对于小儿顽湿（特应性皮炎），病久湿热之邪耗伤津血，血为气母，血虚而致气虚，气虚不能行血而致成瘀。若病程日久，皮损往往颜色暗红、干燥肥厚、有明显苔藓样改变，此时除血虚外，亦有瘀血作祟。俞师常喜用赤芍、牡丹皮、丹参、当归等药活血化瘀。

对于禀赋不足的患儿，紫癜风（过敏性紫癜）易反复发作，病程迁延日久而致成瘀，瘀热耗伤肾阴或灼伤肾络，致血尿较长时间难以消失或反复发作，此时俞师常选用赤芍、当归、丹参、三七、牛膝等药活血化瘀。

对于小儿多发性抽动症，病程常呈缠绵、反复之势。肝气郁结可致气机不畅、气滞血瘀；精不生血而致肝血不足，血为气之母，血虚可致气虚，气虚不能行血而致瘀血形成。前贤有言："治风先治血，血行风自灭"，欲息肝风，亦当补血活血，故当病程较长之时，俞师在治疗过程中常予以赤芍、怀牛膝、当归、川芎、鸡血藤等药。

6. 重视调护

因鱼、虾、螃蟹等物易于动风，故感冒、咳嗽期间此类食物不宜食用。厚苔是胃气夹湿浊邪气熏蒸所致，对于舌苔厚腻、口气臭秽的患儿，俞师主张不宜食多，食多则有碍脾运，从而使中州积滞更甚，进一步形成脾虚夹积的虚实夹杂之证。对于遗尿症患儿，睡前3小时内不宜进食含水分过多的食物。

对于多发性抽动症患儿，除虾、蟹、牛羊肉、腌制品、油炸食品、巧克力等易引起动风的食物不宜食用外，可乐、咖啡等兴奋性饮料亦禁止摄入。因"风气通于肝"，外风可引动内风，故患儿应尽量避免感受风邪，以免抽动症状诱发或加重。因各种应激因素可诱发抽动症状的发生，故患儿应避免长时间看电视，少玩或不玩手机、平板电脑。同时，尽量为患儿创造和谐轻松的环境，家长和老师忌打骂、取笑患儿的抽动行为，如抽动行为有所减少，应加以鼓励。

（李国芳）

八、赖正清

（一）个人简介

赖正清，男，1973年3月出生。浙江中医药大学附属第二医院儿科主治中医师，硕士研究生，中医师承博士。第五批全国老中医药专家学术经验继承人，现为中华中医药学会血液病分会青年委员，浙江中医药学会血液病分会青年委员，浙江中医药学会儿科分会青年委员。主要从事中医药诊治小儿肺系、血液系统疾病的临床与基础研究。主持厅局级课题和浙江中医药大学校级课题各一项，参与其他课题3项，其中省部级以上课题1项。在国内核心期刊上发表《运用风药治疗小儿血液病经验》《何为母乳性黄疸，如何治疗》等专业学术论文数篇。先后参与编写《小儿反复呼吸道感染的防治》《育儿真经》《中医儿科临床实践》《中医儿科学》（中医药高级丛书，第二版）《中医血液病当代名医验案集》等医学专业著作。系"俞景茂全国名老中医药专家传承工作室"成员。

（二）学习感悟

俞师运用《伤寒论》方治疗儿科病举隅

1. 柴桂汤加味治疗小儿反复呼吸道感染

感冒、扁桃体炎、支气管炎、肺炎等呼吸系统疾病反复出现，超过一定的频率，称为反复呼吸道感染。小儿反复呼吸道感染90%以上是由病毒引起的，当前由于抗生素的普遍使用，细菌感染得到很好控制，但病毒感染缺乏有效的方法，中医药恰恰在抗病毒感染方面有很好的疗效。中医古代文献中没有本病的明确记载，与"体虚感冒""虚人感冒"的论述较为接近，是在肺、脾、肾三脏虚损的基础上感受外邪而致。《诸病源候论·小儿杂病诸候·养小儿候》曰："小儿始生，肌肤未成，不可暖衣，暖衣则令筋骨缓弱。宜时见风日，若都不见风日，则令肌肤脆软，便易伤损……譬如阴地之草木，不见风日，软脆不任风寒。"《幼科发挥·病原论》曰："脾胃壮实，四肢安宁。脾胃虚弱，百病蜂起。"主要表现为反复感冒、咳嗽、痰鸣、哮鸣，病情时缓时著，往来不愈。外受风寒尚未廓清，里面正气已虚。若一味解表则表更虚，若单一固本则风寒难愈。俞师认为此时可按和解表里、清补兼施之法治疗，临床上用调和营卫的柴桂汤加味治疗取得了良好的疗效。寒热并用，消补兼施，表里同治，恰合小儿易虚易实、易寒易热的病理特点。俞师特别强调呼吸道急性感染基本控制后，症状逐渐减少、减轻，可不失时机地使用本方。方中剂量可随小儿年龄、体重适当增减。病程一般掌握在1～3个月。若中途又有新感者，先控制急性症状，然后再择机使用本方调理。病情趋向稳定后2周，可考虑停药观察，注意饮食调养，若病情尚未稳定，仍有反复者，可继续服药1个月左右，连续观察时间不少于3个月。

2. 小建中汤加味治疗反复呼吸道感染合并腹痛

反复呼吸性道感染会导致小儿扁桃体炎，日久可合并肠系膜淋巴结炎，临床可见腹部隐隐作痛，时作时止，迁延不愈，致使患儿及其家长非常焦虑。腹痛的名称始见于《素问·举痛论》，但将小儿腹痛作为病症论述者，则见于《诸病源候论·小儿杂病诸候·腹痛候》"小儿腹痛，多由冷热不调，冷热之气与脏腑相击，故痛也"。《证治准绳·幼科·腹痛》归纳前人经验，将腹痛分为寒痛、积痛、虫痛、锁肚痛、盘肠内钓痛、癥瘕痛等。后世医家多将腹痛分为寒、热、虚、实四大类。俞师认为反复呼吸道感染合并腹痛的机制是"痛者不通"与"不荣则痛"。也就是说腹部淋巴结肿大后，局部气血循环不畅、气滞不舒，甚至气滞血瘀而致腹痛。此外，由于局部营养供给不足，不能滋养脏腑，亦可导致腹痛。这类腹痛往往与饮食不当、消化不良和饮食过冷有关。基于以上认识，俞师认为该腹痛治疗的关键是预防感冒及治疗扁桃体炎，临床上习用温中缓急止痛的小建中汤加味治疗。此方的主药是赤芍、桂枝，两者合用有温通缓急的功效，甘草、生姜、大枣有和中养胃的作用，临证中根据病情适当加入浙贝母、山海螺、毛慈菇等散结消肿的药物和丹参、檀香等理气止痛的药物，若患儿湿热积滞不化，舌苔黄腻者也可加入黄芩、黄柏、蒲公英等清热化湿的药物。俞师特别强调，治疗观察的时间不得少于3个月，症状消失后2个月可做腹部B超复查。

3. 茵陈蒿汤治疗新生儿母乳性黄疸

新生儿母乳性黄疸（以下简称母乳性黄疸），是指发生在足月、健康的母乳喂养儿中以未结合胆红素为主的高胆红素血症。母乳性黄疸分为早发性、迟发性两类。健康足月母乳喂养儿生后3～4天发生的高胆红素血症除外溶血因素和其他疾病，称为早发性母乳性黄疸。迟发性母乳性黄疸发生较晚。一般具有如下临床特点：①母乳喂养，足月儿多见。②黄疸在生理性黄疸期内（2天至2周发生），但不随着生理性黄疸的消失而消退。③黄疸程度以轻、中度为主，重度少见，以未结合胆红素升高为主。④患儿一般情况良好，生长发育正常，肝脏不大，肝功能正常。停母乳喂养后48小时及72小时黄疸可明显减轻，如再母乳喂养又可重复，但不会达到原来程度。俞师分析指出：未结合胆红素易通过血脑屏障损害脑神经细胞，同时对大脑皮层产生毒副作用，甚至轻、中度胆红素血症也可对神经细胞产生永久损害，部分甚至可造成新生儿肾小管功能损害，故对新生儿高胆红素血症无论其原因及程度如何，均应积极治疗。传统常用光疗、酶诱导剂，疗效肯定，但易造成母婴分离，影响母乳喂养，且存在腹泻、发热、皮疹、低钙血症等副作用。俞师认为中医药治疗母乳性黄疸疗效确切，又能兼顾母乳喂养，副作用小，费用低廉。母乳性黄疸中医记载包括于胎黄（胎疸）、乳儿黄之中。《诸病源候论·小儿杂病诸候·胎疸候》说："小儿在胎，其母脏气有热，熏蒸于胎，至生下小儿遍体皆黄，谓之胎疸也。"又如《医宗金鉴·幼科心法·胎黄》说："胎黄者遍体面目皆黄，其色如金，乃孕妇湿热太盛，小儿在胎受母热毒，故生则有是证也。"根据小儿脏腑娇嫩，形气未充，"稚阴稚阳"之体的生理特点，以及湿、郁是一般黄疸的共性，胎毒则是胎黄所特有的发病机制。病位以肝胆为主，湿郁肝胆，与胎热之气熏蒸，胆汁外溢而黄。治疗以利湿退黄、疏肝清胆为主。俞师在临床上轻者用茵枣汤（茵陈10g，大枣10枚）煎汤代茶，有利于胆红素的排泄、黄疸的消退。重者选用茵陈蒿汤加减，处方：茵陈3g，大黄1g，栀子1g。方中茵陈利湿退黄，大黄泻下解毒，行瘀活血，与它药同煎，可促进持久小肠蠕动，改善肠道血液循环，促进排便；栀子清利三焦湿热，有增进胆汁分泌作用，从而减少胆红素的肠肝循环，达到退黄作用。若黄疸消退缓慢，可适当加入平地木、虎杖等利胆化瘀之品，亦可用中成药茵栀黄口服液口服治疗。

（赖正清）

九、邬思远

（一）个人简介

邬思远，男，1987年9月出生，浙江宁波人。主治中医师，医学硕士。2006年宁波市第二中学高中毕业后考入浙江中医药大学，就读中医学七年制（本硕连读）专业，导师系俞景茂教授，于2013年研究生毕业，并取得硕士学位。同年8月起进入浙江省中医院儿科工作。2018年3月至杭州市余杭区良渚街道社区卫生服务中心儿科工作至今。曾任浙江中医药大学第一临床医学院中医儿科教研室秘书，现任世界中医药学会联合会儿科分会委员。

（二）学习感悟

腺样体肥大诊治经验传承及创新

腺样体又称咽扁桃体，腺样体肥大好发于学龄前期和学龄期儿童，近年来患病率有上升的趋势。腺样体肥大患儿往往伴有鼻塞流涕、张口呼吸、闭塞性鼻音和睡眠打鼾等症状，可造成面骨发育不良、胸廓畸形、注意力不集中、性情烦躁、阵发性咳嗽等。西医多采用手术治疗，但仍有复发可能，且手术风险相对较大，家长往往难以接受。俞师运用中医药分期治疗小儿腺样体肥大临床疗效满意，现将俞师临证经验总结如下，并将自己对本病的诊治体会作一阐述。

1. 俞师经验传承

（1）病因病机辨析：古代医籍对腺样体没有记载，可属中医"慢乳蛾、鼻窒"范畴。俞师总结，其病因不外风热之邪、正气不足内外两方面。腺样体肥大与反复呼吸道感染密切相关，其病情变化贯穿于反复呼吸道感染的病程中。患儿感邪之后，由于邪气轻重、正气强弱、治疗等因素，根据各个变化阶段的病机特点，可分为外感期、迁延期和缓解期。正确把握病因病机有助于增强治疗的针对性，提高疗效。

1）风热犯肺、热郁成毒是外因：风热之邪从口鼻而入，首先犯肺，肺经蕴热，失于宣畅，热邪渐积于鼻咽，热聚成毒，致咽喉开合不利，肺气失宣。

2）肺脾不足、痰瘀互结是内因：小儿肺脾二脏常不足，卫气不能充实腠理，外邪侵袭，迁延日久，进一步耗伤脾肺之气；脾气虚则运化失司，津液化为痰浊，痰浊上扰咽喉；肺气虚则驱邪无力，病情迁延日久，邪郁瘀阻，致痰、瘀与毒互结，阻于咽喉，而成本病。

3）病机演变规律：①外感期：由于外感风热之邪，肺经蕴热，肺气失宣，清肃之令不行，且痰、瘀、毒三者互结于咽喉，故可见发热，咽喉不利，鼻塞，或伴有咳嗽，夜寐呼噜声重，张口呼吸，咽红，扁桃体红肿，舌红，苔薄，脉浮数等见症。②迁延期：此期正气不足，邪气渐退，但邪气难以廓清，留伏于里，新感易受，留邪易发，且肺气不足，宣肃不利，卫外不固，脾运不健，聚湿成痰，热郁成毒，邪郁瘀阻，痰、瘀、毒三者互结于咽喉，多见鼻塞流涕，咽喉不利，动则汗多，胃纳不佳，或身有低热，或有恶心，或大便较溏，呼噜声较重，张口呼吸，咽红，脉浮等见症。③缓解期：小儿易寒易热，根据体质差异，往往有两种证型：其一，小儿脾肺不足，外邪侵袭，迁延日久，进一步耗伤脾肺之气，则肺气虚则卫外不固，脾气虚则运化失司，食积内停，气不布津，痰液内生，热毒未散，邪郁瘀阻，痰、瘀、毒三者互结，多见恶风，多汗，纳差，精神倦怠，动则气短、乏力，面白少华，或有咽红，伴有呼噜声，舌淡，苔薄白，脉来无力等见症；其二，小儿肺脏柔弱，热伤肺津，阴津受损，阴虚内热，炼液成痰，热毒未散，痰瘀互结，可见恶热，手足心热，口渴多饮，大便干结，小便短赤，咽红，有呼噜声，舌红少苔，脉来细数等见症。

（2）分期论治：本病的发生多由外感风热和肺脾两脏功能失调引起，每个时期有不同的病机特点，俞师在临证时，即根据不同的病机确立治法和方药。如外感期，大多为外感风热，治宜疏风清热；迁延期，大多少阳不利，治宜和解少阳，兼以解毒散结、祛痰化瘀；缓解期，若肺脾气虚，治宜补益肺气、健运中州，兼以解毒散结、祛痰化瘀，若肺阴亏虚，则宜养阴清热，兼以解毒散结、祛痰化瘀。详述如下。

1）外感期：此期患儿多表现为发热，伴有鼻塞，咽红，扁桃体红肿，咽喉不利，胃纳不佳，夜寐呼噜声重，张口呼吸，或伴有咳嗽，大便或正常或不畅，舌红，苔薄，脉浮数。此期治宜疏风清热，方选银翘散加减。常用药物：银花、连翘、淡竹叶、荆芥、淡豆豉、大力子、黄芩、青蒿等。若咳嗽较著，加杏仁、百部、款冬花等降气止咳。

2）迁延期：此期患儿多表现为鼻塞流涕，咽喉不利，动则汗多，胃纳欠佳，或有低热，或有恶心，或略有咳嗽，大便或正常或溏，呼噜声较重，张口呼吸，舌红，苔薄或稍腻，脉浮数。此期治以和解少阳，解毒散结，祛痰化瘀，方选小柴胡汤加减。常用药物：柴胡、黄芩、姜半夏、太子参、蝉蜕、炒赤芍、生山楂、砂仁、辛夷、浙贝母、山海螺、皂角刺、丹参、炙甘草、大枣等。若大便较溏，则改生山楂为焦山楂，加白术、茯苓等健脾利湿。

3）缓解期：肺脾气虚者，多表现为恶风，多汗，纳差，精神倦怠，动则气短、乏力，面白少华，大便较溏，或有咽红，有呼噜声，舌淡，苔薄白，脉来无力。治宜补益肺气，健运中州，解毒散结，祛痰化瘀，方用异功散合玉屏风散加减。常用药物：太子参、炒白术、茯苓、黄芪、防风、陈皮、砂仁、焦山楂、鸡内金、浙贝母、山海螺、皂角刺、丹参、炒赤芍等。肺阴亏虚者，多表现为恶热，手足心热，口渴多饮，大便干结，小便短赤，咽红，有呼噜声，舌红少苔，脉来细数。治宜养阴清热，解毒散结，祛痰化瘀，方选沙参麦冬汤加减。常用药物：北沙参、麦冬、玉竹、石斛、黄芩、三叶青、浙贝母、山海螺、皂角刺、丹参、炒赤芍、牡丹皮等。

俞师认为，在外感期虽然有痰瘀互结，但需先治其标，针对风热外感而治，标证一解可缓解堵塞之苦，此不治堵而堵自通，不散结而结自散之理；在迁延期及缓解期，需根据病情进行辨证施治，但痰、瘀、毒作为病理产物聚结于咽喉，应当辅以解毒散结、祛痰化瘀。俞师擅用浙贝母、山海螺清热化痰散结，丹参、赤芍活血化瘀，皂角刺清热破结解毒，分别配合和解少阳、补益肺脾、养阴清热等方法进行辨证施治，坚持治疗2～3个月，症状体征可明显改善。

俞师同时指出，在临床中往往病情更为复杂，并非所有患者都符合此三期变化，且变证、兼夹证也往往存在，所以必须根据临床实际情况，灵活辨治，切不可生搬硬套，方能有效。

（3）俞师验案举隅：

柳某，男，4岁6个月。

首诊：夜寐有呼噜声、张口呼吸近半年。有反复呼吸道感染病史，CT提示腺样体肥大。每次呼吸道感染后呼噜声均有加剧，曾于耳鼻喉科就诊，建议手术摘除，家长有所顾虑，转而求治于俞师。首诊前3天患儿外感风热，诊见：身热未平，体温38.2℃，伴有汗出，略有咳嗽，喉中稍有痰，咽红，扁桃体Ⅱ°红肿，夜寐呼噜声重，张口呼吸，胃纳不佳，舌红，苔薄白，脉浮数。

诊断：腺样体肥大。此期为外感期，证属于风热袭表，肺失宣肃，解毒散结，祛痰化瘀。

治法：疏风宣肺，降气化痰，清热育阴。拟银翘散加减。

处方：银花、生山楂、淡豆豉各12g，连翘、淡竹叶、青蒿、鲜石斛各9g，黄芩、荆芥、大力子、桔梗、浙贝母、杏仁、玄参、三叶青各6g，蝉蜕、炙甘草各3g，4剂。

二诊：患儿服药后身热已平，咳嗽缓解，咽红趋平，扁桃体Ⅱ°肿大，动则汗出，鼻稍塞，呼噜声稍有减轻，胃纳略改善，舌红，苔薄白，脉浮数。此时为迁延期，证属少阳不和，阴虚内热，痰瘀毒互结，治拟和解少阳，清热育阴，解毒散结，祛痰化瘀。拟小柴胡汤加减。

处方：柴胡、黄芩、北沙参、浙贝母、石斛、三叶青、姜半夏、生山楂、炒赤芍、牡丹皮、皂角刺各6g，山海螺12g，炙甘草3g。7剂。

三诊：服药后呼噜声渐减轻，继续守原治法，患儿舌红，苔欠润，考虑久病伤阴。

处方：加生玉竹6g养阴生津，夜寐不安，难以入睡，加炒枣仁9g、夜交

218

藤12g养心安神，加丹参6g加强活血化瘀，兼以除烦安神，7剂。

四诊：呼噜声进一步减轻，汗仍多，时有鼻塞，扁桃体Ⅱ°肿大，胃纳转佳，舌红，苔薄白，脉沉细数。此时已为缓解期，故当以益气固表，养阴通窍，解毒散结，祛痰化瘀。拟玉屏风散化裁。

处方：生黄芪、炒白术、三叶青、黄芩、北沙参、茯苓、丹参、生山楂、辛夷、皂角刺各6g，浙贝母9g，山海螺12g，防风、炙甘草各3g，7剂。

四诊后患儿呼噜声较前明显减轻，汗出减少，后守方治疗6周余，呼噜声消退后停药。

点评 患儿系反复呼吸道感染，肺脾不足，反复外感致肺经蕴热，上扰咽喉，脾失运化，湿聚成痰，热郁成毒，久病成瘀，痰瘀毒互结而为病。首诊时为外感风热，治疗当以疏散风热为主，即为"不治堵而堵自通、不散结而结自散"。风热之邪渐退后，肺阴不足之象逐渐显露，此时为迁延期，予和解少阳，清热育阴，并辅以浙贝母、山海螺化痰散结，赤芍、牡丹皮、丹参活血化瘀，皂角刺清热破结解毒。至缓解期表现为肺脾不足，气阴两伤，故予益气固表，养阴通窍，兼以解毒散结、祛痰化瘀。应当指出，肺脾不足、气阴虚损为腺样体肥大之本，此类患儿体质差，抵抗力低下，容易反复呼吸道感染，致腺样体肥大反复不愈。因而在缓解期，通过补益肺脾、益气养阴兼以活血化瘀，以增强体质，减少呼吸道感染，为治疗腺样体肥大及防止复发的有效方法。

2. 诊治创新

（1）从三焦辨证论治腺样体肥大：俞师在临证中常以八纲辨证辨治腺样体肥大，分清表里寒热，找准痰、瘀等病理产物，随证而治，即能起效。而笔者在临证中发现，对于痰湿致病的腺样体肥大的诊治，运用三焦辨证法，亦可获得良好的疗效。

三焦辨证起源于明清时期的温病学派，由吴鞠通所大力倡导，在其《温病条辨》中以上焦篇、中焦篇、下焦篇分述温病的辨证论治。三焦辨证的学术思想可追溯至喻嘉言及叶天士等前辈学者。喻嘉言提出"上焦如雾，升而逐之，兼以解毒；中焦如沤，疏而逐之，兼以解毒；下焦如渎，决而逐之，兼以解毒"，这是对于秽浊之邪的三焦治法。而叶天士提出"再论气病有不传血分，而邪留三焦，亦如伤寒中少阳病也。彼则和解表里之半，此则分消上下之势，随证变法"，这是强调了湿邪留恋三焦而采用分消走泄之法。八纲辨证的优势在于精确找准病位、明确病性，而三焦辨证的优势在于对湿邪致病的病情的整体把握。

　　三焦是对人体三大部位的总结概括，吴鞠通将心、肺、心包划为上焦，脾、胃、大肠划为中焦，肝、肾、膀胱划为下焦。但三焦不仅仅是部位功能的划分，三焦本身亦是阳气、水液的运行通道。《难经·六十六难》云"三焦者，原气之别使也，主通行三气，经历于五脏六腑"，由此指出一身之气在五脏六腑内运行，而五脏六腑亦包容在三焦之中。《素问·灵兰秘典论》云"三焦者，决渎之官，水道出焉"，由此指出水液通行于三焦之中。张景岳在《类经·藏象类》把三焦解释为"脏腑之外，躯体之内，包罗诸脏，一腔之大腑也"，指出三焦有别于其他脏腑，而是将其他十一个脏腑包罗在内，人体对于食物的收纳、运化，精微物质的转化、输布，气、血、津、液的运行，糟粕的排泄，都是在三焦里进行的。

　　叶天士有云"且吾吴湿邪害人最广"，杭州地处江南，水系广袤，湿邪害人不在少数。薛生白云"湿热病，属阳明太阴者居多，中气实，则病在阳明，中气虚，则病在太阴，病在二经之表者，多兼少阳三焦"。小儿为稚阴稚阳之体，肺脾两脏脏气未充，又伴反复易感，则肺气虚衰，而又常饮食不节，损伤太阴脾土。脾不转输，肺津不布，痰湿内生，留恋体内，又有外湿相引，弥漫三焦，其所结聚之处，即能致病，而腺样体肥大即为痰湿结聚鼻咽所致。在辨证论治中，若仅把握局部的痰湿结聚，而未从三焦上整体把握湿邪的致病特点，则易出现湿邪再次结聚，导致疾病的反复发作。

　　（2）验案举隅

　　王某，女，4岁。

　　首诊：2018年12月13日。反复夜寐打呼噜1年余，多次在外院就诊，X线片提示腺样体肥大。四诊摘要：反复夜寐打呼噜1年余，近来又有加剧，夜间张口呼吸，伴有鼻塞，流清涕，胃纳欠佳，大便平时较干结，夜寐盗汗明显，有反复呼吸道感染史，舌红，苔黄腻，脉浮数。

　　治法：宣通三焦，疏风利水，活血散结，予以三仁汤加减。

　　处方：杏仁6g、砂仁（后下）6g、薏苡仁30g、厚朴6g、姜半夏6g、通草3g、淡竹叶6g、辛夷9g、白芷9g、荆芥12g、防风6g、赤芍12g、皂角刺6g、山海螺12g、生山楂12g、细辛3g。5剂。

　　二诊：2018年12月18日。诉呼噜声明显减少，鼻涕减少，张口呼吸好转，咳嗽稍有增多，胃纳转佳，大便转润，夜寐仍有汗出，舌红，苔薄白，脉浮数。

处方：杏仁6g，砂仁（后下）6g，薏苡仁30g，姜半夏6g，通草3g，淡竹叶6g，辛夷9g，白芷9g，荆芥12g，防风6g，赤芍12g，山海螺12g，生山楂12g，浙贝9g，僵蚕6g，蝉蜕3g。7剂。

三诊：2018年12月31日。呼噜声已消，鼻涕缓解，无张口呼吸，咳嗽趋缓，胃纳可，大便调，汗出减，舌淡红，苔薄白。遂予以益气养阴、活血散结法巩固治疗。

点评 患儿首诊时即表现出三焦湿邪弥漫之象，痰湿结聚鼻咽则夜寐打呼噜。湿邪侵袭鼻窍，则鼻塞流清涕。湿阻太阴则脾不运化，致胃纳受阻而见胃纳欠佳，致大肠传导失司而见大便干结。湿邪弥漫三焦，营卫之气出入不畅，则汗出较多。湿邪阻滞胃腑，则浊邪上犯而见舌苔厚腻，郁而化热则见舌苔泛黄。本病病机即为湿邪弥漫三焦、痰湿结聚鼻咽，治疗方剂采用吴鞠通创立的"三仁汤"来进行加减。三仁汤的精妙在于因势利导，通过宣上、疏中、决下，使湿邪得以分消走泄，而湿邪能够转运的关键在于气机的调畅，正如吴鞠通对于三仁汤的点评："惟以三仁汤轻开上焦肺气，盖肺主一身之气，气化则湿亦化也。"首诊用杏仁、白芷、辛夷、荆芥、防风、细辛宣上；用砂仁、厚朴、姜半夏、生山楂疏中；用薏苡仁、通草决下，使得湿邪得以分消；再辅以淡竹叶、皂角刺、山海螺、赤芍清热，散结，活血，腺样体肥大即能得以改善。二诊在首诊基础上稍作加减治疗后，临床症状显著缓解。后期通过益气养阴，减少呼吸道感染发作次数，避免腺样体肥大复发。而在临证中运用浙贝、皂角刺、山海螺、赤芍等药物，则是俞师诊治本病时注重散结化瘀思想的体现。

（邬思远）

十、陶敏

（一）个人简介

陶敏，女，1987年6月出生，浙江平湖人。浙江省中医院儿科住院医师，硕士研究生。2006年平湖中学毕业后考入浙江中医药大学中医学专业，2011年取得学士学位，同年继续于本校攻读中医儿科学，师从陈华教授。2014年获得硕士学位，并进入浙江省中医院儿科工作至今。

在研究生期间，主持"小儿遗尿症证型与体质相关性及中医药治疗临床研究"课题1项，参与了"俞景茂名老中医药专家学术思想及临证经验传承研究""性早熟的中医病因病机研究""性早熟中医临床路径研究"等多项课题。核心期刊发表论文《俞景茂教授治疗遗尿经验撷萃》1篇，参与发表多篇论文。工作后参加课题《毛支饮治疗毛细支气管炎的临床疗效研究》等。

（二）学习感悟

俞景茂教授治疗小儿过敏性疾病的经验

小儿过敏性疾病又称变态反应性疾病，常见有湿疹、荨麻疹、支气管哮喘、过敏性鼻炎、变应性皮炎、过敏性结膜炎等，这些疾病病情迁延反复，给患儿日常生活带来了较大的痛苦，影响生活质量，其中哮喘持续状态、过敏性休克则症状严重，甚者危及生命。近年来有调查发现除了支气管哮喘发病率在青春期有一定比例的减少外，其余过敏性疾病的发病率均有明显增高，但是其发病率显著升高的病因至今仍未十分明确。可能与环境污染日益加剧、有害气体的大量排放、水质污染、抗生素滥用、食品添加剂的大量应用等有关。笔者有幸随师学习，受益匪浅，兹不揣浅陋，现将其辨治经验总结如下。

1. 病机辨析

西医认为过敏性疾病往往与免疫力失调有关，又有明显的遗传倾向。中医学认为过敏性疾病与先天禀赋不足、后天失养有关，主要是肺、脾、肾三脏功能失衡，表里不和，气血失调；外邪则以风邪致病最为重要。

俞师认为此类疾病的主要病机是血虚风盛。襁褓之婴、孩提之童虽脏腑已成，但成而未全，全而未壮，由于小儿"肺常不足，脾常不足""肾常虚"的病理生理特点，气血仍处于相对薄弱的阶段。肺常不足，加之现代家长多过于溺爱，锦衣暖被，少见阳光，又因小儿多动少静，虽先天元阳尚未耗散，但为稚阴稚阳之体，使腠理疏松，汗出过多，营阴受损，卫阳不能固护肌表而易受外邪侵袭。脾常不足，加之小儿饮食不知节制，暴饮暴食，易损伤后天脾胃，中焦气机枢纽不利，气血生化障碍，不能濡养全身，致使小儿抵御外邪的能力薄弱，机体免疫力失调。宗气为后天之气，宗气不足则上不能助肺推动呼吸，中不能斡旋气血周流，下不能资养先天元气。此外，过敏性疾病不仅可由外风侵袭机体所致，也可由"五脏伏风"引起。外风易中于不同脏腑，诚如《素问·风论》中记载："以春甲乙伤于风者为肝风，以夏丙丁伤于风者为心风，以季夏戊己伤于邪者为脾风，以秋庚辛中于邪者为肺风，以冬壬癸中于邪者为肾风。"而"五脏伏风"则多由不同季节外感风邪后失治误治导致。

2. 治法方药

俞师针对血虚风盛的主要病机多采用异病同治法，在治疗小儿过敏性疾病时重在养血疏风。如顽湿久治不已是由风易夹湿，风湿相搏，外发肌肤所导致，治疗需养血疏风、健脾化湿，使风与湿不相搏，势必孤立。常用荆芥、防风、白鲜皮、苦参、青龙衣等。李中梓《医宗必读·痹》载"治风先治血，血行风自灭"，且风易入络，久病亦易入络，脉络瘀阻，瘀热互结，导致病情缠绵，迁延不已，故疏风养血之中适加化瘀之辈能提高疗效，如桃仁、丹参、当归、牡丹皮、赤芍之品。临床上俞师还善用虫类药，因虫类药可以入络，在治疗顽固性哮喘时可使肺中伏痰顽瘀消散，肺气得以宣降，起到搜风解痉平喘的功效，常用药为蝉衣、僵蚕、地龙等。如气道痉挛明显者，亦用全蝎，以起祛风、止痉、定喘的作用，能疏通气道的壅塞或血脉瘀痹，对缓解支气管痉挛有显著疗效。治疗皮肤瘙痒难忍者亦加乌梢蛇、白花蛇等蛇类药。但虫类药物又有燥血伤阴之弊端，如全蝎、露蜂房等有毒，所以需中病即止。

3. 病案举例

（1）异位性皮炎：又名异位性湿疹或遗传过敏性湿疹，是一种复发性、瘙痒性、炎症性皮肤病，患儿常有过敏体质，与环境因素、免疫功能失调等有关。属中医"四弯风""奶癣"等范畴。由于病情顽固难治，故又称"顽湿"。俞师认为其病机多为内有湿毒，风邪留恋，气血不和。治疗常用疏风、养血、清热、祛湿四法，药用白鲜皮、苦参、漏芦、地肤子等清热解毒，除湿止痒；蝉衣、荆芥等疏风止痒；丹参、当归、赤芍养血活血；米仁、茯苓健脾利湿；火麻仁养阴润燥；制首乌养血疏风；生地黄、牡丹皮清热凉血活血；天麻息风；黄芪补气。如病程较长，瘙痒较甚者，需加乌梢蛇、全蝎等虫类药以搜风。

验案 患儿，女，3岁。

首诊：皮肤湿疹反复发作2年余，皮肤粗糙脱屑作痒，以肘弯、膝弯为甚，且平素体质欠佳，神疲乏力，纳欠馨，夜寐不安，咽喉不利，舌红，苔薄白，脉浮数。过敏原检测为粉尘螨过敏，血IgE升高。

中医诊断：顽湿（血虚风燥型）。

治法：养血疏风，运脾化湿，方拟消风散加减治疗1周。

处方：白鲜皮、蝉衣、荆芥、炒赤芍、生地黄、丹参、生米仁、茯苓、天麻、牡丹皮、火麻仁、北沙参、黄芪、炙甘草、大枣。

药后顽湿瘙痒好转，渗出已干，纳食增加，夜寐渐安。继续守原方治疗1月余，皮疹渐愈，瘙痒渐止，纳可，夜眠已安，加四君子汤健脾益气，再治2周，顽湿瘙痒已平。随访1年，偶有轻发，服药即愈。

点评 患儿平素脾失健运，不能运化水湿，日久水谷精微不化，营血不足，以致脾虚湿蕴，血虚风燥引起肌肤失养。本案病情迁延，反复发作，皮肤肥厚、粗糙、干燥，此为顽湿。治疗以消风散加减疏风养血，清热除湿为主，待病情稳定后则以四君子汤加强健运中州，使脾土得健，水湿得化。顽湿之证，病程较长，病情易反复，迁延难愈，治疗困难，故患儿需长期配合治疗，方能取效。苦寒祛湿之品易伤阴血，不宜长期大量应用，当中病即止。服药期间当忌食辛辣厚味、海鲜鱼腥，以免影响疗效或复发。并可配合中药外洗，以提高疗效。

（2）荨麻疹：俗称风团、风疹块，是一种常见的皮肤黏膜过敏性疾患。由各种因素致真皮及皮下组织暂时性血管扩张和水肿，临床以红斑和风团为特点，常突然发作，发无定处，消退后不留痕迹。根据其发病特点，属中医"风疹""瘾疹"范畴。本病病因复杂，约3/4患者不能找到原因，尤其是慢性荨麻疹。俞师认为其发病内因多责之于禀赋不足，气血虚弱，卫气失固；外因多由风邪所致。治疗常用疏风养血，益气固表之法。药用蝉衣、荆芥、防风、白鲜皮等疏风止痒；赤芍、丹参等活血以疏风。此外应注重饮食调理，少食肥甘厚腻。

验案 患儿，男，10岁。

首诊：反复皮疹3月余。皮肤荨麻疹时起，瘙痒，服开瑞坦等药，略好转，停药后又发。近有新感，静脉滴注抗生素治疗十余日才缓，现咳嗽减少，夜寐呼噜声重，咽稍红，舌红，苔薄白，脉浮数。患儿既往体质欠佳，平时易感冒，感后病程较长，否认肺炎、哮喘等病史，否认药物等过敏史。过敏原检测阴性。

中医诊断：瘾疹（血虚生风型）。

治法：益气养血疏风，方用玉屏风散加味治疗1周。

处方：黄芪、防风、太子参、白术、黄芩、白鲜皮、生山楂、蝉衣、茯苓、浙贝、苦杏仁、铁皮石斛（先煎）、炙甘草、大枣。

药后皮肤瘙痒，风疹块发作减少，咳嗽渐平，鼻易塞，有涕，夜寐欠安，有呼噜声。改养血疏风，清肺散结法治疗1周。

处方：北沙参、生地黄、白鲜皮、荆芥、炒赤芍、黄芩、蝉衣、辛夷、生山楂、羊乳参、牡丹皮、浙贝、炒枣仁、铁皮石斛、炙甘草。

药后诸症平稳，按原方继服1个月，风疹消退未起。

点评 本例患儿荨麻疹反复发作，用开瑞坦等西药，药后疹退，但停药即发，实为治标权宜之品，故需确得其本而撮取之。分析患儿平时易感，正气虚弱，荨麻疹此起彼伏，风邪之所以缠绵难去，实因与虚、瘀有关。气虚则正不胜邪，风邪稽留，血虚则生风。风邪侵袭，邪气聚结，又因气虚运行无力，均可致气血运行失调，而生瘀血。"风善行而数变"，"风胜则痒"，故时发时止，瘙痒而难愈。本病与"风"有关，治疗上疏风散邪不可忽视，但其本为虚，夹瘀，故以补益气血为主，加用蝉衣、荆芥、防风、白鲜皮等疏风抗过敏之品；根据"治风先治血，血行风自灭"，加用丹参、牡丹皮、生山楂、炒赤芍等活血化瘀之品，标本同治而取效。患儿药后不仅反复呼吸道感染减少，荨麻疹亦未再发。

（3）支气管哮喘：是一种以气道高反应性和慢性炎症为特征的变态反应性疾病，以喘息、气急、胸闷或咳嗽为主要特点，属中医"哮病""喘证"范畴。近来由于环境污染严重，儿童哮喘的发生率较10年前有显著上升。俞师认为哮喘发作不外乎内外二因，内因与肺、脾、肾三脏功能不足，痰饮内伏，痰瘀交结关系密切；外因则与感受外邪、饮食不当、劳累密不可分。临床上俞师治法多变，选择特异治疗方法，提倡注重综合调治，甚至提出肺肾两亏，气阴耗伤，心肾阳衰，病情垂危者治标之法已无济于病，应急当治其本，方用参附汤、参蛤散。俞师用药轻灵活泼，善用麻黄平喘，常用麻黄配葶苈子恢复肺的宣降功能，麻黄配熟地黄宣肺补肾，麻黄配附子温阳平喘，麻黄配细辛通阳平喘等。俞师还在三才汤的基础上化裁而成固本克喘膏止咳平喘，标本兼顾。

验案 患儿，男，5岁。

首诊：咳喘反复不已数月余。哮喘反复发作2年余，数月来夜间气促、哮鸣、咳嗽，凌晨易发作，纳差，夜寐磨牙，臀部有少许色素脱失，舌红，苔薄白，脉沉。继发性白癜风可能。过敏源测定示尘螨过敏。

中医诊断：哮喘（热哮）。

浙江中医临床名家·俞景茂

治法：清肃肺气，疏风养血，方用定喘汤加减治疗2周。

处方：炙麻黄、杏仁、浙贝、川贝、炙冬花、桑白皮、法半夏、陈皮、黄芩、炙紫菀、补骨脂、丹参、荆芥、炙甘草。

药后咳嗽渐平，哮鸣已解，偶有喉中痰鸣，左上臂、臀部有少许色素脱失，守原法继进1周。四诊时哮鸣复发，自行缓解，治拟原法治疗半个月。药后哮喘可控，夜间有间断咳嗽，活动后气短，平时易感，咽红，扁桃体肿大易作，导致哮喘不易稳定，臀部皮肤色素脱失，舌红，苔薄白，脉浮数。正直冬令时节，予膏方调理巩固治疗，治当补益气血，疏风豁痰，补肾壮骨。

处方：炙麻黄、党参、炒白术、茯苓、补骨脂、川贝粉（冲）、炙冬花、制玉竹、生地黄、熟地黄、菟丝子、参三七、蝉衣、浙贝母、丹参、白鲜皮、生米仁、麦冬、大枣、生山楂、铁皮石斛（先煎）、阿胶（烊）、冰糖（烊）、黄酒（兑入）、黑芝麻（炒，后下）、大核桃仁（后下）、炙甘草。以上依法制膏，早晚各服少许，本料约1个月内服完，忌食萝卜等。

点评 患儿哮喘时作，外感后引动伏痰，痰热互结，阻于气道而发作。病程迁延日久，导致患儿正气受损。故本证乃哮喘发作期，其本为肺、脾、肾三脏功能不足；凌晨系阳气渐盛之际，邪正搏击较剧，故见诸症近凌晨易作。肺主皮毛，肺虚则皮肤失润，则见皮肤色素脱失；脾虚则运化失健，饮食积滞，故见夜磨牙。

初期治疗以清肃肺气，疏风养血为主，首诊以定喘汤宣降肺气，清化痰热；浙贝、川贝、紫菀清热化痰；丹参活血化瘀；荆芥疏风解表；补骨脂纳气平喘；炙甘草调和诸药。共奏清肃肺气，疏风养血之效。四诊时患儿哮鸣复发，考虑系外感后诱发，故加用鲜铁皮石斛养阴清热，荆芥疏风解表，蝉衣疏风解表利咽。进入冬季患儿诸症尚平，日趋康复，进一步予服膏方补益气血，疏风豁痰，补肾壮骨，预防哮喘复发。患儿皮肤色素脱失，与机体免疫缺陷有关，故治疗需注重益肾壮骨，调节机体免疫功能，提高抵抗力。

（4）过敏性鼻炎：是特应性个体接触致敏原后由IgE介导的介质（主要是组胺）释放，并有多种免疫活性细胞和细胞因子等参与的鼻黏膜慢性炎症反应性疾病，以鼻痒、喷嚏、鼻分泌亢进、鼻黏膜肿胀等为主要特点；属于中医"鼻鼽"范畴，亦有"鼽嚏"之称。俞师认为本虚标实、寒热夹杂是本病的基本病机特点。此类患儿多属素体阳气不足，多始于肺气虚弱，随着疾病的发展而最终引起肾气不足，且因肺卫不固又极易反复外感风寒，致使本病迁延难愈。治疗常用养血疏风，益气健脾，和解少阳法。药用苍耳子、辛夷等疏风通鼻窍；太子参、黄芪、茯苓、白术等益气健脾；柴胡、黄芩和解少阳。

验案 患儿，男，4岁。

首诊：反复鼻塞、流涕、鼻痒已年余。患儿鼻塞流清涕，鼻痒，喷嚏频频，晨起为甚，伴少许咳嗽，动则易汗，纳差，舌红，苔薄白，脉浮数无力。患儿系早产、人工喂养，平素体质欠佳，近期3次"肺炎"病史。

中医诊断：①过敏性鼻炎（肺脾虚弱型）；②反复呼吸道感染迁延期体虚感冒。

治法：疏风通窍，和解表里，方用苍耳子散合小柴胡汤加减治疗1周。

处方：柴胡、太子参、炒白芍、生黄芪、黄芩、制半夏、苍耳子、辛夷、蝉衣、生山楂、丹参、防风、白芷、铁皮石斛（先煎）、炙甘草。

二诊：药后鼻塞流涕，鼻痒，喷嚏仍多，咳嗽已平，胃纳略增，寐时汗出，咽稍红，扁桃体稍大，舌红，苔薄白，脉浮数。按原方守入继服中药2周。

三诊：鼻塞好转，流涕、喷嚏减少，咽红已消，纳可，便调，寐汗仍多，脉细，舌红，苔薄白。治拟益气固表，健运中州。拟玉屏风散合六君子汤加减治疗1周。

处方：太子参、生黄芪、制半夏、苍耳子、辛夷、蝉衣、生山楂、稽豆衣、陈皮、丹参、防风、铁皮石斛（先煎）、炙甘草。

点评 本例患儿过敏性鼻炎伴有反复呼吸道感染（迁延期），治疗在疏风通窍基础上合并小柴胡汤和解表里，药用蝉衣、辛夷、苍耳子、白芷，因蝉衣、辛夷具有抗过敏作用，可适当延长用药时间；又考虑风邪入于血分，患儿病久易风血相搏，根据"治风先治血"的原则，在治疗中加丹参活血养血，运用活血散风之法，以达到"血行风自灭"的目的。二诊后患儿诸症渐缓，唯汗出仍多，乃肺气虚弱、体表不固，则予玉屏风散益气固表，合六君子汤益气健脾以补益肺脾而固本，再诊原法巩固治疗共11周。随访8个月感冒1次，经中药治疗4天而愈。

患儿平素体质较差，近期3次"肺炎"病史，体虚余邪未尽反复感染，加之早产、人工喂养，先天不足，后天喂养失宜，而致素体肺脾不足。且久病抗生素治疗亦损伤正气，内无以充养，外无以御邪，脾土虚无以生养肺金，肺气虚则易为外邪侵袭，两脏互损，易感而无力驱邪外出，故呼吸道感染反复迁延不已，表里失和，余邪久恋不去。

4. 小结

小儿形体未充，脏腑娇嫩，五脏六腑的功能不够健全，易受外邪侵袭，使体内阴阳平衡失调而引起过敏性疾病。俞师认为过敏性疾病的发生多与风邪侵袭及血虚关系密切，故治疗上以养血疏风为主要治法，分别辅以运脾化湿、益气固表、清肃肺气、补肾壮骨、和解表里治疗异位性皮炎、荨麻疹、哮喘、过敏性鼻炎。气虚患儿卫外不固，风邪易袭。养血疏风、补气固表乃治本之策，玉屏风散乃对症之方。肺脾两虚患儿，土不能生金，无力驱邪外出，而致邪恋不去，病情反复，如往来之势。养血疏风、和解表里可治其根本，方以小柴胡汤加减。肺者，气之本，肃降肺气，使宗气得充，元气得资，有利于体质的加强。四季脾旺不受邪，健脾助运，执中央而灌四旁，有利于过敏体质的改善。若有家族史或早产、双胎、低体重的患儿，与先天肾气失充有关，此时又需补肾壮骨，阴中生阳，取加味地黄丸缓调之，有望控制病情，改善体质。

（陶　敏）

附录一

大 事 概 览

1942.12　出生

1954.8～1957.8　平湖第二中学求学

1957.7～1959.8　湖北武汉商业学校求学

1960.2～1964.8　湖北中医学院、湖北省贸易职工医院调干学习中医，取得中医师资格

1964.9～1978.8　平湖市第一人民医院中医科中医师

1978.9～1981.4　中国中医研究院中医学专业研究生，师从王伯岳研究员

1981.5～1997.5　浙江中医学院及附属医院，讲师、副教授、教授

1991.11　晋升副教授

1992　《金匮要略校注》获得国家中医药管理局科技进步二等奖

1995　"遗尿停的临床及实验研究"获浙江省中医药科技进步二等奖

1996.11　晋升教授

1997.12　兼评主任中医师

1998　浙江省名中医

1998　"太子健冲剂治疗小儿反复呼吸道感染的临床及实验研究"获浙江省中医药科技进步三等奖

1998　《中医药学高级丛书·中医儿科学》获中华中医药学会科学技术奖学术著作奖三等奖

1998.9～2009.10　中华中医学会儿科专业委员会副主任委员

2000～2010　浙江中医学院中医系副主任

2002～2004　"太子健Ⅱ抗小儿哮喘复发的临床及实验研究"获浙江

省卫生厅中医药科技进步三等奖

　　2003～2005　"固本克喘膏抗哮喘大鼠气道重建作用的实验研究"获浙江省科技成果

　　2008.1　退休

　　2009　中华中医药学会儿科发展突出贡献奖

　　2009.9　第四批全国老中医药专家学术经验继承工作指导老师

　　2010～2015　浙江中医药大学助理调研员，继续主持中医系教学工作

　　2010～至今　浙江中医药学会儿科专业委员会顾问

　　2012.9　博士研究生导师

　　2012　成立"俞景茂全国名中医药专家传承工作室"

　　2012.9　第四批全国老中医药专家学术经验继承工作优秀指导老师

　　2013.9～至今　世界中医药学会联合会儿科分会副会长

　　2014　中华中医药学会授予成就奖

　　2014.6　"儿科温阳与寒凉学说钩玄"获中华中医药学会儿科分会优秀论文一等奖

　　2015.7～至今　中国民族医学会儿科分会名誉会长

　　2015.9～至今　中华中医药学会儿科专业委员会顾问

　　2017.12　第六批全国老中医药专家学术经验继承工作指导老师

　　2017.12　浙江省首届国医名师

附录二

学术传承脉络

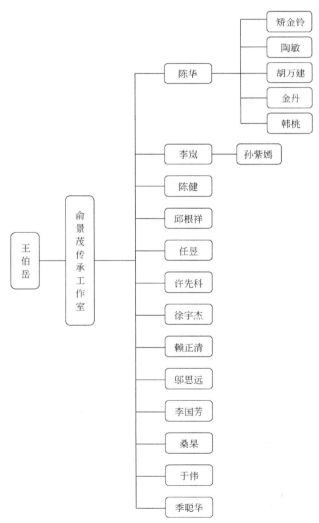

```
                                    ┌─ 矫金铃
                                    ├─ 陶敏
                             陈华 ──┼─ 胡万建
                                    ├─ 金丹
                                    └─ 韩桃

                             李岚 ── 孙紫嫣

                             陈健

                             邱根祥

                             任昱

王伯岳 ── 俞景茂传承工作室 ──┤ 许先科

                             徐宇杰

                             赖正清

                             邬思远

                             李国芳

                             桑杲

                             于伟

                             季聪华
```

俞老近照

俞景茂与王伯岳老师及研究生同门合影

俞景茂与邓铁涛老师合影

俞景茂与江育仁老师合影

俞景茂与方药中老师合影

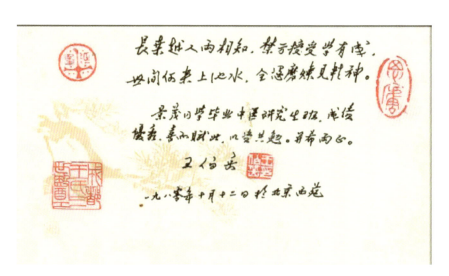

王伯岳老师给俞景茂的毕业赠言

卫生部中医司原司长吕炳奎给
俞景茂题字

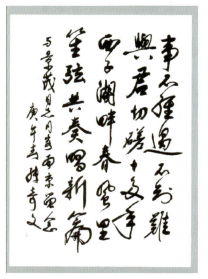

中华中医药学会儿科分会原会长
张奇文给俞景茂题字

俞景茂全国名老中医药专家传承工作室合影

俞景茂教授与培养的首位博士李岚合影